Zu diesem Buch

Wir leben in einer »Signalkultur«, in der das »Sein nicht ohne Sign... und das Dasein nicht ohne Design« auskommt. Das ist die neue Dialektik von Sein und Design. Bernd Guggenberger, der sich selbst als Zeitdiagnostiker begreift, beobachtet scharfsinnig die Szenerie und räsoniert über den Zeitgeist. Guggenbergers aufklärerische Polemik schont nichts: nicht die Jugendkultur, nicht die Liebe, nicht die Wissenschaft, nicht den Körperkult, nicht die Virtualität und nicht die Digitalität.

Der Autor

Bernd Guggenberger, geboren 1949, ist Sozialwissenschaftler, Essayist und bildender Künstler. Als Professor für Politische Wissenschaften lehrt er an der Freien Universität Berlin. Er schreibt regelmäßig für *Die Zeit* und die *Frankfurter Allgemeine Zeitung*.

Bernd Guggenberger

Sein oder Design

Im Supermarkt der Lebenswelten

Rowohlt Taschenbuch Verlag

»Die ›Legende von Paul und Paula‹ könnte ich mir immer wieder anschauen«, meinte sie verträumt, »genauso wie ›Titanic‹. Aber vielleicht gehen ja in der Schweiz die Uhren einfach anders?«

Für Uru W. aus Bern

Übrigens: Gehn sie nicht!

Veröffentlicht im Rowohlt Taschenbuch
Verlag GmbH, Reinbek bei Hamburg, Juni 2000
Die Originalausgabe erschien 1998 im
Rotbuch Verlag, Hamburg
Copyright © Europäische Verlagsanstalt/
Rotbuch Verlag, Hamburg 1998
Umschlaggestaltung Ulrike Kuhr
(Foto: Mauritius – age fotostock)
Gesamtherstellung Clausen & Bosse, Leck
Printed in Germany
ISBN 3 499 60840 5

Inhalt

I.
So-tun-als-ob

Zeitnahmen   11

II.
Im Supermarkt der Lebenswelten

Intimität und Identität oder
Die nackte Wahrheit ist nicht immer das Wahre   71

Wenn Liebe zur Beziehung wird   103

Die Joystick-Generation: ratlos, aber frei.
»Postmoderne« Tendenzen in der Jugendkultur   132

III.
Neue Künstlichkeit

Die Aktualität des Ästhetischen   161

Leichter leben.
Das Lightmotiv als Leitmotiv   196

Die Macher und die Angemachten oder
Die Enteignung von Wirklichkeit und Wahrnehmung.
Um die Wiedergewinnung der Urteilskraft   216

Die Aktualität von Kunst und Spiel.
Um die Wiedergewinnung der Vorstellungskraft   263

**IV
Ausflucht**   289

Vorsatz

Sein oder Design, Existenz oder Reflexion, Leben oder übers Leben reden – von den vielfältigen Schwierigkeiten, beides zusammenzubringen, handelt dieser Band: trotz Wissen zu leben und vom ganz anderen des Lebens trotzend zu wissen. Beabsichtigt ist eine doppelte Ermunterung: die Aufforderung zum Wissen *und* zum Leben. Dort, wo das eine *im* anderen nicht zu haben zu sein scheint, sollte wenigstens das eine *im Wechsel* mit dem anderen möglich sein; wo doch schon die Werbung weiß, daß die klügere Zahnbürste nachgibt. Warum sollte, was fürs Zahnfleisch gut ist, nicht auch fürs Leben taugen?
Berlin und Bern, Mai 1998

I.
So-tun-als-ob

Zeitnahme

> Die Geschichte der Geschwindigkeit
> vollendet sich in der Entwicklung der Laserwaffe,
> in der Krieg und Licht nun ganz beieinander sind;
> zerstört wird in null Sekunden.
>
> *Ulrich Stock über Paul Virilio*

Der Zeitgenosse lässt grüssen

Dies ist lange nicht mehr die Zeit der Nachdenklichen, der Zagen oder gar der alternativen Bedenkenträger. Sorry, but ihr Rhythmus war nicht von dieser Welt. Nun sind sie da, wo sie hingehören, die Opfer der Geschwindigkeit, der gefahrenen und gegessenen, der gelebten und geliebten: Sie bevölkern die Obdachlosenquartiere an den Ausfallstraßen tachogener[1] Weltveränderung, noch immer überzeugt von der anhaltenden »Nutzlosigkeit, erwachsen zu werden« (Georg Heinzen/Uwe Koch). Kein Blick zurück des Zorns, auch nicht des Mitleids mit jenen, denen es an Adaptionsvermögen gebrach und an Vertrauen in diese Zeit auf den Schwingen des Lichts. Genaugenommen sind sie ja nie ausgestiegen, die Aussteiger, sie haben es lediglich versäumt einzusteigen. Sie leisteten sich den Luxus ungläubigen Stirnrunzelns, während sich die Mutantenspezies der Tachoptimisten und Frischwärtsgroupies längst dem nächstbesten Laserstrahl anvertraute. Nein, sie sind nie ausgestiegen. Sie haben nur die Zeichen der entschwindenden Zeit nicht erkannt. Und so sind sie, nicht mehr ganz jung zumeist und noch immer nicht recht routiniert, immer noch dabei, Sand in ein Getriebe zu streuen, das sich längst nicht mehr dreht. Man läßt sie auf dem Abstellgleis der *Castor*-Behälter das Gleis blockieren, hier und da einen gebrechlichen Fischkutter am Weitertuckern hindern und die *Brent Spar* vor der Versenkung bewahren. Doch niemand, so scheint's, läßt sich noch irritieren von den Irritierten, niemand mehr sich in den Geschäften stören von den Verstörten. Die noch immer ausharren auf dem Narrenschiff der Proteste am falschen Ort und mit den hoffnungslos guten Argumenten – sie sind die wahrhaft aus ihrer Epoche gefallenen Opfer der allgemeinen Beschleunigung. Und so basteln sie noch immer, blind für die Zeichen der Zeit, an ihren vorgestrigen Hindernis-Happenings. So mancher, der aufopferungsvoll am Leitungsmast sägt, würde sich wundern, wie viele Satelliten ihm zu Häupten stehn, bereit, alles zu registrieren, was irgendwo regelwidrig sich regt. Er – und nicht nur er – hat einfach noch nicht mitbekommen, daß das »Zeitalter der Bremswirkung« vom »Zeitalter der Beschleunigung« (Paul Virilio) abgelöst wurde.

Vor allem die Ortlosigkeit, die Überwindung der »territorialen« und der »geographischen Trägheit« kennzeichnet das »Zeitalter der Beschleunigung«. Wer in diesem Zeitalter zu Hause ist, darf nicht seßhaft sein. Er muß sich tragen lassen vom Wellenkamm der Zeit. Für den, der sich »auf der Höhe der Zeit« bewegt, wird es unwichtig, irgendwo zu sein. Je flüchtiger das Territorium, um so gewisser die Zeit; je ortloser die Existenz, umso unbeirrter und hoffnungsgewisser heftet man sich der stets aufs Neue enteilenden Zeit an die Fersen.

Die neue Zeit kennt nur noch Zeitgenossen. Werfen wir einen kurzen Blick auf einige heute bereits gebräuchliche Avantgardetechnologien: Jacques Attali, früherer Präsidentschaftsberater in Frankreich, nennt die Konsumgüter der Zukunft kurz und treffend »objets nomades« – nomadische Gegenständige, Geräte, die man am Körper trägt, gleich, wo immer man sich bewegt. Zu den traditionellen Geräten wie Waffen, Schmuck, Kleidung, Behältnissen, Uhr treten jetzt neuerdings der Walkman, das tragbare Telefon, die Kreditkarte und in allerneuester Zeit auch das Fax, der Laptop, der Herzschrittmacher, künftig wohl das subkutane Interface mit Gesundheitsdatensatz, mit unverlierbarem Gedächtnis und mit Personenerkennungsprogrammen, unsichtbare Intelligenzverstärker, intelligente Enzyme, Retina-Implantate usw.

Die Gemeinsamkeit dieser sich abzeichnenden Revolution der neuen Technologien scheint zu sein, daß sie – ganz allgemein gesprochen – den Raum überwinden, die Ortsbindung aufheben. Sie machen *Teilhabe ohne Anwesenheit* möglich. Die Möglichkeit der anwesenheitsfreien Partizipation verändert alles von Grund auf; nichts mehr ist, wie es war!

Entscheidend ist nicht länger, daß die Akteure den Ort gemeinsam haben, entscheidend ist, daß sie an der nämlichen Zeit partizipieren. Nicht ob jemand von Geburt Pole, Schweizer oder Kanadier ist, schließt ihn definitiv ein oder aus, sondern, beispielsweise, ob er seine prägenden Eindrücke vor oder nach der Perestroika erhalten hat, ob er mit Rap-Musik etwas anfangen kann, ob er weiß, was die Chaos-Theorie ist und ob er mit dem Computer umzugehen vermag. All das entscheidet darüber, ob jemand »in« ist oder »out«, dabei oder draußen.

Für die Kinder von Apple und DOS schließt nicht mehr die Zugehörigkeit zu einer territorialen Raumgemeinschaft definitiv ein oder aus, sondern fehlende oder vorhandene modische und Zeitgeistkompetenz, Jargonvirtuosität, Vertrautheit mit den Themen und Stoffen des kosmopolitischen Saisonaldiskurses. Bei einem Kneipenabend in San Francisco, Berlin oder Zürich ist es ziemlich gleichgültig, ob jemand aus Tokio stammt oder aus Toronto, aus Rüschlikon oder Klagenfurt, sofern er oder sie nur hinreichend des Englischen mächtig ist und weiß, wie Woody Allens neuester Film heißt.

Zeitgenossenschaft ist Teilhabe ohne Erdenschwere, Dabei-Sein ohne die Last der Verantwortung. Wir nehmen Abschied von den handgreiflichen Realitäten des Raumes und tauchen ein in die Metarealität der medialen Äquidistanzen.

Die Welt der grenzenlos vielen Orte implodiert zur ubiquitären *Einheitswelt* des millionenfach gleichen Ortes, der gleichen Einkaufsstraßen, der gleichen Sprache, der gleichen Musik, Mode, Eßkultur, Freizeitindustrie, der gleichen Warenangebote, der gleichen fiktiven Paradiese, Attrappenwelten, Erlebniscenter und Cyber-Parks.

Überall transmutieren die alten Raum- in die neuen Zeitordnungen. Was vielfach als »Zusammenbruch des Ostblocks« beschrieben wurde, ist nur das prominenteste Beispiel der Aufhebung einst unerbittlich ein- oder ausschließender Raumgrenzen, ist ein Stück Vergleichzeitigung im ortlosen Nirgendwo des Jetzt, kurz: ist der irreversible Schritt vom Raum- zum *Zeitgenossen*.

Als gegenläufige Überforderungsaktion gewinnen neue Raum-Fundamentalismen ihre Psycho-Logik. Vielleicht sind wir ja doch hoffnungslos erdgebürtige Maulwurfswesen, für eine Existenz als *Speedies auf dem Zeitpfeil* nicht konstruiert?

Die »physische Globalisierung« (Thomas Ross) der Welt, die im freien Fließen der Bilder und Worte, der Menschen und Kulturen Fremdes, Heterogenes abstandslos nebeneinanderreiht, birgt einen bislang noch kaum erkannten Explosivstoff, von dem der dumpfe, aggressive Fremdenhaß bereits mehr als eine Vorahnung liefert. Die rechten Gewalttäter sind eine Art desperater Reconquista der alten Raumordnung. Im Inneren der »Boundless World« formieren sich die vormodernen Schlagbaumwesen, vorgestrige Schrankenwärterexistenzen, die »nichts gelernt und nichts vergessen« haben.

Digitale Neunomaden oder
Eine Gedenkminute den Opfern der Beschleunigung

Die elektronischen Medien sind dabei, die Gesamtheit der überkommenen sozialen Strukturen aufzulösen. Sie kreieren ein *neues Sozialuniversum* in Gestalt einer großen offenen Bühne der Gleichzeitigkeit, doch ohne die Rückzugschance des »anderen« Ortes. Das traditionelle Band zwischen unseren physischen Orten und den sozialen und psychologischen Erlebniswelten ist zerschlissen. Wir leben nicht mehr in einer Region, sondern in einem Kommunikationssystem; wir hausen nicht mehr in Dörfern und Städten, sondern in Programmsegmenten. Die digitalen Neunomaden sitzen an selbstgewählten Orten vor Bildschirmen und gleiten elektronisch durch die Universen von Zeit und Raum. Sie kombinieren auf höchst eigenartige Weise physische »Seßhaftigkeit« und Immobilität mit extremen Formen »kultureller und identitätspsychologischer Beweglichkeit« (Wolfgang Welsch): Sie rühren sich geographisch nicht einmal vom Fleck, während sie u. U. schon dutzendfach ihre persönlichen, sozialen und kulturellen Koordinaten gewechselt haben.

Für viele ist heute schon der Bildschirm der wichtigste soziale Ort, weil er die überzeugenderen emotionalen Identifikationsangebote bereitstellt. Wir werden zu Neonomaden mit sentimentalen Bildschirmbindungen: Eine Träne im Knopfloch für die Crew von Raumschiff Enterprise. Ein Mouseclick-Tätscheln für den »Partner mit der kalten Schnauze«. Tamagotchi & Co lassen grüßen!

Wer die harte Schale des hegenden Raums verliert, wird unwiderruflich zum *schutzlosen Jetztzeitwesen*, ein Zeitgenosse ohne Rückzugschance.

Die Nowhere-Generation hat ihre Heimat in der Zeit, existiert ortlos, immer im »Transport«. Geschwindigkeit ist für die Formel-I-Piloten auf dem Hochgeschwindigkeitskurs der Zeit keine Hexerei: Don't cry, drive on! Während Väter und Mütter noch zaudern, erwachsen zu werden, haben die Kids schon als Software-Speedies den ersten Börsengang absolviert. Total abgeklärt und ohne Bock auf Illusionen, doch mit Lust auf Erfolg – so übt man sich in neuer Beweglichkeit. Schnell und sicher, geschmeidig, doch stets auf Vorfahrt bedacht – so bahnen sie sich ihren Weg: »Wir wissen nicht wohin, aber wir werden als erste ankommen!« Man kann nur mutmaßen, ob diese Generation gar nie jung oder immer schon so erwachsen war.

Bei jeder ordentlichen Beerdigung kommt unvermeidlich der Punkt, an dem der Pfarrer auffordert, »für denjenigen aus unserer Mitte zu beten, der dem Verstorbenen als nächster nachfolgt«. Ob wir nicht, versuchsweise, schon die unvermeidlichen nächsten Opfer miteinbeziehen dürfen – und sei es nur als ersten Anlauf zu einer »Dialektik der Abklärung«? Wohlgemerkt: Narren, die ein Schiff verlassen, verwandeln sich noch längst nicht in Weise, auch wenn sie über das Handy gebieten und den Laptop ihr eigen nennen.

Zuvielisation und Tachagonie oder »Die unerträgliche Leichtigkeit des Seins«

Das spezifische Gewicht der Welt hat sich verändert. Dies steht – nicht so sehr als Gedanke, sondern als unausgesprochenes, nur erahntes Grundgefühl – hinter allen Fast- und Light-Konzepten der Stunde – und läßt sie, auf den ersten Blick, so plausibel erscheinen. Durch Jahrmillionen hatte die Welt ein konstantes Gewicht. Daß sie jetzt plötzlich leicht wird, hängt mit dem Wirken des zuletzt gekommenen Tieres, des Menschen, zusammen. Das menschliche Gehirn hat mit der von ihm angestoßenen neuzeitlichen Wissensexplosion dem Gefüge herkömmlicher Gewichts- und Schwereerfahrung jeden Boden entzogen: Die Kohäsionskraft, die in einem winzigen Pfennigstück gebunden ist, wird sichtbar, wenn man seine Atome spaltet. Im Falle der atomaren Dissoziation werden die »Tonnenlasten« von unvorstellbaren 13,5 Milliarden Pferdestärken frei! Diesem Wissen um die wirklichen Kräfteverhältnisse, diesem Wissen um das wahre Gewicht der Welt ist Milan

Kunderas berühmte Roman(titel)formel von der »unerträglichen Leichtigkeit des Seins« geschuldet.

Alles kommt so leicht daher, und wir täuschen uns über seine tatsächliche Schwere. Vor kurzem erlebte ich, zu Besuch bei Freunden, was es heißt, wenn die Dinge leicht werden, bis sie, wie Ballons, abheben und sich schnell und schneller aus unserem Gesichtsfeld entfernen: Wir suchten etwas auf dem Dachboden; dabei stieß die neunjährige Tochter meiner Gastgeber unvermutet auf eine große Schranktruhe, die vor ihren »alten« Spielsachen geradezu überquoll. Obgleich diese z. T. erst vor knapp drei Jahren ausrangiert worden waren, konnte sie sich an so gut wie nichts mehr erinnern. Ich mußte an den von meinem Vater an langen Winterabenden gebastelten Bauernhof denken, das einzige nennenswerte Spielzeug meiner Kindheit. Wie viel mehr kann weniger sein, d. h. wieviel schwerer wiegt der Mangel als der Überfluß und die Beliebigkeit! Dies ist vielleicht die dramatischste aller »zeitgemäßen« Erfahrungen: daß Menschen und Dinge, gleichsam vor unseren Augen, ihr Gewicht verlieren; daß sie »unerträglich leicht« werden, wurzellose Schwebegewächse ohne Bodenhaftung.

Zivilisation wird *Zuvielisation*: Nimmt man alle Gegenstände, die der Mensch ersonnen hat – vom Faustkeil und Handschaber bis zum Walkman und Weltraumsatelliten –, dann stammen achtzig Prozent aller seiner technischen Artefakte aus den vergangenen vier Jahrzehnten. Eine dramatischere Steigerung der Innovationsrate (die Zahl der Neuerungen pro Zeiteinheit) ist kaum vorstellbar.

Hinter dem Zuviel wächst das Zuschnell: Den signifikantesten Unterschied zwischen der vormodernen Welt und dem Heute markiert die Beschleunigung. Sie bildet den Kern aller unserer Erfahrungen und Befindlichkeiten.

Wenn alles schneller geschieht, wenn wir immer größere Räume in immer kürzeren Zeiteinheiten überwinden, wenn die Distanzen schrumpfen, wenn immer mehr Informationen, Bilder, Reize in immer kürzeren Intervallen auf uns einwirken, bedeutet dies vor allem: Unsere Reizökonomie gerät außer Rand und Band. Die Innovationsrate, sprich die Neuerungen: Töne, Bilder, Gerüche, Landschaften, Menschen, Meinungen, Gebäude, Gegenstände, ja Gefühle, welche pro Zeiteinheit auf uns einwirken, wächst ins Unermeßliche an; was uns begegnet, ist geistig und emotional nicht mehr abzuarbeiten und läßt uns daher kalt, das heißt, wir lassen es schon nach flüchtigster Berührung wieder fallen und eilen weiter.

Unter der Ägide der hypereffizienten Nano-Sekundenkultur haben sich die aufmerksamkeitsheischenden Ereignisse pro Zeiteinheit um ein Vielfaches vervielfacht – und zugleich um ein noch vielfacheres Vielfaches an Verbindlichkeit eingebüßt.

Die Reizüberflutung als Folge vervielfachter Geschwindigkeit raubt uns die intensive Zeitpräsenz: Wir sind ortlos, Zeitreisende, die es, ihren demonstrativen Optimismus dementierend, in der eigenen Gegenwart nicht mehr hält.

Die Flüchtigkeit der Zeit, die bizarre Vielgestalt der Reize, die für den Zeitreisenden entlang des Weges aufblitzen, eine kurze Zeitspanne wichtig sind und schnell vergehen, erlauben keine affektive Besiedelung der Zeiträume unseres Lebens. Was wir erleben an Schrägem, Schrillem und Grellem – es bleibt emotional für uns weitgehend unerheblich. Leid und Trauer, Liebe und Glück, Verzweiflung und Schmerz – die intensive Präsenz unserer Gefühle – sie erst läßt die Zeit stillstehen, schafft Momente der Zeitlosigkeit, die endlos dauern, ehe sie schließlich doch vergehen »wie ein schöner oder schrecklicher Rausch«.

Die Welt wird zu groß, es geschieht zuviel gleichzeitig, die Bilder und Szenen, welche unsere Aufmerksamkeit absorbieren, wechseln zu schnell, als daß das einzelne Ereignis, die einzelne Nachricht ihre Gültigkeit durch Herstellung von Betroffenheit zu bewahren vermöchten. Und so verschwindet das Bild der Welt hinter den ungezählten Bildern der Welt.

Vergleichzeitigung bedeutet auch, daß Zukunft und Vergangenheit sich im Medium des umstandslosen Jetzt auflösen. Die Tendenzen der Vergleichzeitigung überwinden nicht nur die hemmenden Barrieren des Raumes, sie überbrücken auch den Abgrund der Zeit. Was uns bei den Raumkoordinaten passiert ist: die Implosion des Raumes, das Raumüberall und das Raumeinerlei, das passiert uns jetzt auch bei den Zeitkoordinaten: *Virtual Reality läßt die Zeit implodieren.* Das *Jetzt* erobert die Vergangenheit und die Zukunft. Überall ist Gegenwart.

Wir erleben den totalen Triumph des Jetzt! Wenn wir mit Hilfe der Computeranimation und der Cybertechnologie der Geschichte und Vorgeschichte auf den Leib rücken, bis wir das Weiße im Auge von Tyrannosaurus Rex erblicken oder die virtuelle Türklinke einer Backstube im Paris des Revolutionsjahres 1789 drükken, eignen wir uns Geschichte nicht an, sondern schaffen sie ab. Wer sich im Weichfeld der Jahrtausendwende den Teenagerwunsch erfüllt und im virtuellen Gretna Green mit einem alterslosen James Dean das Ja-Wort tauscht oder im Dallas des Jahres 1963 das Kennedy-Attentat verhindert, der demystifiziert und depotenziert das Gewesene zu einem beliebig umzuschreibenden Hollywood-Script.

Alles wird in der Tendenz abstrakter, anschauungsleerer, realitätsflüchtiger.

Das soziologische Muster, welches uns in vielen Phänomenen der Realitätsentfremdung begegnet, ist immer das gleiche: die Depotenzierung des Raumes, die Trennung vom physischen Ort und sozialen Erfahrungsterrain.

Zerstreuung und Unterhaltung, Sensation und Nervenkitzel sind allem beigemischt. Jeder ist dabei, und doch ist keiner wirklich beteiligt. Je mehr uns begegnet, umso weniger berührt uns. Analog zu ihrer Extensität verliert die Wirklichkeit gleichsam an »spezifischem Gewicht« – und wir versuchen es ihr gleichzutun in Sachen spezifischer Gewichtsverminderung. Wie lange mag das selbstverordnete »easy-going«, mit dem wir uns in ihr bewegen, uns noch über die in Wahrheit »unerträgliche Leichtigkeit des Seins« hinwegzutäuschen?

ANACHRONISMUS MENSCH

Wer erinnerte sich nicht an die Bilder aus den Kindertagen der Geschwindigkeitsära, auf denen Menschen, zu Fuß oder zu Pferd, sich mit dem Auto oder gar dem Flugzeug messen? Ähnlich rührende Fotos kennen wir auch aus den zurückliegenden Jahren, seit unserem Eintritt in die rechnergestützte Geschwindigkeitsära des Denkens: die Bilder der Großmeister, die gegen den Computer Schach spielen und, welch Balsam für das Gattungsherz, ihn immer noch und immer wieder auf Distanz halten.

Damit ist es nun definitiv vorbei. Der Computer, genauer: das Zweihundert-Dollar-Spielprogramm »Chess Genius 2«, hat, von der Öffentlichkeit kaum registriert, schon 1994, nicht irgendeinen von uns besiegt, sondern ihn, Gary Kasparow, den Weltmeister, den einzigen, auf den es ankam in diesem unüberbietbar symbolträchtigen Wettlauf, für uns und unseresgleichen wohl ebenso unvermeidlich wie aussichtslos von Anfang an. »Das ist ein trauriger Tag für die Schachwelt«, kommentierte Schachgroßmeister Eduard Gufeld das Ereignis.

Weniges ist denkbar, was sich langfristig für das menschliche Selbstbewußtsein als folgenreicher erweisen könnte denn die unscheinbare Fünf-Zeilen-Meldung von der Niederlage des Schachweltmeisters. Ein Computerprogramm hat uns in unsere Gattungsschranken verwiesen. Dabei ist wenig tröstlich, daran zu erinnern, daß es ja Menschen waren, die das Schachprogramm entwarfen, und daß dieses wiederum nicht auf überlegener Kreativität basiert, sondern auf brachialer Rechenkraft. Dies alles zählt nicht angesichts der Aussicht auf die Schachcomputerprogramme der nächsten Generation, die von »lernfähigen« Computern generiert sein werden.

Stanislaw Jerzy Lec, der aus Polen stammende Philosoph unter den Aphoristikern, kommentiert in einem seiner unnachahmlichen Zynismen das Phänomen, daß menschliche Fähigkeiten, und seien sie noch so exzeptionell, im Zuge technischer Wirkungsvervielfachung und Reichweitensteigerung immer wieder, bis an den Rand des Lächerlichen und Mitleiderregenden, überboten werden: »Die Technik ist dabei, eine solche Perfektion zu erreichen, daß der Mensch ohne sich selber auskommt.«

Beim Schach also kommt der Mensch künftig »ohne sich selber aus«. Gewiß wird weiter Schach gespielt werden. Doch die niveaustärksten Partien – die vielleicht, mangels Nachvollziehbarkeit, nicht die spannendsten sein werden – werden künftig nicht mehr von Artgenossen bestritten. Anachronismus Mensch. Wahrscheinlich ist es nur konsequent, daß wir lernen, ohne uns selber auszukommen.

Wir arbeiten mit allem Scharfsinn und aller Konsequenz daran, ohne uns selber auszukommen; und das an allen nur denkbaren Fronten: Von der Ektogenese (der außerkörperlichen Zeugung und Geburt) bis zur computergenerierten Stadt, vom Autopiloten bis zur Ehesimulation, von der Rationalisierung der Arbeit bis zur Virtualisierung der Freizeit versuchen wir, ohne jenes Wesen auszukommen, das wir in Millionen Jahren der Artenentwicklung geworden sind und das wir bis eben noch waren.

Wenn wir einer einzelnen Ameise zusehen, die beim Auftürmen des großen Ameisenhaufens rastlos Tannennadeln herbeischleppt – können wir uns da vorstellen, daß sie »weiß«, woran sie mitwirkt, daß sie Ziel und Zweck des Ganzen kennt? Vielleicht muß ja auch uns immer mal wieder jemand zwischendurch zurufen, woran wir eigentlich so ameiseneifrig mitbauen. Die allgemeine Drift, der alles unvermeidlich sich zu fügen scheint, hat Joseph Weizenbaum, einer der Renegaten-Väter des Computerzeitalters, gegenüber seinen MIT-Kollegen (Massachusetts Institute of Technology) von der »künstlichen Intelligenz« (KI) einmal drastisch benannt, als er formulierte, es ginge denen um nicht weniger als um die »Endlösung der Menschenfrage«.

Vielleicht haben wir bereits Anlaß, die Darwinsche

Evolutionstheorie prognostisch weiterzudenken: Wenn der Mensch nicht End-, sondern Zwischenglied einer Kette naturhaften Geschehens wäre, das wir, mit gutem Grund, als Entwicklung lesen und für welches das biologische Leben vielleicht nur eine Form des Daseins unter anderen noch gänzlich unbekannten Formen ist – warum sollte der äonendauernde Prozeß der Entwicklung der Arten ausgerechnet bei uns zum Stillstand gelangen, bloß weil wir erstmals einige der in diesem Prozeß wirksamen Prinzipien und Verlaufsgesetzmäßigkeiten erkannt und gedeutet haben? Warum bloß sollte dieser Wellenschlag der Jahrmillionen gerade jetzt abebben, warum eine Bewegung plötzlich innehalten, die als machtvolle Grundtendenz vom Reich des Anorganischen über die Pflanzen- und Tierwelt ins Reich des Menschen geführt hat? Was kommt nach uns, für was oder wen in der Sukzession des Werdenden sind wir das evolutionäre Zwischenglied?

Allenthalben schmeicheln wir uns mit der Vorstellung, wir machten uns durch den technischen Fortschritt unabhängiger, intelligenter und mächtiger, wo wir in Wahrheit bloß dazu beitragen, überflüssig zu werden.

ALLGEGENWART DER SIMULATION

Die Wirklichkeit zieht sich vor uns zurück. Was oft in kulturkritischem Klagetremolo als »Verlust der Wirklichkeit« beschrieben wird, ist die Kluft zwischen dem, was wir *kennen*, und dem, was wir (ohne es zu kennen) *anerkennen*. Je mehr wir *live* dabei sind, umso weniger sind wir wirklich dabei. Je mehr wir über die Welt erfahren, umso ungeheurer erfahren wir auch die

Schrumpfung der authentisch erfahrenen Welt: Wir tauschen Heimat gegen Welt, das Ur- gegen das Scheinvertraute, Idylle gegen Illusion.

Beim Golfspiel beispielsweise haben wir die schnöde »Wirklichkeit« endgültig hinter uns gelassen: Auf geht's zur »Driving Range« im Hobbykeller! Wenn die Sportgolfer von Kronberg im Taunus bei Schlechtwetter den Ball an die Lein-Wand klatschen und so tun, als ob sie in Kalifornien auf dem berühmten Golfplatz von Pebble Beach stünden, dann hat die Simulation längst »das Echte« eingeholt, für das es mehr als bloß einen Ersatz gibt: An mehr als 20 000 Golfsimulatoren weltweit inszenieren die Instant-Golfer mittlerweile ihren »Ernstfall«. Der Golfhimmel ist ein Stück Tuch, das Grün ein Teppichfleck, und der Computer rechnet in Bruchteilen von Sekunden Geschwindigkeit und Richtung des geschlagenen Balles hoch. Wir brauchen keine endlosen Wege mehr zu gehen, wir brauchen den Ball nicht mehr im hohen Rough zu suchen oder im Bunkersand. All das bietet »Partgolf, der unglaubliche Simulator« dem wachsenden Heer überzeugter Indoor-Golfer.

Das Fernsehen als das Simulationsmedium par excellence ist nur das Flaggschiff einer ganzen Armada der Entwirklichung. Es wirkt stilbildend nicht nur für Sprüche und Küche, für Mode und Erotik; es formt sich, bis in die Details, eine fernsehgerechte Umgebung. Hierzu gehört die erstaunliche Karriere der Häppchen-Bücher (Beispiel: *Guinness-Buch der Rekorde*) ebenso wie die verblüffende Tatsache, daß die populärste der stark geschrumpften amerikanischen Tageszeitungen, *USA-to-day*, auf der Straße aus regelrechten »Fernsehkästen« verkauft wird.

Sein oder Design? Nirgends gibt die Wirklichkeit

sich schonungsloser zu als dort, wo sie sich so arglos gibt und unschuldig wie auf jener neben aufwendigem Videogerät prangenden Aufforderung in einem Wiener Hotel: »Erleben Sie Wien vom Bett aus! Um die Unwägbarkeiten (Wetter, Verkehr etc.) einer anstrengenden Stadtrundfahrt zu vermeiden, brauchen Sie nur die beiliegende Kassette einzulegen. Wir bringen Sie hautnah ans Geschehen! Nirgends ist Wien farbiger als bei uns! Eindrucksvoller kann auch ›die Wirklichkeit‹ nicht sein! Also: Bleiben Sie im Bett und erobern Sie Wien vom Bett aus!«

Sein oder Design – diese Frage ist, so sie je eine war, längst beantwortet: »Die Bilder sind schöner als die Wirklichkeit«, bejubelte die FAZ schon im Sommer 1987 den Großeinsatz des Stadioncomputers bei den Leichtathletik-Weltmeisterschaften in Rom.

Vielleicht geht es künftig sogar ganz ohne den menschlichen Athleten-Akteur? Das Jahr 1994 hatte auch hier wahrhaft Zukunftsweisendes zu bieten: Die Art und Weise jedenfalls, wie die Amerikaner die nationale Krise ihres »Grand-Old-Game« bewältigten, indem sie die streikgeplagte »National Baseball League« flugs als »athletenfreie Zone« reorganisierten, könnte Schule machen: Wenn denn schon – streikbedingt – keine Spiele stattfanden, mochte die »New York Newsday« ihren Lesern nicht auch noch den statistischen Gaumenkitzel der rätselhafterweise so überaus beliebten Daten und Diagramme, Tabellen und Talk-News vorenthalten, die in den USA gemeinhin die Lage der Liga bebildern. Was aber tun, wenn »die Realität« partout nichts hergeben will? Man gibt eine alle Vorinformationen berücksichtigende Computersimulation in Auftrag, die von Spieltag zu Spieltag fiktive Ergebnisse hochrechnet, welche die Zeitung dann, mit kompletten Spielberichten, Kommentaren und Einzelkritiken versehen, an gewohnter Stelle an ihre Leser weiterreicht. Nicht nur, daß keiner sich beschwerte, nein, nach kurzer Zeit registrierte das Blatt einen veritablen Run auf das fiktive Reportagefutter. Niemand schien mehr »die Realität« zu vermissen. Dies ist – aus der Augenperspektive der Fiktionfans – durchaus folgerichtig: Befinden sie sich doch – jedenfalls die Millionen außerhalb der Stadien – zum Sportgeschehen auf mindestens ebenso großer Distanz wie zum Mondflug, von dem ja auch mancher flachste, er sei ein Produkt der Hollywood-Studios.

Wie gesagt: Die authentisch erfahrene Welt schrumpft. Der Kommunikationshighway der Jahrtausendwende, der Computer, Bildschirm und Telefon zu einem interaktiven Hausaltar vereinigen soll, wird das heimische Sofa zum fliegenden Teppich adeln, der uns in jede beliebige Vogelperspektive über einer universal vernetzten Weltlandschaft befördert.

Wohin für jene, die nur noch zu Hause bleiben – und einschalten! –, die Reise geht und gehen soll, entnehmen wir am eindrucksvollsten den virtuellen Wunschphantasien jener, die ihre Produkte – Kleidung und Waschautomaten, Autos und PCs – an Frau und Mann bringen wollen: Niemand braucht sich mehr zur Anprobe von Abendkleid und Sakko vom heimischen Herd zu bewegen; man gibt seinen körperbezogenen Datensatz ein – und schon führt man sich als sein eigenes Modell am Bildschirm selbst die neue Abendgarderobe vor.

Das Heim erweitert sich nach Belieben zu Kneipe, Kaufhaus, Bank, Oper oder Fußballstadion. Je mehr sich die Ereignisse ins Gebäudeinnere verlagern, je weniger wir unsere Häuser verlassen müssen, um so mehr wird uns zuteil von dem, was außen vorgeht oder dort erhältlich ist. Das hat ganz harmlos mit der anderswo mundgerecht für uns vorfabrizierten und jederzeit abrufbaren Fernsehfreizeit begonnen; das setzt sich fort mit dem Hometrainer im Hobbykeller, dem Game-Boy und dem Video-Film; und das wird seinen vorläufigen Höhepunkt bei der Cybererotik, bei der virtuellen Großwildsafari und der Perfektionierung des Teleshopping finden.

Wir brauchen unsere zum Erlebnismobil umfrisierten Wohnmonaden nie mehr zu verlassen und dürfen uns doch überall dabei wissen. Ist dies unsere Zukunft: der bildschirmnomadische Höhlenbewohner, der aus seinem dämmrigen Bau kaum noch hervorkriecht und für den die Welt draußen – wie für die »Gefangenen« in Platons berühmtem Höhlengleichnis – nur in Form der bewegten Schattenbilder existiert, die in grotesker Verzerrung an der Höhlenwand auf- und abtanzen?

Das Anekdotische der hier genannten Beispiele hat längst Symptomwert. Warum sollte, was beim Sport funktioniert, nur beim Sport funktionieren? Warum eigentlich sollte nicht eines Tages der offiziell entscheidungslegitimierte Computer den amerikanischen Präsidenten wählen oder den Deutschen Bundestag? Warum sollte er nicht die Kriege der Zukunft führen und den Sieger unblutig hochrechnen? Und warum sollte er nicht künftig nach allgemein anerkannten Regeln unsere so unzeitgemäß irrationalen Konflikte lösen: Minderheitenrechte statuieren, Länder aufteilen, Grenzen festlegen?

Leben wir doch bereits mitten in der Simulationsgesellschaft, einer Gesellschaft, die beim allermeisten, womit sie beschäftigt ist, nur *so tut als ob*. Sie simuliert Schönheit und Sicherheit, Schicksal und Schrekken, Freiheit und Abenteuer, ja sogar Arbeit und Liebe: Seit sich die Arbeit von der Notwendigkeit losgesagt hat, wird sie vorwiegend als Beschäftigung simuliert – die Arbeitsgesellschaft entpuppt sich als gigantische »Übungsfirma«, die einen immer größeren Anteil ihrer Mitglieder dafür bezahlt, daß ihre Fähigkeiten und Kapazitäten *nicht* genutzt werden. Bundeswehr und Bauern sind nur die Spitze eines Eisbergs aufwendiger Scheinaktivität, und die Liebe schließlich, dieses »größte aller Abenteuer«, ist, wohl unrettbar, zwischen die Mühlsteine von Zweckbündnissen auf der einen und Zufallsarrangements auf der anderen Seite geraten: Wir simulieren Liebe wahlweise als »Partnerschaft« oder als »Beziehung« (vgl. II, S. 103 ff.).

»THE WORLD IS A STAGE ...« (ELVIS)

»Simulation« ist eine soziologische Schlüsselkategorie, weil das »So-tun-als-ob« ein universales soziales Verhaltensmuster darstellt. Allenthalben arbeiten wir mit Fiktionen – manchmal aus guten, manchmal aus weniger guten Gründen: wenn wir bei einem Fernsehkrimi spannende Entspannung suchen oder Geld gegen Waren tauschen, wenn wir uns aufs »gesellschaftliche Parkett« begeben oder den »ehelichen Pflichten« genügen, wenn wir »dem Staat« gehorchen (weil er angeblich der einzige ist, der uns wirkungsvoll schützen kann) oder das Pro-Kopf-Einkommen der Bevölkerung berechnen, wenn wir Wählerstimmen nicht wägen, sondern zählen und uns auf die »Gleichheit vor dem Gesetz« berufen, wenn wir vor dem Weihnachtsbaum aus Plastik sitzen oder unter psychoprofessioneller Fachaufsicht Spontaneität inszenieren. Die soziale Welt kommt nicht aus ohne das Fiktionale, sie braucht die Simulation als jene Verhaltenskomponente, die Konformität und Berechenbarkeit der an ihr Beteiligten verbürgt; sie braucht ein wenig Rouge und Make-up, ein wenig Lüge, Verstellung und Maskerade, um der Wirklichkeit die harten Ecken und Kanten zu glätten; sie braucht ein wenig Keep-smiling und Selbstbetrug, um über die Runden zu kommen.

Kaum eine sozial destruktivere Neuerung ließe sich vorstellen als jene, die alle Simulation auf einen Schlag beseitigen und »schonungslose Ehrlichkeit«, umfassende Kenntnis und reflexiv ungebrochene Gefühlsspontaneität an ihre Stelle setzen würde. Der englische Erzähler und Satiriker William Makepeace Thackeray hat um die Mitte des vergangenen Jahrhunderts eine Glosse verfaßt, die uns die gnadenlosen Konsequenzen einer nicht simulationsfähigen »gläsernen Gesellschaft« drastisch vor Augen hält: »Stellen Sie sich einmal vor, daß jeder, der ein Unrecht begeht, entdeckt und entsprechend bestraft wird. Denken Sie an all die Buben in den Schulen, die verbleut werden müßten; und dann die Lehrer und dann den Rektor. (...) Stellen Sie sich den Oberbefehlshaber vor, in Ketten gelegt, nachdem er vorher die Abstrafung der gesamten Armee überwacht hat. Kaum hätte der Geistliche sein ›peccavi‹ gerufen, würden wir den Bischof ergreifen und ihm einige dutzend verabreichen. (Ich sehe meinen Lord Bischof von Double-Gloucester in einer höchst unbequemen Positur auf seinem höchst ehrwürdigen Sessel sitzen.) Nachdem der Bischof dran war, wie wäre es mit dem Würdenträger, der ihn ernannt hat? (...) Die Prügelei ist zu schrecklich. Die Hand erlahmt, entsetzt über die vielen

Rohre, die sie schneiden und schwingen muß. Wie froh bin ich, daß wir *nicht* alle entdeckt werden, ich wiederhole es, – und meine lieben Brüder, ich protestiere dagegen, daß wir bekommen, was wir verdienen. (...) (Oder) möchten Sie, daß Ihre Frau und Ihre Kinder Sie so kennen, wie Sie sind, und Sie präzis nach Ihrem Wert würdigen? Wenn ja – mein lieber Freund: Sie werden in einem tristen Haus wohnen, und frostig wird Ihr trautes Heim sein. (...) Du bildest Dir doch nicht ein, daß Du so *bist*, wie Du ihnen erscheinst. Nicht doch, mein Guter! Gib diese monströse Einbildung auf und sei dankbar, daß *sie* nicht Bescheid wissen.«

In der Tat: Daß wir im dunkeln tappen, daß wir voreinander und gar vor uns selber Theater spielen können, uns etwas vormachen, bis die anderen, ja schließlich gar wir selber es glauben, dies, nicht zuletzt, macht Leben möglich und Zusammenleben erträglich. Es gibt die – überaus heilsame – »Prävention des Nichtwissens« (Heinrich Popitz). Nicht nur darf der eine vom anderen nicht alles wissen, weil sonst wohl noch weniger Liebe möglich wäre unter den Menschen; wir dürfen auch über den sittlichen, moralischen, politischen und sozialen Zustand des Gemeinwesens nicht alles wissen, weil sonst der Naturzustand ausbräche, und keine Liebe mehr wäre zu Gesetz und Ordnung, und keine Achtung vor denen, die sie bewachen.

»Versöhnen statt spalten« (Johannes Rau) oder der verlorene Skandal

Wenn für die Möglichkeiten kollektiven Handelns soviel vom So-tun-als-ob abhängt, dann ist es nur konsequent, wenn die Politik näher an die Schauspielkunst rückt oder man für besonders medienexponierte Jobs gleich einen Schauspielprofi anheuert, wie in den USA während der 80er Jahre mit Ronald Reagan, dem »großen Kommunikator«. Das Fernsehen ist zwar nicht die erste, gewiß aber die effektivste Einrichtung in der Geschichte der Menschheit, die sich ausschließlich der imagestiftenden Suche nach dem gesellschaftlichen Gesamtkunstwerk verschrieben hat.

Das Fernsehen gebiert nur Helden, jedenfalls potentielle, niemals aber aufrechte Bösewichter. Für moralische Besserungsfeldzüge fehlt ihm daher, unabhängig vom Was und Wie des Gezeigten, eine unabdingbare Voraussetzung. J. R. Ewings allenfalls psychoanalytisch auszulotende Telepopularität ist nur der I-Punkt des Beweises für die Versöhnungsmacht des Mediums – gerade auch mit moralischer und ästhetischer Monstrosität. Die nicht abreißende Kette verlorener, aber unfehlbar heimgekehrter Söhne und Töchter – von Peter Graf bis Tonya Harding, von Harald Juhnke bis Guildo Horn und von Stefan Effenberg bis Andreas Goldberger – legt für diese Eigenschaft des Mediums beredtes Zeugnis ab. Gewiß ist das Fernsehen immer wieder einmal für einen kurzlebigen Empörungssplitter gut. Doch im Kultivieren der Moral, in der demonstrativen Inszenierung und ihrer unvermeidlichen Bildästhetik absorbiert es zum Gewissensblitz auch noch den öffentlichen Empörungsdonner.

Moral bedarf jener heilsamen Prävention der Heimlichkeit, jener notwendigen Wirkungsverstärkung, die sich dem zeitweiligen und partiellen Nichtwissen verdankt. Das Fernsehen, das uns zu »Allwissenden« macht, bringt uns um die Empörung. Totale (Medien-)Transparenz raubt uns die öffentliche Skandalisierungsfähigkeit. Wie nirgends sonst gilt hier: Amerika, du hast's nicht besser. In den USA, dem Land der unbegrenzten medialen Unzumutbarkeiten und der vollständigen Publikumstransparenz, ist der »Skandal«, das reinigende Gewitter punktgenauer Moralempörung, nahezu vollständig verschwunden.

Öffentliche Empörung ist ein ebenso knappes Gut wie private. Stellen wir uns vor, wir würden beständig an das »skandalöse« Faktum des unaufhaltsam näherrückenden Todes denken müssen: Würde uns ein solcher »Denkzwang« nicht Lust und Kraft zum Leben rauben; uns davon abhalten, uns ohne Vorbehalt aufs Hier und Jetzt zu konzentrieren? Wer würde sich noch Ziele setzen, sich Aufgaben suchen, sich in Probleme und ihre Lösung verbeißen? Die vielleicht »humanste« aller menschlichen Eigenschaften ist die Fähigkeit, zu verdrängen und zu vergessen. Wenn es vor allem die reflexive Durchbrechung der eigenen Situationsbefindlichkeit war, die Fähigkeit, sich selber zum Gegenstand des eigenen Nachdenkens zu machen, die den Menschen über das Tier erhob, so wird darüber, ob er vitalaktiver Mensch bleibt, vor allem seine Fähigkeit entscheiden, den reflexiven Denkzwängen immer wieder zu entrinnen. Nur der Ausbruch aus dem Denken führt ins Leben: Nur wer die reflexive Durchbrechung des Lebens ihrerseits immer wieder zu durchbrechen vermag, hat teil am Leben. Information und Reflexion befreien nur unter der Bedingung, daß sie *nicht total* sind, daß sie Schlupflöcher der Devianz, der Inkonsequenz, ja des förmlichen Widerspruchs zulassen. Denken und Wissen, die allzu tief ins Leben eindringen, spalten es, zerstören seinen Zusammenhalt. Am Ende mag solche Kopflastigkeit gar dem Kopf selbst nicht allzu gut bekommen: Wer nicht mehr »unbedacht« zu leben versteht, dem könnte auch bald der Stoff fürs Reflektieren abhanden kommen.

ENDZEITLICHE RISIKEN
UND RISIKOSCHEUE WISSENSCHAFT

Am Beginn des Irrwegs technologischer Gewißheitszwänge steht eine Denkwende in der europäischen Philosophie, welche den Irrtum zum Hauptfeind erklärt: Nur das mit Gewißheit Wißbare darf sich zum Wissenswerten rechnen. Die »Irrtumschance« wird innerhalb der Wissenschaft durch Frage- und Denkverbote begrenzt. Die Wissenschaft konzentriert sich auf den Erwerb eines Wissens, das so gewiß und unbezweifelbar ist wie das der Mathematik und Geometrie. Die neuzeitliche Wissenschaft errang ihre beispiellosen Triumphe um den Preis ihrer Bornierung. Sie konnte gar nicht »scheitern«, weil sie sich mit dem Risiko ihres Scheiterns gar nicht engagierte: Die »scientia triumphans« – ein Boris Becker, der nur noch Verbandsliga spielt! Wenn man nur dort antritt, wo man gar nicht unterliegen kann, haftet den Siegen ein fader Beigeschmack an. Wir bedienen uns einer Form der Erkenntnisgewinnung, die uns mit Wissen überhäuft, uns aber das stets prekäre *Existenzwissen* vorenthält.

Also auch hier: So-tun-als-ob! Nämlich so, als sei das gewiß Gewußte schon die ganze Wahrheit! Jeder weiß, daß die schlimmsten Lügen – jedenfalls die Lügen mit den schlimmsten Folgen – die Halb- und Viertelwahrheiten sind. Gegen eine veritable Lüge kann man sich wehren. Die Halbwahrheit wird durch jedes nachbessernde Dementi verschlimmert. Die Gegenwart ist voll solcher technologischer »Dementis« in Gestalt von »Verschlimmbesserungen« vorangegangener, szientifisch sekundierter Fortschrittshalbwahrheiten – von der platinstaubveredelten Katalysatorentechnik bis zu den alles überstrahlenden Castor-Transporten.

Hinter einer ganzen Reihe krisenhafter Zuspitzungen der Gegenwart wirkt dieser sich ständig fortzeugende Imperialismus einer partiellen Erkenntnis, die sich als Teilwissen nicht mehr weiß. Der moderne Prozeß der Erkenntnisgewinnung und -vermehrung orientiert sich an der Vorstellung, es sei besser, über weniges viel oder gar alles ganz genau zu wissen als über das Ganze wenig und Ungenaues. Für den Aristoteliker Thomas von Aquin war »das Geringste, was man an Erkenntnis der höheren Dinge haben kann, erstrebenswerter als die gewisseste Erkenntnis, die man von den geringsten Dingen hat«. Dies eben, was eine solche Forderung plausibel macht, fehlt heute gänzlich: Wir verfügen über keine anerkannte Hierarchie des Wissens- und Erkennenswerten. Aus der Not unserer Urteilsschwäche machen wir die Tugend der vornehmen Selbstbescheidung: *In dubio* gilt das Prinzip des Ausklammerns. Wenn Antworten nur möglich sind um den Preis eines reduzierten Gewißheitsanspruchs, dann erklärt sich die Wissenschaft lieber für unzuständig. *Fiat scientia, pereat mundus!* Man kann, ja muß aus heutiger Sicht den »Siegeszug der Wissenschaft« wohl eher als Kapitulation vor der Komplexität der Wirklichkeit beschreiben. Wenn wir nach einem Paradigma suchten, in welchem sich Hoffnung und Angst, Pathos und Pathologie unserer übersicherungskranken Welt verdichten – wo stünde es uns wohl unverhüllter vor Augen als in Gestalt des methodenpuristischen Rückzugs der Wissenschaft aus den streitexponierten Zonen der Erkenntnis?

Wenn wir das Wissenswerte strikt auf das Wißbare beschränken, so steht hinter dieser Begrenzung eine *petitio principii*: als könne irgend jemand genau angeben, was wir jetzt oder künftig nötig hätten – und deshalb wissen müßten! – und was nicht. Gerade diese Frage aber nach dem dem Menschen jetzt und künftig Nötigen oder Gemäßen läßt sich aus dem Horizont strengen Wissens nicht beantworten. Sie ist aufs engste verknüpft mit der Frage, wie wir leben und zusammenleben wollen – also mit einer spezifisch »außerwissenschaftlichen« Frage. Wenn die Wissenschaft sich Fragen verweigert, die man nicht mit letzter Gewißheit beantworten kann, so ist eine solche Abstinenz natürlich auch »Antwort«, Urteil und Parteinahme: Ohne den Anspruch zu wissen, daß eine bestimmte Form von »gesichertem« Wissen anderen Wissensformen minderen Gewißheitsgrades überlegen ist, wären methodologische Diskriminierungen ebenso sinnlos wie willkürlich. Das Zusammenspiel zwischen einer katastrophennah operierenden Großtechnologie und einer risikoscheuen Wissenschaft ist ebenso fatal wie offensichtlich. Die Risikoscheu der Wissenschaft selbst, die nicht Stellung beziehen und sich bekennen mag, wird zum unerträglichen Risiko.

Die Wissenschaft veröffentlicht in einer Situation des allgemeinen Erfahrungsschwundes und der damit einhergehenden Orientierungsbedürftigkeit sogenannte wert- und absichtsfreie Forschungsergebnisse. Diese können ein höchst problematisches Eigenleben entwickeln, frei nach dem Spontispruch: »Leute, freßt Scheiße! Millionen Fliegen können sich nicht irren!« Was hier vielleicht noch nicht wortwörtlich verfängt, das könnte bei einem anderen Satz schon eher verfangen, z. B. bei dem Satz: »Jeder fünfte junge Mann zwischen 20 und 35 besitzt ein Handy.« Solche kontextlosen Zahlen und Daten, wie sie uns die faktenproduzierende Sozialwissenschaft, die empirische Meinungsforschung und die »Abfragewissenschaft« zuhauf liefern, wirken »trendsetterisch«. Der psychologische Kurzschluß vom Sein aufs Sollen – Jetzt haben schon so viele ein Handy, und du bist immer noch nicht dabei! – liegt vor allem deshalb so nahe, weil sich diese Form der Selbstversicherung im scheinbar neutralen Medium der größeren Zahl vollzieht. Präziser gesagt: Der empirischen Sozialwissenschaft ist nicht das von ihr ermittelte Positive, die Fakten und Daten, vorzuwerfen – sofern sie richtig gezählt hat; der Vorwurf gilt der *Positivierung* dieses Positiven: daß sie das Ermittelte quasi als Sollensnorm festschreibt, gerade weil sie es nicht in den eigentlich zugehörigen wertbezogenen Kontext stellt. So wird das *Gegebene* zum *Aufgegebenen*, der religiöse und metaphysische *Sollenskonformismus* von gestern und vorgestern verwandelt sich unter der Hand des Wissenschaftlers in den *Seinskonformismus* der nachaufklärerischen Wissenschaft. Man spricht von diesem in Wahrheit hochdramatischen Vorgang euphemistisch als von der »normativen Kraft des Faktischen«. Anzumerken ist, daß noch nie systematisch beleuchtet wurde, was es eigentlich bedeutet, wenn solche »empirischen« Zahlenfluten auf uns niederprasseln und diese für uns zum Sinnersatz und zum unüberhörbaren Entscheidungssouffleur werden.

Kritik, Urteil, Sinnorientierung, das sind sämtlich soziale Hervorbringungen, die die Kraft des Subjekts übersteigen. Sie sind dauerhaft nur als *kollektiver Handlungsvorgang* zu erbringen. Sozialtechnische Seenotrettungsdienste in Sachen sozialen Sinnwissens verfehlen das Problem. Es genügt nicht, im Bundespresse- und Informationsamt eine Unterabteilung für Sinn- und Ganzheitsorientierung einzurichten. Normen und Geltungsüberzeugungen sind nicht administrativ erzeugbar. *Ars longa – vita brevis*; das Leben ist kurz, Kunst und Wissenschaft allein können sich den Luxus des langen Atems leisten. Alle politischen Bemühungen unterliegen eben den Gesetzmäßigkeiten der »vita brevis«, d. h., sie haben es mit Entscheidungszwängen angesichts zunehmend knapper werdender Zeitfristen zu tun. Sie müssen immer kurzfristigere Sinnantworten geben. Die Wahrheit dagegen, das, was gültig ist und bleibt, braucht unendlich viel länger. Sie ist das Kind der *ars longa* und sie ist, genauer gesehen, ein für immer unvollendetes Projekt.

Der Chef eines computernah-modischen und inzwischen recht erfolgreichen neuen Magazins hämmert demonstrativ jedes Wochenende seinen Redakteuren ein: »Fakten, Fakten, Fakten – und an die Leser denken!« Faktenerkenntnisse machen aber überhaupt nur Sinn, wenn sie im Rahmen sozialer und kultureller Leitbilder *zurechenbar* sind. Ohne die Symbiose mit gesellschaftlichen Werten und Zielvorstellungen bleiben sie ortlos, geistig und sozial nicht zu verorten. Ob eine noch so exakte Geschwindigkeitsangabe von, sagen wir, 52,7 km/h schnell oder langsam ist, hängt vom Ort des Geschehens ab: Was in einer belebten Fußgängerzone mörderische Raserei ist, grenzt auf dem Hochgeschwindigkeitskurs von Indianapolis an unerlaubtes Parken.

Die empirische Sozialforschung überläßt dieses soziale Verorten ihrer Daten und Fakten fast ausschließlich dem »freien Spiel der Kräfte«. Jeder kann sich holen, und jeder kann beliebig zitieren, was ihm paßt. Dies gehört zu den »gnadenlosen Folgen« des wissenschaftlichen Wertverzichts. Erst Werte und Normen wären so etwas wie die Längen- und Breitengrade, über die wir unseren Standort im Mare magnum möglicher Moralstandpunkte definieren könnten. Sie leisteten ein Dreifaches: 1. Selbstverständigung: Wo bin ich? Wo ist eigentlich mein Ort? Von wo nach wo bin ich unterwegs? 2. Kommunikation: Wo bist du? Wo ist der andere? Was macht er, und was müssen wir tun, damit wir uns treffen oder damit wir eine drohende Kollision vermeiden? 3. Kollektives Handeln: Wohin soll die gemeinsame Reise gehen?

Wenn also unstrittig ist, daß wissenschaftliche Tatsachenaussagen ihren Sinn und ihre Bedeutung erst vor einem – wandelbaren – Zeithorizont des werthaft und meinungsmäßig Gefügten und Vorentschiedenen finden, und wenn ebenso unstrittig ist, daß wir in Zeiten des Umbruchs leben, in denen gerade jene entlastenden kulturellen Selbstverständlichkeiten der alten Gesellschaften und der vormodernen Welt brüchig und flüchtig werden, so daß wir aus ihnen die Kriterien für angemessenes Handeln und Urteilen nicht mehr fraglos gewinnen können, so ist, mehr noch als zu Normalzeit, die Wissenschaft aufgerufen, auch an der Hervorbringung dieser Vorentschiedenheiten mitzuwirken.

EMOTIONEN SIND IMMER DABEI!

Eines der dümmsten Vorurteile ist das methodische *Vorurteil wider das Vorurteil*. Wir leben geradezu von unseren emotional geprägten Vorurteilen. Sie haben eine enorme handlungsentlastende Bedeutung.

Emotionen dienen nicht nur dazu, Sehnsüchte oder Abneigungen zu verstärken: dem Nützlichen mit Eifer nachzujagen und das Schädliche aktiv zu vermeiden. Sie helfen darüber hinaus, die Welt zu begreifen, also überhaupt erst Nützliches vom Schädlichen, Gutes vom Bösen, Erstrebenswertes vom Eitlen zu scheiden. Was sich auch langwierigsten Berechnungen nicht reimt und fügt, rücken sie von einem Augenblick auf den anderen ins Licht intuitiven Urteils. Selbst vergleichsweise profane Alltagsentscheidungen wie die, zum Friseur zu gehen oder die Haare wachsen zu lassen, seinem Sohn Französisch oder Latein als zweite Fremdsprache zu empfehlen, sich ein Pferd oder einen Hund anzuschaffen –, selbst solche kontinuierlich wiederkehrenden Allerweltsentscheidungen sind nach Ursache und Folgewirkungen so überaus komplex, daß jedes Bemühen, sie zu analysieren und das Pro und Contra rational zu »berechnen«, allenfalls komisch wirken müßte. Emotionen sind, vor allem in der Beurteilung komplexer Sachverhalte, allen Versuchen der »Berechnung« bei weitem überlegen. Ohne Emotionen, ohne die *gefühlsmäßige Vorgestimmtheit* gegenüber den Erscheinungen und Herausforderungen wären wir der Vielgestalt des Wirklichen hilflos ausgeliefert. Wie wollten wir jemals im Wege rationaler Berechnung ermitteln, wer – unter den Millionen möglicher – der »richtige Partner« fürs Leben ist? Nicht das methodische Aufgebot von Rationalität mildert die hier zwangsläufig überbordenden Wogen der Komplexität (»Ist *sie/er die/der Richtige oder sie/er oder sie/er*...?«), sondern allein die Zuflucht zu einer – in diesem Felde interessanterweise sozial akzeptierten – Gefühlsversicherung, die wir *Liebe* heißen. Selbst dort, wo wir eine Partnerentscheidung in den Kategorien des »Vernünftigen« beschreiben: wo wir von »Vernunftehe« sprechen, wenn sich einer für die häßliche Fabrikantentochter entscheidet, ist dies eine höchst irreführende Etikettierung: Wieso ist die Liebe zum Geld vernünftiger als die Liebe zur Schönheit? Pleonexie mag weniger frustrationsträchtig sein als Liebesbereitschaft, doch anders als »gefühlsmäßig« ist auch sie nicht begründbar. Wer sich für ein »sorgenfreies Leben« entscheidet, tut dies selbstverständlich auch auf der Basis von Gefühlen, wenngleich ganz anderen als jenen, de-nen huldigt, wer sich zur Liebe als dem »süßen Wahnsinn zu zweit« bekennt. Warum leugnen wir anderswo so hartnäckig, was wir der Partnerwahl eben noch zugestehen – die Gefühlsbasis allen Entscheidens?

Unsere Urteile heften sich stets an unsere Emotionen. Auch für die gedankliche und willentliche Neuorientierung unseres Verhaltens sind die Emotionen als hochsensible Anreger und Beschleuniger unverzichtbar. Sie sind die empfindsamsten Wahrnehmungsorgane unseres Bewußtseins. Wenn wir längst noch nicht begründen können, warum wir jemanden gern haben und einem anderen nicht trauen, haben sich die Schleusen unserer Sympathie bzw. Antipathie schon weit geöffnet. Wir vertrauen und mißtrauen, wir hoffen und schaudern zurück, lange bevor wir unser Verhalten mit rationalen Argumenten ausstaffieren konnten.

Für Weltorientierung und Entscheidungsfindung des Einzelnen leisten Emotionen dreierlei: Erstens, sie wirken als besonders sensible Frühwarn- und Früherkennungssysteme; zweitens, sie verstärken *vorhandene* Präferenzen und beschleunigen die Herausbildung *neuer* Präferenzstrukturen; drittens, sie reduzieren die anders nicht abzutragende Komplexität realer Situationen und werden so zu Katalysatoren der Urteilsfindung. Alle drei genannten Funktionen zusammen wirken als notwendiger Einspruch wider die stets drohende Gleichgültigkeit: Ohne Emotionen würde der Seinsvorsprung des Seienden zum strukturellen Hindernis für die Entwicklung von Vielfalt; oder drastischer: Ohne Emotionen tut sich nichts, weil *wir* ohne Emotionen nichts tun!

Emotionen sind eine unverzichtbare Form der »sozialen Intelligenz«; sie sind in einer wissenschaftlich bestimmten Welt das einzig verläßliche Bollwerk wider das Universalwerden der Gleichgültigkeit. *Wer die Wirklichkeit nicht parteiisch wahrnimmt, nimmt sie überhaupt nicht wahr.* In exakt diesem Sinn werden neuerdings verstärkt auch von den Naturwissenschaften Konzepte der »emotionalen Intelligenz« ins Spiel gebracht.

Im Zeitalter des Saalkandidaten

Daß die Risikoscheu zur falschen Zeit und am falschen Ort das tatsächliche Risiko nicht mindert, sondern vergrößert, gilt nicht nur für die wissenschaftliche, sondern auch für die politische Auseinandersetzung. Wahlkampf ist Simulation von Kommunikation: Die politischen Akteure tun so, als sprächen sie miteinander, als tauschten sie Argumente aus, verständigten sich über Motive und Absichten, als reagierten sie auf Positionen und Postulate des jeweils anderen und setzten sich damit auseinander. In Wahrheit findet weder Diskussion statt noch Erörterung. In Wahrheit wird weder nach Wahrheit gesucht noch nach Lösungen, sondern es werden sattsam bekannte Worthülsen getauscht und – Markennamen oder Produktbezeichnungen gleich – gebetsmühlenhaft wiederholt und erinnert. An Argumenten interessiert nicht die logische Konsistenz, die sachliche Überzeugungskraft, die zugrundeliegende Überzeugung. Argumente sollen vor allem wiedererkannt werden; sie sollen Zugehörigkeiten stiften – oder eben ausschließen und abgrenzen. Wahlkampfpolitik ist Politik der rhetorischen Duftmarken. Der Logos des politischen Wettstreits hat längst abgedankt zugunsten der »Logos« des parteipolitischen Impression-Managements vom agenturprofessionellen Phrasenkaliber des strukturkonservativen »Wir schaffen das moderne Deutschland«-, oder des eventträchtigen »Die Kraft des Neuen«-Geraunes. Dies hat den Vorzug, daß sich keiner der Akteure mehr selbst ins kommunikative Handgemenge zu begeben braucht. Das Argumentationslogo fungiert als Gesinnungspassepartout.

Publikumspartizipanten in Talk-Show-Sendungen – wie einst der Saalkandidat in der von Thomas Gottschalk moderierten Erfolgssendung »Wetten daß« – wirkten in einer ganz ähnlichen Weise am Zustandekommen einer Fiktion mit wie der Wähler, der mit seiner Stimmabgabe zur Legitimierung einer Politik beiträgt, mit der ihn, weiß Gott, oft wenig verbindet. Der Saalkandidat ist dreierlei: Stellvertreterheld, Gewährsmann und Komplize. Aus der Mitte des Publikums erkoren, wechselt er vom Saal auf die Bühne, nachdem er »spontan« eine Wette (»Saalwette«) gegen den Moderator der Sendung eingebracht und das Publikum sie durch Applaus bestätigt hat. Er tut, was wir alle gern täten, ist, wo wir alle gern wären, einer »von uns« und doch herausgehoben, für einen Moment »erhoben« – und wir mit ihm! Er »verbürgt« uns, was wir sehen: wie der Zuschauer in der ersten Reihe im Zirkus, der die Instrumente des Messerwerfers prüfen darf; und für ihn (und damit für uns) gilt: mitgefangen, mitgehangen – wir alle sind dabeigewesen, haben mitgewirkt, uns »schuldig« gemacht ...

Wie die Bürgermitwirkung in der repräsentativen Parteiendemokratie immer mehr zur unwirklichen, bloß symbolischen Teilhabe sich zurückbildet, so ist auch der Saalkandidat Symbol und Symptom reduzierter Teilhabe-, und Gestaltungskompetenz der vielen beim Zustandekommen der eigenen, mehr und mehr medial vermittelten »Lebenswirklichkeit«. Zugleich ist er die repräsentative Legitimationsfigur des Verfahrens: Er wirkt mit bei der »Herstellung« der Illusion und trägt zugleich mit seiner Mitwirkung dazu bei, diese Illusion *als Illusion* undurchschaubar zu machen. Er ist eine geradezu geniale Vielzweckwaffe im großen Spiel sozial erwünschter Illusionsproduktion. Er ermöglicht *Wirklichkeits*illusionen: ich bin/wir sind ja dabei; *Teilhabe*- und *Mitsprache*illusionen: jeder kann mitwirken; *Gleichheits*illusionen: wir sitzen neben Til Schweiger und »Franzi« von Almsick; *Verstehens*illusionen: wenn man selber vor der Kamera stand, hat man schließlich durchschaut, »was da läuft«; und schließlich *Aktivitäts*- und *Gestaltungs*illusionen: man kann ja das scheinbar eherne Gehäuse passiver Konsumentenhörigkeit doch verlassen! Der Saalkandidat ist der Schweif am Kometenhimmel unserer Illusionen, der Statthalter unserer mit Potenzphantasien durchmischten, bewußtseinstrüben Ohnmachtserfahrungen: Applaudieren *und* dabeisein ist allemal besser als gar nichts sehen und nur applaudieren. Zu guter Letzt also auch noch die – *Illusions*illusion.

Wir alle kennen solche Illusionsillusionen. Wir gehören alle »irgendwie« zum Zeitalter des Saalkandidaten; wenigstens klammheimlich huldigen wir noch jener herzlosesten und zynischsten aller pseudodemokratischen Fiktionen. Nirgends, außer vielleicht bei der Ziehung der Lottozahlen und beim Pflichtorgasmus, verbinden sich Sein und Schein zu einer ähnlich wirklichkeitsmächtigen Teilhabeillusion.

Die Umwelt des Saalkandidaten braucht die gestylte Lebenswelt – sie braucht politisches und Sozial-Design: Zum Ambiente des Saalkandidaten gehört der »Bericht zur Lage der Nation« ebenso wie der Medienberater im Wahlkampf, der Abenteuerurlaub wie die Urschrei-Therapie, der Schönheitschirurg wie das Sonnenstudio, das Eros-Center wie die Übungsfirma, der Flugsimulator wie der Derivatehandel an der Börse, gehören Singvogelstimmen aus dem Lautsprecher wie Biosphärenreservate und Naturschutzparks.

Sein oder Design^2 – das ist längst nicht mehr die Frage! Diese Frage, wenn sie eine war, ist längst beantwortet: Schönheit kaufen wir in der Parfümerie, die Freiheit bei Porsche und BMW, wahlweise mit einer Prise Abenteuer auch bei Marlboro; das gute Gewissen bei Misereor oder Lenor, die Sicherheit vor Angst und Ärger bei der Allianz; den Ablaßbrief der beruhigenden Gewißheit, auf ebenso dezente wie unfehlbare Weise dazuzugehören, erwerben wir bei Bogner und Boss, Lacoste und Lagerfeld; und die nationalen Hängeschultern polstern wir mit den Vorzeigedeutschen Borichard von Weizbecker, Kaiser Franz und Claudia Schiffer. Der Logos im Zeitalter des Saalkandidaten ist der Logos des »Logos« – von A wie Aigner bis Z wie Zanussi.

Willkommen, bienvenue, welcome in der Welt des Scheins, besser ein wenig unwirklich und Schatten als gar nicht dabei!

In den Short Cuts der Signalkultur kommt Sein nicht ohne Sign aus und Dasein nicht ohne Design, jene Wüstenpflanze, die im Nährboden metaphysischer Dürre wurzelt. Design ist das Schmuckband einer Epoche ohne Seher und Propheten, in welcher die Gebrauchsprosa regiert und das geschriebene Wort den Sprecher desavouiert; Design – das ist die kalte Schönheit der Kakteen, dem Wüstenbilde trotzend, Kunst, die aus der Kälte kommt, qualitativ hochwertig aber affektiv unerheblich, Ästhetik aus der Tiefkühltruhe.

Wenn Schönheit nur den Glauben bebildert, mißrät sie zum Barockschwulst oder zum sozialistischen Realismus; wenn Schönheit, ohne Treu und Glauben, ohne Hoffnung und Wahrheit, sich nackt selbst bespiegelt, mißrät sie zum bloßen Versprechen des Schönen – zum Design. Die Schönheit ohne das Gute und Wahre, das ist Design! Im Unterschied zum wirklichen Schönen, ist das zum Schönen lediglich »designierte« Schöne, das Design, immer eine *Inszenierung*, und eben dies bedingt den minderen Anspruch, den spezifischen Unernst, das Noch-Nicht des nur »Vorgesehenen« gegenüber dem sichtbar in sich ruhenden Schönen.[3]

Wir leben im Sternzeichen des Saalkandidaten, jener zwergwüchsigen Schrumpelversion des demokratischen Souveräns. Ein Indiz für die Herrschaft der Geschwindigkeit und des allgegenwärtigen So-tun-als-ob auch dies: Jeder ein »Star« für ein paar Minuten – ganz im Sinne von Andy Warhols Regieanweisung für die Demokratisierung des Starkults, die so zynisch war wie jene von Joseph Beuys (»Jeder ist ein Künstler«) wohlmeinend-naiv. Trotz Zynismus hie und Naivität da – beide sind der Wahrheit auf den Fersen: Dies ist die Epoche der demonstrativen Egalität, auch wenn uns ein paar zukunftsbange Warner vor Warner Brothers warnen, vor Mediokratie und Mediokrität.

In der Institution des Saalkandidaten gehen die Gesetze der Beschleunigung mit jenen der sozialen Simulation die innigste Verbindung ein, die wir kennen: eben noch ein Nichts und Niemand und ein Wimpernschlag später dein und mein Stellvertreter vor den Augen einer simulationssüchtigen Welt, im Kommen und Verglühen gleichermaßen repräsentativ. Die Teilhabeillusion, unsere zentrale Lebenslüge, befestigt sich, wie kaum sonst, im bänglichen Minutenglück des fiktiven Frontwechsels vor die Kamera: eben noch Publikum, jetzt schon der Star auf Zeit und Abruf.

Der Augenblick der größten Lüge wird uns zur Stunde der Wahrheit und der Saalkandidat zum wortwörtlichen »Pontifex«, der die Brücke schlägt zwischen der realen Welt, die nichts gilt, und der Welt des Scheins, die alles ist; vor allem auch dies: offen jedem und in jedem Augenblick. Du hast keine Chance – es sei denn, du nimmst sie dir!

Die mediale Mediokrität ist, nebenbei gesagt, nicht nur den Programmachern anzulasten, sie ist systembedingt auch ein Strukturmerkmal der repräsentativen Parteiendemokratie. Im Medium wie bei der Kandidatenkür verfährt man strikt EG-agrarmarktpolitisch:

man zahlt (Abschlacht-)Prämien auf Mittelmäßigkeit. Die repräsentative Parteiendemokratie bringt nicht die Überdurchschnittlichen an die Herrschaft, sondern die überdurchschnittlich Durchschnittlichen. Deshalb fürchten die Repräsentanten in der repräsentativen Parteiendemokratie den Verdrängungswettbewerb von oben wie der Teufel das Weihwasser. Deshalb dienen uns die Administratoren des Status quo alle den Status des Saalkandidaten an, deshalb sind wir alle dabei, auch wenn wir nichts zu sagen haben: Keiner fragt, alle dürfen antworten. Den Souverän als Einschaltquote kann man nicht ungestraft abschalten; den Bürger als Saalkandidaten, den *Souverän im Singular*, ihn kann man kaltstellen, indem man ihn exponiert.

IM ENTSCHWINDEN DER WIRKLICHKEIT: HELDEN, HEILIGE, HARTE FAKTEN

Das Schwinden der Sinne – Auge, Ohr, Nase, Zunge und tastende Hand – ist nur ein Aspekt jenes längst in Gang befindlichen großen Rückzugs der Wirklichkeit aus unserem Leben. Die *Wirklichkeit* zieht sich aus unserer *Lebenswirklichkeit* im selben Maße zurück, in welchem das Fiktionale, die soziale Simulation, überhandnimmt. Längst sprechen wir von »live dabei«, wenn wir im heimischen Wohnviertel in Castrop-Rauxel oder in Stralsund miterleben, wie Boris Becker im fernen Wimbledon zu seinem Echtzeithechtsprung ansetzt oder Mike Tyson im noch ferneren Las Vegas seine Echtzeitaufwärtshaken schlägt. »Live« ist unterderhand zu einem Synonym für »telelive« geworden. Je mehr wir »live« dabei sind, umso weniger sind wir wirklich dabei. *So-tun-als-ob* ist das beliebteste der

Gesellschaftsspiele, der Ernstfall bleibt ausgeklammert; oder genauer: dieses Spielchen *ist* der Ernstfall, ist die conditio sine qua non jeder ausdifferenzierten Großgesellschaft, zumal im Medienzeitalter. Wir leben »second-hand live« (Werner Schneyder). Die Helden, die unserem Alltag Flügel verleihen oder auch bloß für Gesprächsstoff sorgen, wie Jan Ullrich oder Michael Schumacher – wir haben sie nie wirklich erblickt, obgleich wir sie »live« fast nie verpaßt haben.

Nun hatten Vorbilder – die alten Heiligen nicht weniger als die alten Helden – immer schon etwas eigentümlich Imaginäres: Nie traf man einen, oder auch bloß einen, der einen wirklich gesehen und vielleicht gar gekannt hätte. Entweder verloren sich ihre Spuren in weit entfernten Ländern oder verflüchtigten sich im grauen Einst des Gewesenen. Doch auch mit dem, was wir die »hard facts« nennen, die unser Leben umstellen, es beeinflussen und bestimmen, stehen wir in den seltensten Fällen auf vertrautem Fuße: Weder wissen wir, wie sich unsere Einkommensteuer errechnet, noch können wir sagen, wie die Elektrizitätsversorgung funktioniert; weder wissen wir, wie die Behörde arbeitet und organisiert ist, von der wir täglich Anweisungen und Leistungen empfangen, noch haben wir eine Ahnung davon, wie man eine *compact disc* besingt, obgleich wir sie täglich hören.

Je zahlreicher die Personen und die Dinge werden, die uns beeinflussen und von deren Existenz wir wissen, umso weniger kennen wir sie, umso flüchtiger und unwirklicher werden sie für uns. Der – nur scheinbar – gegenläufigen Erfahrung des vermehrt weltreisenden Zeitgenossen zum Trotz: Die Wirklichkeit weicht vor uns zurück, entzieht sich uns in geradezu unvorstellbarem Maße. Je weiter wir in fernste

Fernen des Weltalls vordringen, umso winziger wird der wirklich gekannte, sinnlich wahrgenommene und affektiv »beherrschte« Teil des für uns bedeutsamen Weltzusammenhangs. Das allermeiste, mit dem wir uns wohlvertraut wähnen – die UNO-Vollversammlung und die Lawinengefahr, der Nobelpreisträger und das Modehaus Dior, der Papst und die CIA –, das allermeiste werden wir für immer nur vom Hörensagen kennen oder – aus der Tagesschau. Die Tagesschau fungiert – wie das Fernsehen überhaupt – als »Realitätspräservativ« in dem doppelten Sinn, daß sie einmal die »risikofreie« Kontaktaufnahme mit der Wirklichkeit ermöglicht, daß sie aber zum anderen den wirklich folgenreichen Kontakt mit dem Risiko von »Lebenszwischenfällen« unterbindet.

Was hier als Verlust der Wirklichkeit beschrieben wird, ist die dramatisch anwachsende Diskrepanz zwischen subjektiver und objektiver Welt; ist die ungeheure »Schrumpfung« der authentisch erfahrenen Welt. Wir kennen den analogen Vorgang der *Miniaturisierung* aus der Entwicklungsgeschichte der Technik – das Schrumpfen der äußeren Größendimension bei gleichzeitiger ungeheurer Präsenz- und Wirkungssteigerung: bis am Ende das Kraftäquivalent einer Pferdeherde unter eine Kühlerhaube paßt, die Rechenkapazität ungezählter Rechenautomaten in einem handtaschengroßen Gehäuse Platz findet und die Informationskapazität ganzer Bibliotheken auf fingernagelgroßen Chips.

Technik wird nicht nur unsichtbar, weil sie kleiner wird. Wir »übersehen« sie zunehmend auch, weil sie in ihren entwickeltsten Gestalten körperangepaßten Verstehensillusionen Vorschub leistet: Waren die mechanischen Großapparaturen mit ihrem Stampfen und Zischen unverkennbar »das ganz Andere« des menschlichen Selbst, so betreiben Elektronik und Kybernetik – in organischer Chemie und Pharmazie das Synthetisieren »körpereigener Stoffe« – einen modernen Anthropomorphismus, der dem technischen Produkt den Charakter der Fremdheit nimmt und seine Integration in die unmittelbaren Lebensvollzüge erleichtert, bis zur nahezu vollständigen »Einverleibung« von technischem Gerät im menschlichen Körper (Herzschrittmacher, Kunstherz, Implantate, Prothesen etc.).

Die vollelektronisierte, individualisierbare Technik der Fühler, Sensoren und automatisierten Regelkreise rückt uns »auf den Leib«, weil sie uns »auf den Leib geschnitten« wurde. War Technik einst das unmenschliche Gegenüber, wird sie nun immer mehr Teil von uns selbst. Längst betreiben wir ihre psychosoziale Eingemeindung und anthropomorphe Heimholung. Symptomatisch verrät sich dieser Vorgang dort, wo technische Dysfunktionalitäten mit Ausdrücken benannt werden, die dem Therapiejargon des Alltags entlehnt sind. Wenn der Computer »spinnt« oder »eine Macke hat«, ist eine »Diagnose« fällig, die sagt, »was ihm fehlt«; das Automobil, »auf den Leib geschnittene Technik« par excellence, hat »Mucken«, kann »sauer« gefahren werden oder läßt den Fahrer im Pannenfall »im Stich«, indem es »seinen Geist aufgibt«.

Die Technik in ihrer heroischen Periode – paradigmatisch: die Dampflok – hatte die Menschen durch ihre beherrschende Anwesenheit, ihre visuelle und akustische Präsenz, ihre Größe und Gewaltförmigkeit zugleich geängstigt und zur Bewunderung getrieben. »Tremendum« und »fascinans«, zudem die Erfahrung des »Übermächtigen« (majestas) und »Ungeheuren« – Elemente, die das Erleben des »Numinosen« auszeichnen – prägten das Verhältnis zu den Ungetümen des Maschinenzeitalters. Die von interessierter Seite immer wieder kräftig geschürte Netzeuphorie samt zugehöriger Surfmetapher sollten nicht täuschen: Heute bestimmen Gleichgültigkeit und Faszinationsverlust die Beziehung der Benutzer zu einer Technik, die ihren Wunderbonus verloren hat, aber damit nicht wirklich »wirklicher«, weil verständlicher geworden ist.

In nicht wenigen Bereichen rücken wir diesem nur undeutlich wahrgenommenen Wirklichkeitsverlust mit Kompensationsstrategien zu Leibe, die das So-tun-als-ob lediglich duplizieren: Virtual Reality und Do-it-yourself bringen uns der flüchtigen Wirklichkeit gewiß nicht näher. Ebensowenig geht das öffentliche Eindruckschinden ohne Persönlichkeitsblessuren ab. »Le Style, c'est l'Homme« – so war vor Jahren schon ein Symposium über »Impression Managing« in Palo Alto überschrieben. Seit für den öffentlichen Eindruck des persönlichen Ausdrucks der *Impression-Manager* verantwortlich zeichnet, wurde auch noch die letzte Bastion wider die universelle Käuflichkeit geschleift: Nun hat man noch die intimste aller Intimbeziehungen, nämlich die zwischen mir und meinem Haaransatz erfolgreich monetarisiert (»Was, kein einziges Foto mit einem Dreitagebart?«). Wenn die »gewöhnlich gut unterrichteten Kreise« hier verläßlich kolportieren, so ist da kein bundesdeutscher Politiker der ambitionierten »Enkel«-Riege, der jenen Fragebogen, »den Marcel Proust in seinem Leben gleich zweimal ausfüllte«, nicht säuberlich und mit mäßig originellen Antworten betippt, in einfacher Ausfertigung in seinem Bonner Abgeordneten-Safe bereithielte. Hofft er doch täglich, daß auch bei ihm ein Abgesandter jenes Magazins, zugehörig einer überregionalen deutschen

Tageszeitung, welche bis zum Vermummungsverbot den »klugen Köpfen« dieser Republik als Tarnkappe diente, unversehens sich einstellen könnte, in der löblichen Absicht, Spontaneität und Reaktionsvermögen, Originalität und Einfallsreichtum unserer politischen Elite zu testen.

Längst hat Identität mehr mit Infas und Infratest als mit Charakter und Persönlichkeit zu tun. Bei so mancher Talk-Show kann man den Kandidaten getrost vergessen. Wie die menschlichen Modelle bei Friseurwettbewerben als Perückenpuppen, so posieren Talk-Show-Kandidaten als Persönlichkeitspuppen rivalisierender Impression-Managing-Agenturen. Wer wirklich wichtig ist heutzutage, verfügt nicht nur über Limousinen und Immobilien, über Pelzmäntel und Haute-Couture-Modelle, sondern auch – über eine gewisse Anzahl von Identitäten. Im Zeitalter des *Persönlichkeitsstylings* und des *Treatment-Designs* ist die beste Persönlichkeit keine Persönlichkeit. Zuviel Widerborstigkeit stört nur den Designer. Dieser benötigt Persönlichkeit nur noch als multiples Identitätspassepartout; und das gerade so viel, daß sie einen möglichst neutralen Rahmen abgibt.

Das So-tun-als-ob hat in der offiziellen Politik gar einen identifizierbaren »neuen« politischen Aktivitätstypus kreiert. Wie Niki Lauda einst wußte, daß er »nicht fürs Parken bezahlt« wurde, so wissen die Politiker, daß wir sie nicht dafür engagiert haben, daß sie über die Grenzen ihrer Wirkungsmacht philosophieren. Wir stoßen daher überall dort, wo von der Politik etwas erwartet wird, was sie nicht leisten, jedenfalls administrativ nicht erzwingen kann, auf einen neuen politischen Aktivitätstypus: Die *politische Ersatzhandlung* oder die *sekundäre Kompensation* beseitigt zwar nicht das Übel und löst auch nicht kompensatorisch das Problem, aber sie beruhigt die Gemüter, indem sie sich als Aktivität der energischen Vorbereitung auf Aktivität zu erkennen gibt. Symbolhandlungen kompensatorischer Authentizität – wie die allenthalben praktizierte »Bewältigung« der Tschernobyl-Katastrophe durch Messen und Kartographieren, wie die Schaffung kompetenzloser Ministerien und die Ernennung von Sonderministern oder wie die demonstrativ inszenierte Vor-Ort-Präsenz entschlossenen Blicks dem Hubschrauber entsteigender Spitzenpolitiker – geben Anlaß zur Vermutung, daß wir erst am Anfang dessen stehen, was das Medienzeitalter an sekundären Kompensationsaktivitäten möglich – und damit wohl: nötig – macht, ganz nach dem Motto: Wo eine Fernsehkamera ist, wird sich doch auch ein politischer Wille finden!

Glauben und Wissen nach Tschernobyl

Das eigentümlich Unwirkliche dieser politischen Ersatzhandlungen angesichts realer Ohnmacht wurde im Fall Tschernobyl nur noch übertroffen von der Unwirklichkeit und – im wörtlichen Sinn – Unfaßbarkeit der ersten Katastrophe in der Geschichte der Menschheit, die für die absolute Mehrheit der von ihr Betroffenen nur in den Medien stattfand; der ersten Katastrophe, die sich den allermeisten ihrer Opfer weder durch sichtbare Zerstörung noch durch Getöse und Gestank oder irgendeine körperlich wahrnehmbare Attacke mitteilte; der ersten Katastrophe, die zu den allermeisten derer, die sie betraf, nicht im Idiom von Gewalt und Vernichtung, von Verletzungen und Tod sprach, sondern ganz in der leidenschaftslosen Sprache der Experten. Zeuge der Katastrophe wurde nicht, wer seinen Sinnen vertraute. Allein, wer sich auf die über die Medien popularisierten Experteninformationen einließ und dem Sprecher am Bildschirm mehr glaubte als dem Ensemble der eigenen Sinne, hatte »teil« am Geschehen.

Wer seinen Sinnen nicht mehr trauen kann, wer nicht mehr souverän über die eigene Wahrnehmung gebietet, kann sich auch kein eigenes Urteil bilden. Mit urteilsenteigneten Zeitgenossen ist aber kein Staat zu machen – jedenfalls kein demokratischer. Waren nicht die Überlastung der Telefonzentralen der Öko-Institute, die Mütter-Initiativen zur Volksbewaffnung mit Geigerzählern auch Indikator dafür, daß hier ein Grenzwert demokratisch und sozial zumutbarer Simulation erreicht war?

Wenn die schlimmsten Gefahren, die uns drohen, unsichtbar sind, dann sind wir auf Gedeih und Verderb von der Zuverlässigkeit der Wahrnehmungslieferanten abhängig. Mit der Wahrnehmungssouveränität verlieren wir auch die demokratische Kontrollsouveränität. Souverän ist, wer über den Geigerzähler gebietet; souverän ist, wer die Grenzwerte festsetzt. Die Enteignung der Wahrnehmung kreiert einen neuen Sitz der Souveränität: Wer die Wahrnehmung kontrolliert und ihre Inhalte definiert, der ist der neue Souverän!

Die Enteignung der Wahrnehmung ist aber nicht nur der Anfang vom Ende der Demokratie, sondern auch der Anfang vom Ende des Privaten. Kein Einzelner ist mehr seines Glückes Schmied. Aus der Traum vom anderen Leben! Aus der Traum vom Frühstücksei des Freilandhuhns. Auch wer sich noch so tief in den Wald zurückzieht, ganz auf seine Erfahrung, auf Aug', Ohr und zupackende Hand vertrauend, bedarf des

Fernsehers oder des Transistors, die ihn belehren, ob der Salatkopf, die Pilze oder das erlegte Wild unbedenklich genießbar sind oder nicht. Was der Oktoberrevolution nicht gelungen ist, haben »die Russen« dank eines durchgegangenen Reaktors schließlich doch noch geschafft: die unaufhebbare Vergesellschaftung der Existenz, die Sozialisierung der Wahrnehmung, die Kollektivierung der elementaren Lebensäußerungen, die endgültige Abschaffung der Autonomie des Subjekts in so grundlegenden Tätigkeitsfeldern wie waschen und sich kleiden, sich ernähren und Tennis spielen, baden und im Garten arbeiten.

Nach Tschernobyl ist die Welt wieder, wie in den frühen Menschheitstagen, eine einzige große, unbegriffene Gefahrenquelle; im Sinne des vom einzelnen beeinflußbaren und steuerbaren »Risikos« gibt es für niemanden mehr etwas zu riskieren. Was der atomar-industrielle Komplex als Restrisiko bilanziert, wird in der Wahrnehmungsrationalität der Betroffenen zur unbeeinflußbaren Gefahr. Die neuzeitliche *Defatalisierung* der Gefahr zum »Risiko« (Niklas Luhmann) weicht der postmodernen *Refatalisierung* des Risikos zur »Gefahr«.

Unser Vertrauen in die Welt der Wahrnehmung reduziert sich auf das Vertrauen in das Kommunikationssystem, welches uns über diese Welt informiert und ins Bild setzt. Die aktuellen Enthüllungen über die seit 10 Jahren (!) bekannten, z. T. bis ums 3000fache die zulässigen Strahlen-Grenzwerte überschreitenden radioaktiven Emissionen bei den Castor-Transporten rufen uns dieses Faktum auf drastische Weise in Erinnerung. Strukturell gesehen gibt es keinen Unterschied zwischen den archaischen Glaubenszumutungen und dem neuesten Regreß auf die »Glaubensdisposition«:

Auch wer dem aus der Wüste zurückgekehrten Propheten »glaubte«, der Herr habe aus einem brennenden Dornbusch zu ihm gesprochen, handelte aufgrund einer zum Habitus gewordenen Glaubensbereitschaft, welche Plausibilitätserwägungen des konkreten Einzelfalles in den Hintergrund treten ließ. Steht die generalisierte Richtigkeitsvermutung, mit welcher wir heute – ungeprüft – der sich auf wissenschaftliche Autorität berufenden Mediennachricht begegnen, an Irrationalität der nötigenden Glaubenszumutung vergangener Tage wirklich so sehr nach? Wie begegneten wir wohl der unter Berufung auf namhafte Wissenschaftler über die Abendnachrichten verbreiteten Meldung, es sei gelungen, eine Chemikalie zu entwickeln, die jeden beliebigen Menschen zum Fliegen befähigte – ohne zusätzliche mechanische Hilfen? Würden wir uns wohl lange zieren? Hat man uns denn nicht längst schon Vergleichbares, vielleicht sogar härtere Glaubensnötigungen zugemutet? Was spricht eigentlich dafür, daß wir der NASA und Neil Armstrong glauben, die Amerikaner seien seinerzeit tatsächlich auf dem Mond gelandet? Allenfalls die eher rührend-tolpatschigen und technisch unzulänglichen Aufnahmen; in den Studios Hollywoods hätte man sich gewiß nicht mit so stümperhafter Arbeit begnügt!

Auch dies gehört zur »Dialektik der Aufklärung«: Je mehr »wir« wissen, umso mehr müssen wir glauben! Angesichts einer zunehmend flüchtigeren Wirklichkeit finden wir uns, inmitten eines wissenschaftlich-artifiziellen Sekundärkosmos, plötzlich wieder mit den alten vorrationalen Anforderungen der archaischen Gesellschaft konfrontiert: Wir müssen wieder, um den Preis der Lächerlichkeit und des Reputationsverlusts, glauben wie zu Moses' Zeiten.

Kein Bewusstsein oder ein Unendliches

Vielleicht gilt ja nicht nur: »Wir haben die Welt durchschaut, was brauchen wir sie noch zu verändern?« – wie die swinging Postmoderne mit einem Anflug koketter Selbstironie gelegentlich formulierte. Vielleicht gilt ja, ungleich beunruhigender: »Wir haben die Welt durchschaut, wie könnten wir sie da noch verändern!« Im Sinne solcher quasizynischer Selbst-Bescheidung orten wir seit den hochgestimmten Zeiten der europäischen Aufklärung einen sich verstärkenden Katzenjammer angesichts der sehr allgemeinen Erkenntnis, daß die Zunahme an Einsicht in den Gefilden des Verhaltens fast immer mit Einwirkungsverlusten zu bezahlen ist. Das »*sapere aude*«, das »Wage zu wissen!«, klingt hier eigentümlich hohl.

Erst seit wenigen Jahrzehnten wird sichtbar, daß wir auch in den entwickeltsten Anwendungsgebieten der Naturwissenschaft Wissensgewinne mit Wirkungsverlusten begleichen. Die analoge Erfahrung für den Bereich der verhaltensrelevanten Geistes- und Sozialwissenschaften ist ungleich älter. Heinrich von Kleist hat mit seiner kleinen Schrift »Über das Marionettentheater« einen frühen Schlüsseltext zum Problemkreis einer »Dialektik der Aufklärung« vorgelegt, in welchem er, in einer wohl nicht wieder erreichten präzisen Eleganz, die entfremdende Wirkung der Reflexion skizziert. Er zeigt am Beispiel einer kleinen Begebenheit mit wenigen, knappen Strichen, »welche Unordnungen, in der natürlichen Grazie des Menschen, das Bewußtsein anrichtet«: Ein Jüngling bemerkt an seinem eigenen Spiegelbild eine Zufallsgebärde, die ihn an eine berühmte Statue der Antike, den »Dornenauszieher«, erinnert. Die Aufforderung, diese Gebärde zu wiederholen, stürzt ihn in tiefste Verlegenheit: Er verkrampft, ist außerstande, dieselbe Bewegung wieder hervorzubringen, wirkt nur noch komisch in seinen gekünstelten Bemühungen. Er verliert buchstäblich unter dem Auge des erzählenden Beobachters »seine Unschuld« und das ihr zugehörige »Paradies« natürlicher Anmut, welches er trotz aller erdenklichen Bemühungen niemals wiederfinden wird. Wie ein »eisernes Netz« legt sich die Selbstbeobachtung mit unsichtbarer und unbegreiflicher Gewalt »um das freie Spiel seiner Gebärden«: Ein Reiz natürlicher Anmut nach dem anderen verflüchtigt sich vor dem prüfenden Zugriff des Bewußtseins.

Elemente einer solchen »natürlichen Grazie« finden sich auch im reflexiv ungebrochenen Instinktverhalten von Tieren – ähnlich unbeirrbar und traumwandlerisch sicher wie beim vorgenannten Jüngling *vor* seiner lähmenden Kollision mit der Instanz der bewußten Selbstwahrnehmung. Dies legt den Schluß nahe, »daß in dem Maße, als in der organischen Welt die Reflexion dunkler und schwächer wird, die Grazie darin immer strahlender und herrschender hervortritt«. Das Moment der »natürlichen Grazie«, d. h. der vollständigen Übereinstimmung mit dem Tun des Augenblicks, erscheint dort am reinsten, wo gar kein Bewußtsein vorhanden ist, wie beim Marionettengliedermann, oder aber dort, wo unendliches Bewußtsein regiert, bei einem Gott.

Der Gliedermann, dessen mechanische »Seele« sich nie anderswo als »im Schwerpunkt der Bewegung« befindet, verkörpert das Harmoniebild vollkommener Identität *ohne Bewußtsein*, der Gott jenes der vollkommenen Identität des *omnipräsenten* Bewußtseins. Dem Menschen, der vom Baume der Erkenntnis gegessen hat, ist das Paradies bewußtloser Selbstübereinkunft verriegelt; ihm bleibt nur »die Reise um die Welt«, um zu sehen, »ob es vielleicht von hinten irgendwo wieder offen ist«. Diese Reise einer steten Annäherung an ein unendliches Bewußtsein aber wäre dann zugleich »das letzte Kapitel von der Geschichte der Welt«, die als Geschichte der Nichtidentität, der Zerrissenheit durch zuviel und zuwenig Bewußtsein zugleich, »im unendlichen Bewußtsein« ihre Erfüllung fände.

»Einsicht« wird mit »Leben«, genauer vielleicht: mit »Nicht-Lebbarkeit« bezahlt: Wir können Betroffenheit bloß noch simulieren, weil wir alles über das Wo, Wie, Wann und Warum der Betroffenheit wissen. Das nur noch zum Kalauern geeignete »Das hat mich betroffen gemacht!« bezeugt die wesentliche Unvereinbarkeit von »Einsicht« und »Leben«.

Was aber wissen wir noch von einem Dritten, was wissen wir noch über ein Dazwischen, einen Weg, der die beiden feindlichen Brüder »Bewußtsein« und »Leben« wieder zusammenführen könnte?

Das »*gnothi sauton*«, das »Erkenne dich selbst« der antiken Philosophie wird von allzu beflissenen Identitätssuchern meist im Sinne eines lebenshemmenden Reflexionszwangs verbogen. Es war jedoch nie ein Deutungsimperativ, der zur reflexiven Selbstnötigung aufforderte, sondern diente als Lebens- und Existenzhinweis: als Mahnung, Wesentliches von Unwesentlichem scheiden zu lernen, um im Einklang mit sich selber zu leben. Die Ermunterung zur »Selbsterkenntnis« war kein frustrationsträchtiger Forschungsgroßauftrag, der lebenslang in die Terra incognita ungewisser Selbstigkeit verbannte, sondern der schlichte Ratschlag, *sich selbst anzunehmen*, um zum »bloßen«

das »gute Leben« hinzuzugewinnen. Ein genaues und systematisches Wissen (*episteme*) des Selbst war dabei nicht vorausgesetzt. Der Nachdruck lag nicht auf dem Erforschen, sondern auf dem Akzeptieren der eigenen Persönlichkeit, nicht auf dem Ausleuchten und Deuten auch noch der feinsten Seelenregungen, sondern auf der Kenntnis und Annahme des Ganzen (*gnosis*).

»Stop Making Sense« (Talking Heads)

Das postmoderne Lebensgefühl ist aus zwei Komponenten gefügt: erstens der Erfahrung, daß es keinen Sinn (mehr) gibt für das Ganze, und zweitens der Entschlossenheit, daß dies noch lange kein Grund zu sein braucht, Trübsal zu blasen. Wer keinen Sinn mehr sucht und dennoch entschlossen ist, nicht depressiv zu werden, dem eröffnen sich ganz neue Lebenschancen: angesagt ist das große *Spiel* mit der Sinnlosigkeit – Mensch, haben wir gelacht! Die Marktgängigkeit von ausgesprochenen Nonsens-Produkten – bis Karl Dall, Guildo Horn und den Prinzen – ist ein Symptom; fast alle aktuellen Zeitgeistinszenierungen sind Nonsens-Maskeraden. Der »Zeitgeist« spricht in einem Idiom, das gerade sein Fehlen, seine Abwesenheit als repräsentative Gesamtgestalt anzeigt.

»Nonstop Nonsens« – das ist die Lieblingsinszenierung der Postmodernen. Doch bekanntlich geht ja auch der Fernsehversion regelmäßig nach vierzig Minuten die Puste aus. Und das Problem des postmodernen Lebensstils ist denn auch, daß er, bei aller Virtuosität im Verdrängen, immer wieder auf Realität stößt. So sehr die Postmodernen auch die eigene Inszenierung zur Realität dogmatisieren – das setzt die wirkliche Wirklichkeit noch längst nicht außer Kraft. Wer sich entschlossen hat, solcherart »kontrafaktisch« zu existieren, der braucht vor allem einen beachtlichen Vorrat an – guter Laune! Alles darf der postmoderne Hans im Glück verlieren – bloß nicht seinen Spaß am Spaß, bloß nicht seine Lust auf Gags und gute Laune.

Das Motto der postmodernen Problementsorger ist denkbar schlicht: Wer Sorgen hat, ist selbst dran schuld! Denn: Wer Sorgen hat, hat auch ... Campari und Kir Royal. Und schließlich fühlt man sich, wie man sich fühlen *will*.

Wer obenauf schwimmen will, muß den Tiefgang meiden. Dale Carnegies Lebensratgeber läßt schon in der Titelaufforderung keinen Zweifel: »Sorge Dich nicht, lebe!« Da man eh nichts ändern kann, ist »Annehmen« angesagt: für sich selbst, für die Gesellschaft, für die Dinge, wie sie sind. Annehmen und das Beste daraus machen!

Abklärung – das ist der Ausstieg aus der Reflexionsspirale sich gefräßig fortzeugender Aufklärung. Wer sich »abgeklärt« gibt, hat von den immer neuen Enthüllungsfeldzügen kritischer Aufklärer die Nase voll, er möchte cool leben, ohne dabei zu frieren. Von naiver »Unschuld« ebensoweit entfernt wie von reflexivem Selbstverlust hält er jenen Mangel an Ichlosigkeit für korrigierbar, mit dem uns die Allgegenwart der Ichsuche schlägt. Nachdem der Zustand bewußtloser Unschuld für immer verloren ist, jener der Unschuld des totalen Bewußtseins für immer unerreichbar bleiben wird, inszeniert man die »unheimliche Unschuld der dritten Art«: die Simulation jener »unerträglichen Leichtigkeit des Seins« (Milan Kundera) als einer durchaus erträglichen. Die geglückte Simulation, der neocoole Frischwärtsoptimismus, der nicht nur die anderen überzeugt, an den man vielmehr am Ende selber glaubt, das ist die punktuelle Wiederherstellung der Unschuld unter der Bedingung der Entfremdung, einer Unschuld, die sich durchaus mit Bewußtsein und selektiver Kompetenz verträgt; einer Unschuld, die es sehr wohl gestattet, den einen oder anderen sorgfältig ausgewählten Apfel vom Baum der Erkenntnis zu pflücken.

Zur neuen Cooltour gehört vor allem die Angst vor der Angst. Während zu den Hoch-Zeiten der Friedensbewegung in der ersten Hälfte der achtziger Jahre die Angstbekenntnisse regelrecht inflationierten, gilt für die Neunziger: Bangemachen gilt nicht!

Man trifft nur noch mutige, schöne Menschen, die allenfalls noch eine einzige Angst kennen – die Angst, Gefühle zu zeigen. Wo die »Kunst des Kühlens« zu Ehren gelangt, geht's den Gefühlen an den Kragen, der Rührung »für sich selbst« ebenso wie dem Mitgefühl für den anderen. Nach dem Überschwang der Gefühle, mehr noch: nach den Bekenntnisoffensiven und der unterschiedslosen Gefühlsoffenbarungsbereitschaft der siebziger und achtziger Jahre hat solche Zurückhaltung gewiß auch etwas Wohltuendes. Man sucht, wo immer möglich, Spuren des Persönlichen und Allzupersönlichen zu tilgen. Persönliche Duftmarken sind das Peinliche schlechthin, ob es sich dabei um tränenfeuchte Rührseligkeit handelt oder aufdringlichen Körpergeruch: Die outfitunterstützte Cooltour balanciert den Stimmungshaushalt, und das Deo neutralisiert die unvorteilhafte Geruchsimpression. Die neuen Abgeklärten sind zu einem nicht unerheblichen Teil ihrer Zeit mit der Abwehr von »Peinlichkeiten« beschäftigt; ja, das Leben selbst mit seiner beharrlichen Notdurft und seiner ordinären Kreatürlichkeit scheint eine einzige Peinlichkeit, der es entschlossen zu wehren gilt mit Life- und Bodystyling, vor allem aber mit den neuen Möglichkeiten der Virtualisierung: *Life goes virtual!* Mängel in der Theorieausstattung mögen dabei schon vorkommen. Defizite im Design sind unverzeihlich.

Lebenskunst als Farce

Man installiert also keine neuen Bewußtseinsscheinwerfer. Man hält sich vom Leib, was einem nicht in den Kram paßt. Man bringt sich in Sicherheit, tarnt sich mit jener sorgsam antrainierten »Leichtigkeit des Seins«, die alle störenden Fragen zum Verstummen bringt und den, der sie sich erworben hat, zum uneingeschränkten Gebieter des Augenblicks macht, gleichermaßen unbelastet von Vergangenheit und Zukunft, ganz dem Hier und Jetzt zugewandt. Wer entschlossen ist, solchermaßen »rücksichtslos« zu leben, der will vor allem jetzt leben, jetzt Erfolg haben, sich durch nichts und niemand aus dem Gleichgewicht bringen lassen.

Waren die Trendies von gestern noch trendbedingt verzweifelt, gibt man sich jetzt allenthalben trendbedingt zukunftsoffen, kompetenzgewiß und standortbewußt. Keiner in der spätpostmodernen Trendelite, der bereit wäre, die Furcht vor dem, was kommt, zum Kompaß zu nehmen.

Damit wir uns recht verstehen: Der Yuppie ist kein Phänotyp irgendeiner Nischenszene der Jugendkultur, er ist längst der »Prototyp« einer ganzen Generation, die mittlerweile auch schon in die Jahre kommt, und Spuren seiner gesellschaftsweiten Ausstrahlung sind allenthalben auszumachen. Der Yuppie, vielleicht mehr noch der stets streitbefangene Diskurs um dieses Leitbild, hat die Kultur der 80er Jahre nachhaltig bestimmt. Er verkörpert bis heute den deutlichsten Widerspruch gegen sämtliche Ideale der 68er-Zeit und der nachfolgenden Bewegungsdekaden mit ihren ökoasketischen, sozialen und pazifistischen Wertorientierungen. Das Yuppie-Syndrom hat mit der Strahlenwolke über unseren Häuptern immerhin dies gemein: Beide machen politische Lagergrenzen obsolet. Unter den jüngeren Exponenten aller Parteien finden sich Yuppie-Infizierte. Obgleich der Yuppie in Deutschland nie recht heimisch wurde und die Bezeichnung sich bis heute einen diffamierenden Beiklang bewahrt hat, wird dem Yuppie-Leitbild überall gehuldigt, und überall, wo es um Konsum und Karriere geht, sind die Grenzen klammheimlicher Bekenntnisscham von ehedem gefallen. Und wie überall, wo sich etwas tut, ist mittlerweile auch frau ganz vorn dabei: Ob sie in München eine Nobel-Disco schmeißt oder für die taz das Fernsehprogramm kritisiert, ob sie in Stuttgart eine Werbeagentur betreibt oder in Köln das Casting für »Verbotene Liebe« organisiert.

Die postmodern Abgeklärten sind überall auf dem Vormarsch, mäßig mit Überzeugungen belastet, ihr Selbstbewußtsein zelebrierend und durch nichts zu irritieren, links und rechts, bei taz und FAZ, in Frankfurt ebenso wie in Berlin. Sie sind kein genuin politisches, sie sind ein existentielles Phänomen: verblüffungsfest, verstörungsimmun und ungemein effektiv bei allem, was sie sich vornehmen. Die Yuppie-Message ist die lagerübergreifende Botschaft der Selbstgewissen und Unbeirrbaren, der Ehrgeizigen und Entschlossenen, die süffige Lehre vom Hier und

Jetzt, die neue Frohbotschaft von Erfolg und Effizienz.

Die Trendelite der neuen Abgeklärten hat eine beneidenswert simple Weltsicht. Eine ihrer raren Überzeugungen lautet, daß die Dinge im Grunde sehr einfach sind. Wenn vieles dennoch so schwierig erscheint, ist das einzig die Schuld der Schwierigen: der Räsonierer und Weltzergrübler mit ihren Ängsten und Skrupeln, ihren Idealen und Übersteigerungen. Wer keine Erklärungen mehr aufbieten mag, wer die Frage nach dem Woher und Wohin vermeiden möchte, der ist gezwungen, Probleme fortlaufend in Stimmungen aufzulösen. Für die Kinder von Captain Future und Lacoste gewinnt die Unterhaltung einen wahrhaft existentiellen Rang: Sie ist der grellbunte Paravent, der das bedrohlichste aller Gespenster ausschließt – die Langeweile.

Wir können uns dem Schweigen verweigern, das zum Hinhören zwingt; wir können der Stille entfliehen, die zur Besinnung ruft und uns auffordert, die Menschen zu benamen und die Dinge zu begreifen. Der Langeweile werden wir nicht entkommen, so sehr wir uns auch abstrampeln, immer dort zu sein, wo am schrillsten gelacht wird. Der lebenslange Stellungskrieg wider den Hauptfeind: die Langeweile, ist nicht zu gewinnen. Wie aufwendig und einfallsreich wir auch immer den Augenblick zum Lebensschlund weiten, um an allem die Spuren von Vergänglichkeit und Vergeblichkeit zu tilgen – es wird uns nur auf Zeit gelingen, die Zeit zu vertreiben. Sie hatte noch stets den längeren Atem. Alles wird zwecklos in einer Welt der Unmittelbarkeit der Mittel. Zeit vertreiben als Zeitvertreib, das ist wie Rudern in einem am Ufer festgebundenen Kahn – man kommt nirgendwo an.

Wie lange ist dieser angestrengte Spaß am Spaß durchzuhalten? Wie lange kann es gelingen, immerzu rechtzeitig »fit for fun« zu sein? Wie lange kann so tun als ob, wer sich den anderen unentwegt vormachen muß, um sich selbst zu haben, um sich selbst vorn zu sehen und obenauf?

Ihr, die Ihr so routiniert und abgeklärt tut, Ihr seid die größten Simulanten! Ihr, die Ihr – keck oder naiv, jedenfalls aber mindestens zehn Jahre zu spät (und wohl deshalb ohne zu zitieren!) – die »Tugend der Orientierungslosigkeit« feilbietet, Ihr mit Eurer Camel-Lebensphilosophie der wohlfeilen Konsequenz: als brauche man nur meilenweit zu gehen, um irgendwo anzukommen, wo sich's lohnt zu sein –, tut doch nicht so, als wüßtet Ihr nicht genau, daß die Abenteuer von Camel Trophy auch bei Neckermann zu ordern sind! Sollte die Gewißheit, daß es für das Echte keinen Ersatz gibt, im Filter Eurer Leichtzigarette (»Ich lebe gern«) hängengeblieben sein? Mit all Eurem Beharren auf dem Pragmatismus des Erreichbaren, mit all Eurer quirligen Fröhlichkeit und Eurem Sonnenbankoptimismus, die so ansteckend wirken müssen, damit Ihr ja nicht vor der Zeit aufsteckt – mit all dem simuliert Ihr, was ihr am meisten vermißt: Leben, Anwesenheit und Authentizität! Genau an dem, was Ihr so beharrlich beschwört, gebricht es Euch am meisten. Gewiß, Ihr habt aus der Dialektik der Aufklärung gelernt – und seid nichtsdestoweniger Opfer geworden: Opfer einer unbegriffenen Abklärung mit zynischen Zügen, die sich doch längst durchschaut und mit dem eigenen Auge bannt. »Die Lebenskunst als Farce, das ist der Hohn auf das richtige Leben, der übrigbleibt, wenn als abgemacht gilt, daß es das richtige nicht gibt« (Gerd Achenbach). Mit Lebenskunst, die schwer ist und in vielem identisch mit der Kunst des Liebens, wird es ernst, sobald diese Abmachung nicht das letzte Wort behält.

1 »beschleunigungsbedingter« (von griechisch: tachys = schnell)

2 Diesen Titel verdanke ich einem Hinweis von Helmut Höge. Die Formel selbst ist älter. Sie geistert schon in phantasievollen Abwandlungen und Kombinationen durch die Selbstverständnis-Diskussionen an Akademien und Fachhochschulen für Gestaltung im Anschluß an F. W. Haugs einflußreiche Arbeit aus dem Jahre 1972 »Zur Kritik der Warenästhetik«.

3 Es ist kein Zufall, daß auch begrifflich im lateinischen »designatus«, von dem das »Design« sich herleitet, dieses Dignitätsgefälle angelegt ist.

II.
Im Supermarkt der Lebenswelten

Intimität und Identität oder
Die nackte Wahrheit ist nicht
immer das Wahre

KOLLEKTIVE SCHAU- UND ZEIGELUST

Wenn man den Prognosen von »Bild« bis »Amica« glauben darf, dann gehen wir im kommenden Sommer noch heißeren Zeiten entgegen. Wohin das (Männer-) Auge schweift: Die Hüllen fallen, und die ohnehin spärlichen Andeutungen von Stoffüberbleibseln werden Luft, Wasser und Sonne den allfälligen Tribut zollen. Und dies nicht nur auf dem sichtbewehrten Grün des Eigenheims, sondern coram publico: in Düsseldorfer und Kölner Cafés, in Münchens Biergärten und Parkanlagen, auf Kiels und Hamburgs Promenadezeilen, in den Flimmer-Discos der Touristenmetropolen – von Schwimmbädern, Sandstränden und Flußufern allüberall ganz zu schweigen. Die Mode von der Isarmetropole, wo sich in den 80er Jahren die ersten Unbekleideten auf öffentlichen Liegewiesen und Grünanlagen tummelten, hat die ganze Republik erobert. Von Flensburg bis Friedrichshafen, von Verona Feldbusch bis zur Kathy aus der »Verbotenen Liebe« frönt man kollektiver Schau- und Zeigelust.

Und auch »die Leinwand« bleibt im allgemeinen Enthüllungswettlauf nichts schuldig an Einblicken, die der Phantasie nichts mehr zu bebildern lassen. Nimmt man das, was zur ganz normalen Sendezeit über den Bildschirm eines ganz normalen Haushalts flimmert, als Maßstab, so könnte dies den aufrechten Ärgernisgebern von gestern und vorgestern – der »Sünderin« Hildegard Knef etwa oder Ingmar Bergman mit seinem »Schweigen« – geradezu die Schamröte ins Antlitz treiben. Vorbei die Zeiten, da sich in freiwilliger Selbstbeschränkung züchtige Leinwandidole vom Schlage einer Ruth Leuwerik oder einer Sonja Ziemann auf Illustriertenfotos allzu offenherzig geratene Dekolletés durch nachträgliche Retusche »hochschnüren« ließen.

Doch nackter als nackt geht nicht. Geht also nicht auch mit der allgemeinen Textilfreiheit der Avantgarde aufklärerischer Freizügigkeit endgültig der Stoff aus? Wer so spekuliert, verkennt das Wesen des immer kurzatmigeren Avantgardismus. Mit der immer schnelleren Veralterung der Themen und Trends veraltet auch zusehends die Möglichkeit endgültiger Veralterung selbst. Nichts mehr ist wirklich »out«. Längst nämlich belegt die Avantgarde nicht mehr bloß Altvertrautes mit dem Bannfluch des hoffnungslos Unzeitgemäßen; längst ist sie nicht bloß *Entwertungs*avantgarde, längst ist sie auch an der Front der themenpolitischen *Wiederaufbereitung* aktiv: Wer heute Gott, die Familie, das Subjekt, die Keuschheit oder die Mutterschaft mit Emphase verabschiedet, kann sie morgen schon emphatisch wiederentdecken. Wo steht geschrieben, daß nicht gerade die gnadenlose Körperfitneß der California-Culture eines Tages die vornehme Blässe und den »Petit-mal«-Anfall vergangener Tage wieder hoffähig macht? Und daß nicht zuletzt ein gewisser Überdruß an der blanken Offenherzigkeit der Achtziger und Neunziger uns bald die keuschen Fünfziger mit Petticoat und Party-Erröten wieder näherrücken könnte. Ein Aspekt der allgemeinen Beschleunigung auch dies: Wir können nie sicher sein, ob das, was uns in Kunst und Mode heute begegnet, noch aus der Mottenkiste von vorgestern oder schon aus der Ufobox von übermorgen stammt.

Bedeutet nun die Zunahme an demonstrativer Nacktbereitschaft eine Art überfälliger Instandbesetzung unserer kaputten Körpermoral, oder ist mit der wachsenden Bereitschaft zur massenhaften öffentlichen Selbstentblößung die erotische »Verhausschweinung« (Konrad Lorenz) des Menschen angesagt – also die fatale Gefühlsgewöhnung ans eigentlich Unangemessene? Überall stoßen wir auf das Motiv einer forcierten Enttabuierung des Privaten, eine neue »kollektive« Schau- und Zeigelust. Dies reicht von der gläsernen Sichtbarkeitsarchitektur bis hin zu den säkularisierten Populärversionen der christlichen Beichte in den »Talk-Shows« und den »Home stories« der Massenpresse. Am verblüffendsten aber sind die zeitlichen und formalen Übereinstimmungen zwischen seelischer und körperlicher Offenbarungsbereitschaft.

Die emphatische Nacktheit ist die körperliche Entsprechung der allgemeinen Selbstthematisierung. Beide Male geht es darum, sich nicht einfach mit dem zufrieden zu geben, was ist. Seele und Körper werden gleichermaßen als plastisch begriffen, formbar, beeinflußbar. Man kann »an sich arbeiten«, innen wie außen. Jeder sein eigener Freud, jeder sein eigener Michelangelo! Die Kraft zum »Nein« und die Ich-Stärke, die einem abgehen, kann man sich antrainieren, ganz genauso wie die fehlenden Bauch- und Wadenmuskeln. Der strapaziösen und gelegentlich ruinösen psychischen Aufbauarbeit der Selbstfindung und Selbstverwirklichung entspricht die bänder- und gelenkbelastende freiwillige Selbstfolterung in der »Eisernen Jungfrau« des Bodybuilding-Centers.

SICHTBARKEIT UND ISOLATION

Viele Erscheinungen der Alltagswelt sind durch eine höchst merkwürdige Widersprüchlichkeit charakterisiert: durch die »Dialektik von Sichtbarkeit und Isolation« (Richard Sennett). Eine solche Interpretation muß zunächst verwundern: Wie kann ich von etwas, das ich sehe, isoliert sein? Und doch ist es so. Am eindeutigsten vielleicht beim Fernsehen. Vom Sehen kennen wir sie alle: Franz Beckenbauer und Brigitte Bardot, Loriot und Graf Lambsdorff. Doch haben wir sie je beim Einkaufen getroffen, einfach so, auf ein »Hallo« und »Wie geht's«?

Oder denken wir an die Isolation im Großraumbüro trotz allgemeiner Sichtbarkeit, die Isolation in Mensa und Kantine: je größer der Tisch, um so kleiner die Kommunikationschance; oder an die sinnenüberwältigenden Warenangebote der großen Einkaufszentren, die uns mit ihrem »Kauf-mich!« und »Nimm-mich!« traktieren: alles zum Greifen nah und doch unnahbar fern – mindestens wenn das Kleingeld fehlt.

Oder denken wir an die gläsernen Büropaläste in unseren Citys: Man sieht von drinnen, wer und was außen vorgeht, kann selbst meist auch gesehen werden, und dennoch: Gibt's was Trennenderes als eine »Trennscheibe«? »Das schönste an meinem Rolls-Royce ist die Trennscheibe zum Chauffeur«, formulierte einst mit Sarkasmus und Selbstironie Bernard Buffet, ein bekannter Maler der nostalgischen 50er

Jahre, als man noch Einsamkeit und Freiheit kultivierte.

Gibt's was »Trennenderes« als die massenhafte Nacktheit an vielen Atlantik- und Mittelmeerstränden: angestrengtes Weggucken, Erektionsangst, Berührungspeinlichkeit zu Wasser und zu Lande, allgemeine Anfangsbangigkeit beim Ansprechen, allgemeiner Argwohn beim Angesprochen-Werden. Die Nacktangst der Nackten wirkt geradezu als Faradayscher Käfig wider allzu forsche Annäherungsversuche. Casanova ist gut beraten, seine routinierten Anmachstrategien gegen ein Bündel vertrauensbildender Maßnahmen zu tauschen.

Noch hat wohl kein Sozialwissenschaftler nachgemessen – doch will es scheinen, als seien die Liegeabstände an Nacktstränden deutlich größer, oder umgekehrt: als sei der allgemeine Raumbedarf dort geringer, wo Slip und Tanga der Phantasie noch Raum lassen.

Auch hier die Dialektik von Sichtbarkeit und Isolation, auch hier nur illusionäre Teilhabe. Die Welt als Schaufenster unserer Wünsche und Sehnsüchte, aber gerade als Schau-Fenster eine unüberwindliche Lebens- und Erlebensbarriere, eine Welt, in der stets alles hautnah fremd bleibt. Wenn wir uns von früh bis spät mit so viel Näheillusionen umgeben, wenn wir geradezu süchtig Situationen suchen, die Nähe suggerieren, dann spricht das dafür, daß wir beides brauchen: die Nähe und die Näheillusion; erstere, weil wir des Sozialen bedürftige Wesen sind, und die zweite, weil uns die erste so sehr fehlt, daß wir die an sich leicht durchschaute Illusion nur zu gern für die schiere Wirklichkeit nehmen, frei nach dem Motto: besser ein bißchen schizophren als ganz allein.

Nähe und Distanz

Die öffentliche Nacktheit ist für den Zeitdiagnostiker ein ebenso spannendes wie ergiebiges Feld, weil er es hierbei im Kern mit dem Schlüsselproblem aller Soziologie zu tun hat: der Frage nach der uns bekömmlichen Nähe bzw. Distanz zu den anderen.

Von Schopenhauer haben wir die kleine Geschichte von den Stachelschweinen, die sich im Winter auf der Flucht vor der Kälte in ihre Höhle zurückziehen und dort eine doppelte Erfahrung machen: Wenn sie sich zu weit voneinander entfernt niederlassen, frieren sie, drohen gar im Schlaf zu erfrieren; wenn sie sich aber zu dicht aneinanderschmiegen, verletzen sie sich gegenseitig böse mit ihren Stacheln. Es geht also um den richtigen Abstand zum anderen. Es geht um die richtige Mischung von Nähe und Distanz. Wieviel Nähe ertragen, wieviel Distanz brauchen wir? An welchen Orten und in welchen Situationen führen wir eine »öffentliche Existenz«, und wo ist privates, intimes Verhalten am Platz?

Die 68er-Bewegung, allen voran die Kommuneprotagonisten in Berlin, Köln und München, versuchte sich mit aller Konsequenz an der Liquidation des Privatlebens und an der Kollektivierung und Politisierung der Intimität: Die harte Schale paarweiser Monadisierung sollte mit dem Brecheisen der gleichen Nicht-Distanz zu allen aufgebrochen werden: mit jedem schlafen, sich vor allen nackt zeigen zu können, uneingeschränkt aufrichtig zu sein und mitteilungsbereit, alles beim Namen zu nennen, nur ja nichts für sich zu behalten oder gar zu »verdrängen«.

Selbstoffenbarung, Selbstanalyse und Selbstkritik standen anfangs noch ganz im Dienste der sozialrevolutionären Bestrebung einer »Revolutionierung der Revolutionäre«. Sehr bald aber wurde diese Innwendung, diese Konzentration auf die eigenen Bedürfnisse und Befindlichkeiten zum Selbstzweck. Je mehr der revolutionäre Impuls verblaßte, umso mehr Gefallen fand man am Ego-Trip der Selbsterfahrung.

Offensichtlich ist, daß es »Grenzen der Gemeinschaft« (Helmuth Plessner) gibt, einen Grad gemeinschaftlicher Wärmeentfaltung, der die Grenzen humaner Zuträglichkeit sprengt. Der größte Feind des Guten ist des Guten zuviel: Wärme ist gut, aber an zuviel Wärme verbrennen wir uns. Gemeinschaft ist gut, aber zuviel Gemeinschaft erstickt die Freiheit.

Unsere soziale Engeempfindlichkeit und unser Distanzbedürfnis beziehen sich nicht nur auf die räumliche Dimension: Wir haben auch ein akustisches und ein visuelles, ein psychologisches und ein ästhetisches Distanzbedürfnis. Es ist ebenso legitim, sich vor einem Übermaß an Häßlichkeit zu schützen, wie optische und akustische Belästigungen abzuwehren und vor aufgenötigten Gesprächs- und Geständnisvertraulichkeiten auf Distanz zu gehen. Wenn nicht alles täuscht, sind die auf demonstrative Coolness abonnierten Trendeliten der Neunziger für Distanzbedürfnisse an allen Psycho-Fronten wieder sensibler und vor allem entschlossener, sie einzufordern als ihre unbegrenzt offenbarungsbereiten und gefühlsaktiveren »Vorgänger« in den 70er und 80er Jahren. Doch »zugeknöpft« geben auch sie sich keineswegs, wenn man beispielsweise die »(De-)Maskeraden« der alljährlichen Berliner »Love Parade« zum Maßstab nimmt oder Trends im Bereich der Techno-Fashion. An TV-Sendungen wie »Mann-O-Mann«, »Herzblatt«, »Wat is?« und Talk-Shows wie »Arabella« und »Sonja« läßt sich darüber hinaus ablesen, daß die kollektive Schau- und Zeigelust auch hier sich ungebrochen behauptet.

Wie gesagt: Die öffentliche Entblößungsbereitschaft wie die Kommunikationsbereitschaft über Höchstpersönliches sind für den sozialwissenschaftlichen Zeitbeobachter ein ebenso aufregendes wie ergiebiges Feld, weil er es hierbei im Kern mit einem Schlüsselproblem der Soziologie und Sozialpsychologie zu tun hat: der Frage nach dem »Strickmuster« des Sozialen, nach der uns bekömmlichen Nähe bzw. Distanz zu den anderen.

Das Bewußtsein für Wert und Sinn tradierter Grenzen zwischen privater und öffentlicher Sphäre schwindet. In der Veröffentlichung des Privaten einerseits und in der Privatisierung des Öffentlichen andererseits verflüchtigt sich beides: das Private ebenso wie das Öffentliche.

In Wahrheit ist es dramatischer, als Richard Sennett annimmt: Wir haben nicht nur den »Fall of Public Man«, den »Verfall der Öffentlichkeit« und die »Tyrannei der Intimität« zu beklagen; noch mehr erfordert vielleicht die reziproke, keineswegs jedoch weniger bedenkliche Gefahr unsere Aufmerksamkeit: die Erosion des Privaten, die Bedrohung des gehegten und geschützten privaten Raumes. Im Gegensatz zur Existenz des Öffentlichen neigen wir dazu, die Existenz des Privaten als etwas Selbstverständliches mißzuverstehen.

Dies ist ein gefährliches Mißverständnis: Daß Menschen über eine geschützte Privatsphäre verfügen, ist eine historisch vergleichsweise späte Kulturerrungenschaft. Der private Raum gehört keineswegs zum epochenübergreifenden sozio-psychischen Standardinventar des Menschen. Er ist eine »Erfindung« des siebzehnten

Jahrhunderts, um deren Existenz und Bestand in den Folgejahrhunderten lange und blutig gerungen wurde. Und er ist eine wahrhaft epochale Errungenschaft, gewiß nicht weniger bedeutsam als die Errungenschaft der politischen Demokratie und des modernen Verfassungsstaates, die auf ihr fußen.

Nackt ist nicht nur unbekleidet

In jeder Debatte taucht früher oder später das unvermeidliche Rechtfertigungsargument des »Natürlichen« auf: Ist »nackt« denn nicht natürlich? Bei näherem Hinsehen ist die Frage, was eigentlich »natürlich« ist und was nicht, gar nicht mehr so einfach zu beantworten. »Die Idee, daß ein Mensch natürlich aussehe, wenn er unter Verzicht auf Schmuck und Schminke eine Latzhose über ein paar Rohledersandalen wirft, kann sich allenfalls auf einen spätbürgerlichen Überdruß an Industriemoden und auf einen Mangel an Phantasie berufen, keineswegs auf Natürlichkeit. Was die Nähe zur Natur angeht, sind die aggressiven und schmerzhaften Modeeinfälle der Punks mit Sicherheit natürlicher als die Verweigerungsrituale der Latzhosenkultur.« (Peter Schneider)

Ungleich interessanter und wichtiger ist es jedoch, darüber nachzudenken, wie wir die steile Begriffskarriere des Attributs »natürlich« zu deuten haben. Was hat es zu bedeuten, daß der – scheinbar keiner weiteren Erklärung bedürftige – schlichte Zusatz »natürlich« Argumente in der Sache gleich reihenweise aufwiegt? Der Hinweis, etwas sei mit der Natur im Einklang, ergebe sich unmittelbar aus Zusammenhängen oder Gesetzmäßigkeiten der Natur, scheint

Grund genug, es rundum für hinreichend gerechtfertigt zu halten. »Natürlich« ist zu einem allgegenwärtigen, schmückenden Prestigewort geworden – ebenso universal wie nichtssagend. In vielen Begriffskombinationen scheint »natürlich« in die Leerstelle des einstigen semantischen Plausibilitätsgaranten »wissenschaftlich« eingerückt zu sein. Dies wäre im Zeichen schwindender Wissenschaftsgläubigkeit gewiß nicht verwunderlich. Die Natur als das, dessen wir am wenigsten gewiß sind, bedarf wohl des Fetischs marktgängiger »Natürlichkeit«.

Wenn wir einen Kater betrachten oder eine Schildkröte, haben wir da eigentlich das Gefühl, daß diese beiden doch weitgehend naturbelassenen Kreaturen in unserem Blickfeld »nackt« sind? Doch sei's drum! Auch wenn sie's wären, was besagte das schon? Nirgendwo akzeptieren wir »Natur« als das letzte Wort in der Sache – weder wenn wir Blitzableiter bauen, noch wenn wir unseren Bandwürmern zu Leibe rücken! Und das ist gut so! Weder ist Natur immer schön, noch ist sie »gut« und dem Menschen immer wohlgesonnen. Vielmehr müssen wir uns in ihr und oft genug auch gegen sie behaupten. Daß wir uns in der Bekleidung also von der Natur entfernen, besagt wenig. Das tun wir auch, wenn wir eine Kathedrale bauen, in die Eisdiele gehen oder das Auto besteigen. Natürlichkeit an sich ist kein Wert, ist weder gut noch schlecht. Ein prinzipienfanatischer Naturpurismus hat mit aufgeklärtem Menschentum ungefähr so viel zu tun wie der Club mediterrané mit der Platonischen Akademie. »Nackt« ist mehr als nur unbekleidet. Unsere »Nacktheit« paktiert, offen oder heimlich, mit dem Voyeur. Sie zeigt und will gesehen werden.

Natürliche Nacktheit ist nicht wiederholbar. Zwischen Naturnacktheit und Kulturnacktheit gibt es, aller naturseligen Nackttümelei zum Trotz, keine Brücke. Was uns Salonethnographen wie von Reitzenstein und Stratz an nackten Weibs-Bildern von den »Naturvölkern« liefern, gleicht in der Tat ungeschliffenen Rohdiamanten einer uns für immer verschlossenen Welt der exotischen Nacktheit, die unter den Augen und Händen des knipsenden Kolonialisten zerbricht.

Die »natürliche Nacktheit« in der Kultur gibt es nicht! Das Reservat des Natürlichen, welches wir als Strand- und Promenadennackedeis zu errichten glauben, ist in Wahrheit ein hochraffiniertes, artifizielles Unternehmen und hat mit »Natur« gerade soviel zu tun wie die Stuttgarter Wilhelma mit der freien Wildbahn. Selbstverständlich ist die mit Röcken und Schürzen dicht behangene türkische Putzfrau »natürlicher« als das splitternackte Posing-Model vom Montmartre oder jene Hamburger Künstlerin, die mit Vorliebe zur Rush-hour nackt die U-Bahn befährt.

Die demonstrative Nacktheit tut so, als sage sie der Heuchelei den Kampf an. Sie beruft sich auf das Recht des Natürlichen und Unmittelbaren, auf das Wahre und Unverstellte. Doch wo Gesellschaft ist, kennt man auch Recht und Pflicht der Verstellung und der aufschönenden konventionellen Heuchelei. Und wo es Konventionen gibt – da macht auch angestrengteste Selbstentblößung bloß bloß!

Nacktscham ist *Unbekleidetenscham*, die Scham des unbekleideten Einen inmitten der bekleideten Vielen. Wer sich als Nackter schämt, schämt sich nicht, weil er nackt ist, sondern weil er sich mit seiner Nacktheit exponiert. Schamsituationen sind Situationen peinlich empfundener Ungleichheit. Scham ist das Gefühl des

Ausgesetzt-Seins, dem man nicht gewachsen ist. Wer in der Schule sitzengeblieben ist, schämt sich genauso wie der beim Schwindeln Ertappte, wie der Arbeitslose, der Vorbestrafte oder eben der unfreiwillig von anderen in seiner Nacktheit Beobachtete. Scham ist keineswegs nur an körperliche Entblößung gebunden; dennoch ist *Körperscham* in gewisser Weise der Modell- und Paradefall allen Schamverhaltens. Sie steht im Hintergrund alles Erotischen, das wiederum seine Spannung aus dem Exponiertsein: aus der Differenz zwischen Beobachtetem und Beobachter, herleitet.

»TRAURIGE TROPEN«

Wird Nacktheit zum Beispiel von Künstlern wie Ulrichs, Mühl, Nitsch oder Burmeier absichtsvoll inszeniert, so ist stets das Bemühen spürbar, einen über die demonstrative Hüllenlosigkeit hinausweisenden künstlerisch-aufklärerischen »Eigen-Sinn« zu realisieren. Solche Aktionen leben nach wie vor von der relativen Exklusivität des nackten Körpers in der Öffentlichkeit. Die Scham allerdings, die hierbei ins Spiel kommt, ist eine Art »Stellvertreterscham« auf seiten der bekleideten »Normalbürger«.

Die »Nacktangst« hat eine aktive und eine passive Seite: Sie ist einmal Scham und Angst wegen der eigenen Nacktheit, dann aber auch Angst vor der Nacktheit der anderen. Wer sich ängstigt, neigt dazu zu unterdrücken, was ihm angst macht. Die historische Repression wider den nackten Körper ist hierin begründet. Die Angst vor der Nacktheit ist die Angst vor dem Entgleiten ins Regellose und Ungeprägte, die Angst vor dem Aufbrechen der Dämme kulturweltlicher Bändigung. Dem Nackten traut man alles zu, er wird wieder »zum Tier« (auf welches dann »die für Menschen gemachten Gesetze nicht mehr anwendbar« sind, wie Franz Josef Strauß einst in seinem berüchtigten »Tiere-Zitat« mit Blick auf nackt-alternatives Lagertreiben auf freistaatlichem Boden formulierte). Wer sich seiner Nacktheit nicht mehr schämt, der könnte leicht auch sonst »unverschämt« und in jeder Hinsicht unberechenbar werden: Nacktheit als der Anfang vom Ende jedweder Ordnung!

Der Nackte stößt auch dort auf Mißtrauen und Argwohn, wo er nichts weiter als einfach nur für sich nackt sein möchte. Um sich zu rechtfertigen, exorziert er im Wege des vorauseilenden Gehorsams nicht selten selbst jede Lust an der Lust. Ein sturerer und lustfeindlicherer »Überbau«, als er uns in der satzungs- und vereinsrechtlich reglementierten und lizensierten Nacktheit der FKK-Gruppierungen und ihren unsäglichen Prüderien und verlogenen Idealisierungen entgegenschlägt, läßt sich gar nicht denken. Man lockert die Fesseln nur, um sich sogleich selbst umso enger an die Kette zu legen.

All dies ist nur verständlich als nach innen verlagerte, gegen die eigenen Triebregungen sich richtende, *gesellschaftliche* Repression. Es ist kein Zufall, daß sich die emanzipatorischen Hoffnungen in solchem Maße auf den Körper konzentrieren. Obgleich Ausgangs- und Endpunkt aller menschlichen Selbst- und Welterfahrung, hat er über die Jahrhunderte hinweg stets eine höchst prekäre Existenz gefristet, wurde verdammt und verklärt, gepriesen und geschlagen, geachtet und geächtet. Der Körper, das war immer auch die Maschine der Arbeit, Körperfron war Körperlos. Die »Arbeit des Körpers« wie »das Werk der Hände«

oblag den niederen Schichten, den höheren blieben die »höheren« Tätigkeiten vorbehalten. Klassenherrschaft stabilisierte sich oft in ausgedehnter Körperfeindschaft, die meist auch von jenen geteilt wurde, die außer dem »leiblichen Selbst« nichts einzubringen hatten. Wenn wir heute gelegentlich eine Aufwertung des Körpers, ein neues Bewußtsein seines spezifischen Erfahrungsbeitrags, seiner besonderen Bedürfnisse und Erlebnisqualitäten zu erkennen glauben, so ist hierin vor allem, nicht aber allein schon in forcierter und demonstrativer Nacktheit, ein Fortschritt zu erblicken.

In der von rationalen Zweck- und Nutzenkalkülen durchdrungenen Kultur der Arbeitsgesellschaft ist wenig Platz fürs Spielerische, für das, was absichtsfrei einfach nur so für sich und um seiner selbst willen geschieht, ohne transzendierenden Sinnverweis. Wie tief verwurzelt das Mißtrauen gegen alles Spielerische ist, läßt sich am deutlichsten dort ablesen, wo es eigentlich zu Hause ist: in der Kinderwelt. Die Arbeitsgesellschaft duldet keine »autonome« Spielkultur. Die »Ernstzeugwelt« unserer Kinderzimmer: vom ferngesteuerten Bagger bis zum aseptischen Erste-Hilfe-Koffer und der trockenzulegenden Pinkelpuppe, treibt uns die Kindheit ebenso konsequent aus wie das Fernsehen. Die Preisgabe des Spielerischen, der freischwebenden Phantasie, die durchgängige Ersetzung des Lust- durch das Realitätsprinzip – all das ist der Einstandspreis, den wir für unsere Lebensform einer rationalen, arbeitsförmigen Existenz entrichten. Vom Pflaumkernspucken übers Fingerhakeln bis zum künstlerischen Spontan-Arrangement – alles, was uns an spielerischen Hervorbringungen zufällt, versteinert uns unverzüglich unter dem rationalen Zweckkalkül wie unter der Berührung durch den Zauberstab der Hexe. Der Imperialismus zerstörerischer Ernsthaftigkeit, der alles einholt und zum Zwecke der Vergleichbarkeit unter Regeln zwingt, scheint unser Schicksal. »Traurige Tropen« – mitten in Europa. In den fünfziger Jahren gab es eine Bestimmung, die es untersagte, einfach nur so zum Spaß, ohne festes Ziel, auf dem Motorrad herumzufahren. Kann es uns eigentlich wundern, wenn eine notorisch lustängstliche Welt »fröhlichen Nackten« mißtraut? Wenn schon Nacktheit, dann nicht ohne satzungs- und vereinsrechtliche Bändigung, nicht ohne ideologische Gängelung, nicht ohne prüde Pseudomoral.

Der Lichtmenschenkult der Freikörperkulturbewegung hat die Ängste seiner Gegner längst zu den eigenen gemacht. Nirgends wird der »Narzißmus der kleinsten Differenz« (Sigmund Freud) wohl krasser sichtbar als in den Schmähungen und Verdächtigungen der »organisierten« wider die »wilde« Nacktheit: Jeder, dem die zwanghafte kulturelle Hochstapelei des FKK-Kults zuwider ist, setzt sich dem Verdacht aus, es ginge ihm nicht um Licht, sondern um Libertinage, nicht um Sonne, sondern um Sex. Die Angst jedenfalls, schamenthemmte Körperentblößung könnte die Einfallspforte für regelwidriges Sozialverhalten, der Anstoß für generelle Auflehnung und politische Unbotmäßigkeit sein – diese Angst sitzt tief, offenbar auch tief in den Reihen der ideologischen Textilgegner selbst.

Es fällt schwer zu glauben, daß auf dem Felde der öffentlichen Hüllenlosigkeit heute noch kriegsentscheidende Schlachten der Emanzipation geschlagen werden. Wie auf anderen Streitfeldern, so ist auch hier der freiwillige Massenandrang der »Revolutionäre« eher ein Zeichen dafür, daß die Revolutionskarawane längst weitergezogen ist. Die Nachhutgefechte an der Nacktfront verdecken nur, daß es längst die ebenso heimliche wie im Effekt »staatstragende« Übereinkunft zwischen der Provokation körperbewußter »Kulturrevolutionäre« hie und der moralischen Bürgerempörung da gibt. Die Bildzeitung etwa schafft diese systemfunktionale *coincidentia oppositorum* gar blattintern und in ein und derselben Nummer, wenn sie auf Seite eins der krachledernen Suada des gesunden Volksempfindens wider die Isarnackedeis die Fettzeilen leiht und auf Seite fünf das hauseigene Fleisch hüllenloser Beauties auf den Bedürfnismarkt treibt.

Bedürfnismanipulation und Staatsräson – welch altvertraute Weise! Die großen emanzipatorischen Hoffnungen, die sich mit dem Sieg über die Nacktscham verbinden, sind leerer Wahn.

Ein Volk von Plattnasen

Haben wir es nicht viel weiter gebracht als die Gelegenheits- und Hobbyvoyeure Hinz und Kunz, die ihren erbärmlichen Blickfang noch immer auf die Schlüssellöcher von Hinz und Kunz konzentrieren? Wenn wir das Auge weiten, zur Augenweid' zu schreiten, dann muß sich das schon lohnen: Die Illustrierten führen uns geradewegs ins Weidewunderland der Illustren, hautnah an die Betten der Schönen, Reichen und Mächtigen. »Eine Nacht mit den schönsten Frauen der Welt« – verhieß eine große bunte Boulevard-Illustrierte auf der Titelseite, »Du und Diana, ganz persönlich« eine andere. Na, wenn das nichts ist! Wer braucht da noch in der Badeanstalt durchs Astloch Mäuschen zu spielen?

Statt *panem et circenses* – *Baguette und Telespiele*! Mag's, wer's mag, als Fortschritt buchen! Und noch ein Fortschritt: Wir sind immer dabei, auch wenn wir nie unsere Wohnung verlassen. Wir sind dabei, wenn Fälscher Kujau beim Nostalgietreff seine falschen Zähne entblößt, wenn Guildo Horn, »der Meister«, mit Last-Supper-Theatralik seine Nußecken unters Volk bringt und wenn der Kanzler in barocker Bonhomie auf dem nichts als kameragerechten Eck-Couch-Ameublement uns und den jeweiligen Staatsgast mit netten Nichtigkeiten traktiert.

Nicht einmal nur, wie der bedauernswerte Geheimrat Goethe – noch dazu nach einem drittklassigen Kanonadenspektakel –, sind wir dabei, wenn die Weltgeschichte ihre Haken schlägt; nein, keine ihrer Volten, die wir nicht *live* miterlebten! Nicht eine Fußnote der Zeitgeschichte, die uns durchs Zitatenschleppnetz rutschte. Wird gar eine neue Seite umgeblättert, gibt's schulfrei. Wir sind immer dabei, hautnah fremd, mit nichts und allem auf Dutzfuß.

Wir waren dabei, als J. R. über die eigene Schwägerin herfiel, und wir begleiteten Marianne Koch, wenn sie, »Paar um Paar«, unter psychoprofessioneller Fachaufsicht öffentliche Eheschlammschlachten einläutete. Und in einer der 52 (!) Talk-Shows, die das deutschsprachige Fernsehen allwöchentlich ausstrahlt, werden wir doch hoffentlich mitbekommen haben, wieso Deutschlands Frauen in den Verzweiflungsruf einstimmen: »Hilfe, mein Busen schrumpft!« oder wie Partnertrennungen sich schicksalhaft in der Haustierbiographie niederschlagen (»Mit Fiffi allein im Bett«). Warum lange drumherumreden? Wir sind ein Volk von notorischen Schlüssellochguckern. Wenn uns ein bekannter Karikaturist immer als Plattnasen portraitiert, weiß er vermutlich gar nicht, wie nah dies der Realität kommt!

Der Voyeurismus und sein siamesischer Zwilling, der Exhibitionismus, sind nicht nur ein Randproblem bedauerlicher psychosozialer Grenzgänger. Wir sind zu einer Nation medienversorgter Fernvoyeure geworden, allesamt und ausnahmslos, oben und unten, mit Bildung und ohne. Abstufungen – gewiß gibt's die, doch ändern sie nichts am grundsätzlichen Befund.

Wenn wir uns aber alle, mehr oder weniger zielstrebig, auf dem voyeuristischen Intimitätstrip bewegen, liegt es da nicht geradezu in der Psycho-logik eines solchen Verhaltens, daß sich bei vielen von uns zur Schau- die Zeigelust gesellt? Der Exhibitionismus gehört zum Voyeurismus wie zum Sündenfall die Schlange. Die massenhafte Neigung zur öffentlichen Selbstentblößung ist das psycho-logische Pendant massenhafter Schausüchtigkeit.

Das Menschenrecht auf Schönung oder Auch Körper machen Leute

Diese Erkenntnis schürt auch den Zweifel an der emanzipatorischen Qualität des entblößten Körpers: Nackt allen macht auch nicht glücklich. Außerhalb der intimen Zweisamkeit, so steht zu vermuten, nährt Nacktheit nur die Illusion von Nähe; öffentliche Nacktheit auf der Liegewiese, im Park oder am Strand wärmt uns weder die Seele noch die Haut. Schlimmstenfalls fördert sie die Bildung von Hornhaut auf der Seele. Intimität läßt sich nicht auf die Bühne der Öffentlichkeit verpflanzen, ohne daß beide Schaden nehmen: Intimität *und* Öffentlichkeit. Nicht umsonst warnte der gewiß nicht prüde Herbert Marcuse seinerzeit die 68er-Bewegung vor Gefühlsvandalismus und erotischer Bilderstürmerei. In den ideologischen Roßkuren eines zwanghaften Ent-Schämens durch demonstrative Promiskuität und unterschiedslose Nacktheit der Sprache wie des Körpers sah er bedenkliche Anzeichen der Selbstunterdrückung und seelischen Verrohung (»repressive Entsublimierung«). Wer die rüde Reduktion aller Körperbedürfnisse auf ihren animalischen Kern mit Emanzipation verwechselt, weiß nichts von der Möglichkeit affektiver Bereicherung durch ein ausdifferenziertes Scham- und Verhüllungsrepertoire. Niemand käme auf die Idee, das Verschlingen rohen Fleisches zur kulinarischen Befreiungstat zu adeln.

Auch wenn jeder jeden unbekleidet sieht, sieht keiner einen wirklich nackt! Wenn die »Uniform des Lieben Gottes« zur kollektiven Freizeitkluft avanciert, so ist dies ein problematischer Zuwachs an Freiheit. Gewiß, solcherart uniformiert kann man den General nicht mehr ohne weiteres vom Gasmann unterscheiden. Das soziale Differenzierungswerk des »Kleider-Machen-Leute« wird durch unterschiedslose Nacktheit durchkreuzt. Ist Nacktheit also, weil in der Tendenz sozial egalisierend, demokratischer als der Zustand allgemeiner Zugeknöpftheit? Nein, es ist zu fürchten, daß das Hadern mit Göttern und Genen nun erst richtig losgeht – mindestens aber das erbarmungslose Hantieren mit der Hantel! Denn über der Idylle der nackten Gleichheit schwebt der Pulverdampf nicht immer sanfter sozialdarwinistischer Nötigung. Nicht nur Kleider, auch Körper machen Leute! Nacktheit bedeutet immer auch die Privilegierung des schönen, jugendlichen Körpers. Nacktheit im Park oder in den Strandcafés schafft eine gnadenlose Musterungssituation und steigert die soziale Randständigkeit körperlich benachteiligter Menschen: der Dicken und der allzu Dünnen, der Unförmigen und Behinderten.

Vergessen wir also nicht, daß nicht nur das Recht des Unmittelbaren uns die Freiheit bringt. Es gibt auch ein »Menschenrecht« auf Tönung und Schönung! Die Nötigung zur Nacktheit wäre – als eine Form der Vereitelung dieses »Rechts auf Unaufrichtigkeit« – ein neuer, schlimmer Zwang. Nicht nur Ausziehen, auch Anziehen bietet Freiheits- und Verwirklichungschancen! Wenn die »Uniform des Lieben Gottes« über die Maßen drückt und zwickt, ist es legitim, einen Schneider aufzusuchen, der die Silhouette »nachbessert«.

Noch nie war es so einfach, schick und schön auszusehen. Wahre Füllhörner schütten textile und kosmetische Schönheitsindustrien über uns aus. »Gutes Aussehen bringt gutes Ansehen«, lassen sie reimen. Überall ist Seldwyla, jeder ein potentieller Wenzel Stapinski, sofern er sich nur entschließen kann, »mehr aus seinem Typ« zu machen! Längst sind es nicht mehr nur die Kleider, von denen uns Gottfried Kellers Novelle kündet, daß sie »Leute machen«, der »dernier cri« aufschönender Selbststilisierung ist eine auf den farbtypologischen Erkenntnissen des Bauhaus-Professors Johannes Itten beruhende »neue Farbenlehre« aus den USA. Ein eigenes Literaturgenre leitet an, den schönen Schein, wo er nicht ganz zwanglos aus schönem Sein sich einstellen will, durch gezielte Anwendung farbpsychologischer Einsichten zu simulieren. Die typgerechte Schönheitspflege (»Farbtypologie ganz privat«) verspricht Sukkurs im lebenslangen kosmetischen Stellungskrieg wider das »flächige Gesicht« und das »fliehende Kinn«, wider »hängende Mundwinkel« und »hervorstehende Augen«, wider »Knitterfältchen« und »Krähenfüße«.

Mit Lippenstift und Highlighter, mit Kajalumrandung, Eye-shadow und rauchschwarzem Kohlstrich entsteht der neue Mensch – und sei es nur als runderneuerte Version des alten: Lange Nasen werden optisch gekürzt, Fältchen geglättet, vorstehende Bakkenknochen zum Verschwinden gebracht, und hartnäckigste Triefaugen verwandeln sich in sternklare »Fenster der Seele«. Schweigen wir von den Offerten der Diät- und Fitneß-Stylisten. Körperbau ist, dank Bodybuilding, kein Schicksal mehr. Die California-Culture hat das Körperlos der Körperlosen besiegt. Zusammen mit den Silhouetten, die uns die Couturiers auf und um den Leib schneidern, haben wir uns die Souveränität über Bauch- und Wadenmuskeln, Schulter- und Hüftpartien erobert. Jeder sein eigener Michelangelo...

Auf in den Kampf, der Sommer naht! Was den ganzen Winter über in der Intimität der häuslichen Naßzelle allein das eigene Auge beleidigte, wird plötzlich zum öffentlichen Ärgernis. Auch das noch so weite Badetuch verhüllt nicht, daß wir zu viele Geheimnisse mit uns herumtragen.

Wer sich nicht einfach dreinschickt, auszusehen »wie zwei Öltanks«, für den ist harte Arbeit angesagt auf der Baustelle des eigenen Körpers. Wehe dem, der sich ein Leben lang dem jugendlichen Schönheitsideal verschreibt. Aus lauter Angst, als Altware aus dem Verkehr gezogen zu werden, bemißt er sich, statt an Ebenbildern, am unerreichbaren Vorbild des begnadeten jugendlichen Körpers.

Der gesellschaftlich auferlegte Schönheitsstreß in den USA scheint in eben diese Richtung zu weisen: Der gnadenlose Körperkult der *California-Culture* zwingt ein ganzes Volk unter das Joch eines kollektiven Pflichtideals. Was wir in Parks und auf Straßen schwitzen sehen und keuchen hören, müht sich nicht auf ein individuelles Lebensziel hin ab. Wer joggt und sich demonstrativ fit hält, baut immer auch an einer »sozialen Plastik«. Das unaufhörliche Laufen und das beharrliche Meißeln am eigenen Körper ist *Dienst an der Gesellschaft*, den das Individuum dieser schuldet. Keiner hat das Recht, die anderen mit seiner behebbaren Häßlichkeit, etwa seiner monströs ausufernden Körperfülle, zu belästigen.

Die Schönheit allerdings, die hier »erschaffen« wird, verdankt sich, wie alles in der modernen Welt, zuerst der beharrlichen *Arbeit*, hier: der Arbeit am eigenen Körper. Die »Industrialisierung« der Schönheit bedeutet – wörtlich – ihre »Verfleißigung«, d. h. ihre Bornierung zu einem vor allem durch Fleiß und Leistungswillen erreichbaren *kollektiven Massenideal*: Die puritanische Leistungsethik lehrt uns, den von angestrengter Trainingsaggressivität »verzerrten Körper schöner zu finden als die entspannte und sanfte Gestalt, das rundungslos asketische und sehnige Arbeitstier ansehnlicher als die von Gelassenheit und Einverständnis mit sich selber zeugende Leiblichkeit« (Ulrich Greiner). Hier ist die denkbar größte Distanz gelegt zu den zeitlos klassischen Idealen jener gelassenen Schönheit, von denen uns der *Diskobol* (»Diskuswerfer«) des *Myron* wie der *Doryphoros* (»Speerträger«) des *olyklet*, der *Apollon* des *Phidias* wie der *Kuros* aus dem *Piräus* eine ferne Ahnung schenken.

Der »Zwang« zur Schönheit, das gesellschaftliche »Schönheitsdiktat«, hat eine lange Tradition. Der attraktivitätssteigernde Eingriff, das Umwickeln der Füße, das Einschnüren der Taille, das Verlängern von Hals, Ohrläppchen und Unterlippe, das Bleichen und

Tätowieren der Haut, das Färben von Haaren und Nägeln und die das Auge betonende Technik des Schminkens – all das ist kulturhistorisch vielfach belegt. Die Make-up-Utensilien, die die Archäologie aus dem Alten Ägypten zutage gefördert hat, datieren ins sechste vorchristliche Jahrtausend zurück. Schwarzblaue Lippenstifte, Mascara und Eyeliner dienten ebenso geläufigen Techniken des Auf- und Umschönens wie Rouge und Henna und die ganz zeitgenössisch anmutenden Glitzereffekt-Lidschatten, die aus pulverisierten Käferpanzern hergestellt wurden. Halten wir uns vor Augen, mit welcher Raffinesse seit Jahrtausenden in den Parfümerien und Schönheitssalons längst untergegangener Kulturen vor allem am weiblichen Körper- und Erscheinungsbild gemodelt wurde, so muten die verjüngenden Schönheitsoperationen in der avantgardistischen Schönheitsfarm des 20. Jahrhunderts: das Liften von Augen-, Wangen- und Lippenpartie, das Absaugen von Fett aus Schenkeln und Bauchdecke, gar nicht mehr so exotisch an.

Auch Männer modeln mittlerweile kräftig an ihrem Erscheinungsbild. Gegenüber der Frauenblöße fristet der nackte Mann in der Werbung immer noch eine quotenbedürftige Kümmerexistenz im Verhältnis 1:10, doch darf er inzwischen, immerhin, als »werbepsychologisch etabliert« gelten. Fast alle großen Kosmetikmarken bieten nun auch ausgefeilte Pflegeserien für den Herrn an. Und für die Schönheitschirurgen wäre die abrupte Wiederkehr der männlichen Schönheitsaskese sozusagen der arbeitsplatzvernichtende Ernstfall: Jede dritte Flick- und Schnippelwunsch kommt in dieser Branche schon über Männerlippen. An erster Stelle rangieren natürlich die Haartransplantationen, der männlichsten aller schönheitsbezogenen Urängste geschuldet, der *Glatzenangst,* die – von Samson bis Savalas – eine unübersehbare kulturhistorische Mythenspur hinterlassen hat. Es gibt aber auch sonst nur wenig, was sich nicht als Angebot oder Nachfrage unter den männlichen Verschönerungswünschen fände: Nasenkorrekturen und angelegte Ohren, Facelifting und Hodenimplantationen, der Kunstmuskel und die preßfesten Silikonschalen im Brustkorb.

Der Schönheitsstreß ist gnadenlos, und er bleibt nicht ohne Widerspruch: Die quasiperiodische Explosion des schlechten (Schönheits-)Geschmacks, mit anderen Worten: der *Guildo-Horn-Effekt,* die millionenfache Absage an Körperschönheit und Haaresfülle, erklärt sich aus einer Mixtur bekenntnisinniger An-Ästhetik, aus schlechtem Gewissen wegen der Dauerbevorzugung der Schönen, vor allem aber auch aus einem Überdruß am nur und allzu offensichtlich Schönen: Man begehrt von Zeit zu Zeit wider das allzu starre Schönheitsregiment auf, genehmigt sich – wie in ganz anderem Zusammenhang etwa auch der Punk oder der Faschingsnarr in der monströsen Kostümierung – eine Auszeit vom Regelzwang des Schönen und bekennt sich demonstrativ zu den trivialen Obsessionen des Häßlichen. Man gönnt sich ja sonst nichts!

KAUGUMMIEROTIK

Die »keuschen« 50er (die den zeitgenössischen Sittenwächtern damals übrigens geradezu ausschweifend lüstern erschienen) – sie wußten um die erotisierende, luststeigernde Kunst des »Aufschönens« und Verkleidens. Was besagen blanke Busen und nackte Hintern an Kioskwänden schon über die erotische Lage der

Nation? Was hat von der Erotik begriffen, wer glaubt, Schamhandlungen und Erotik schlössen sich aus? Unsere Phantasie entzündet sich am Unsichtbaren, am Erahnten mehr denn am Geschauten. Nackte Tatsachen sind noch längst nicht die ganze Wahrheit! Was gibt es Erotischeres als aufrechte Prüderie? Was bleibt an originären Leistungen für die Phantasie – neben Verstand und Moral vielleicht die einzige spezifisch *humane* Hervorbringung –, wenn schon alles ist, was ich sehen kann? Nacktheit ist – wie Fernsehen – ein Passivisierungsmedium par excellence. Wir sind Bildschirmersatztäter aus Erlebnisnot. Nicht nur, weil man durch die geschrumpften BKS-Schlüssellöcher so schlecht gucken kann, konzentrieren wir uns auf die Bildröhre, sondern vor allem, weil sich hinter fremden Türen genausowenig ereignet wie in den eigenen vier Wänden.

Phantasiefaule Nacktheit ist auf ähnlich ermüdende Weise »verführerisch« wie Fernsehen, weil es, wie dieses, von der doppelten Anstrengung enthebt, selbst »zur Tat« zu schreiten, oder sich wenigstens – wie beim Lesen – selbst »ein Bild zu machen«. Die phantasiefaule Abkürzung zur nackten Augen-Lust ist stets eine Sackgasse. Mehr als müder Augenkonformismus nebst pedantischem Stellungssex erwarten uns da kaum. Drastische Deutlichkeit und demonstrative Direktheit sind fragwürdige Garanten erotischen (Augen-)Glücks. Lust, auch Augenlust, braucht keine Richtstrahler, sondern »indirekte Beleuchtung«. Die Erotik gehört wohl zu jenen höchst zerbrechlichen kulturellen Kostbarkeiten, die erst durch Widerstand und Verbot konstituiert werden. Hätte ich mich seinerzeit, als gerade Zwölfjähriger, klammheimlich in Ingmar Bergmans »Schweigen« geschlichen, wenn nicht eine feurige Kanzelschelte die verbotenen Früchte noch vor der Zeit hätte reifen lassen?

Die Kanzel als der heimliche Verbündete der Erotik – niemand hat dies besser begriffen als die scheinbiederen Miederwarenhersteller des züchtigen Anfangsjahrzehnts unserer Republik. Wer war je einfallsreicher im Ersinnen immer neuer lust- und phantasiestimulierender textiler Hemmnisse? Wer hat je das erotische Einmaleins des Noch-Nicht und Doch-Schon so erbarmungslos professionell heruntergespult wie jene wahren Virtuosen prüd-raffinierter Verhüllungsstrategie mit ihren Nahtstrümpfen und siebenfach gestuften Petticoats, mit ihren unsäglich komplizierten Schnür- und Schließkorseletts, ihren variantenreichen Hüft- und Büstenhaltern, Sport- und Gummischlüpfern, knapp- und hochtailliert, mit velourunterlegtem Hakenband und verstellbarem Seitenverschluß, mit Schaumstoffeinlage, Drahtbügelversteifung und Stahleinlage in der Magenpartie?

Die allgegenwärtige Hüllenlosigkeit hat kaum noch erotische Bedeutung; wie das Beliebigkeits-Duzen, die allgemeine Intim-Bekenntnisseligkeit, die unterschiedslose Freundlichkeit, das Küßchen hie und da leiert sie, durch Überdehnung, die Erotik aus. Erotik ist kein Kaugummi! Es ist die alte Erfahrung mit der »Toleranz«, die sich als amorphes »Anything-goes« selbst um ihren aufklärerischen, emanzipatorischen Sinn bringt, schlimmer noch, sozialen Sinn und soziale Zurechenbarkeit überhaupt verweigert und verwehrt: Wenn jeder jederzeit alles äußern darf, wird gleichgültig, was jemand äußert. Wenn jeder jederzeit alles ab- und anlegen darf, wird gleichgültig, was jemand tut und läßt. Ohne soziale Grenzerfahrung können wir uns weder sprachlich noch körpersprachlich äußern.

Expressivität bedarf der Regeln und Konventionen, vielleicht sogar des sozialen Widerstands. Das »Spiel ohne Grenzen« ist ein soziales Nichts: Es ist weder konsequent noch kommunikabel. Das Fehlen der Spielregeln beraubt den Spieler seines Mediums.

Gewiß: Wer hüllenlos daherkommt, kann sich keine »Blöße« mehr geben! Wer aber nicht mehr verlieren kann, kann auch nicht mehr dazugewinnen. Er ist »aus dem Spiel«, welches der Umgang mit anderen sein kann. Wie sollen wir miteinander spielen, werben und wetteifern, wenn es nichts gibt, das es nicht geben darf? Alle soziale Orientierung ist Orientierung in der Welt des anderen. Sie aber braucht zunächst festen Boden unter den Füßen, mindestens aber Inseln des Indisponiblen.

Nur wenn wir uns außerhalb des Vertrauten bewegen, nur in der Auseinandersetzung mit dem anderen, uns Fremden, erweitern wir unser Selbst. Nur wenn wir uns auf die Welt außer uns einlassen und sie einlassen, erweitern wir den Horizont unserer Möglichkeiten. Allein was uns fordert, fördert uns. Aus sich heraus vermag keiner reicher zu werden. Warum nur haben wir als ausdrucksstarke Sozialwesen uns auf die falsche Fährte der fruchtlosen Reise ins Innere des »eigenen Selbst« (Richard Sennett) locken lassen? Warum sind wir so leicht bereit, für ein sehr vages und allgemeines Nähegefühl unsere »Intimität« preiszugeben? Warum können wir uns keinen spannenden Umgang, keinen fruchtbaren Kontakt miteinander vorstellen, der nicht die visuelle oder verbale Kommunikation über Höchstpersönliches einschließt? Warum erscheint uns eine Talk-Show nur dann gelungen, wenn es dem Moderator gelingt, dem Prominenten Intimstes zu entwinden? Warum sind wir so schnell bereit, Einblick in unser »Innenleben« zu gewähren und den Preis der »Selbstentblößung« für die leicht durchschaubare Illusion vertrauter Zugehörigkeit zu entrichten? Wahrscheinlich sind wir uns um so weniger des Wertes und der Verletzbarkeit unserer fragilen Innenwelt bewußt, je mehr wir sie im Munde und vor Augen führen.

ALLEN NAH IST NIEMAND NAH

Dies alles könnte nach einer selbstgefälligen Sottise wider die dissoziativen Säuren der Selbstreflexion klingen. Es geht indes nicht darum, den affektiven Individualismus an den Pranger einer überkommenen sozialen Gefühlsmoral zu stellen. Es geht vielmehr um eine humane Balance zwischen innen und außen, zwischen privat und öffentlich, zwischen Fremdem und Vertrautem; um eine wie immer prekäre Abstimmung zwischen Nähe- und Distanzbedürfnissen, zwischen den Ansprüchen des Selbst und denen der anderen, zwischen den Aktivitäten der Ich- und denen der Welterkundung.

Die ungeschönte »nackte Wahrheit« tut oft weh, und die avisierten »nackten Tatsachen« sind häufig nur der »Knüppel aus dem Sack«, den wir auf fremden Rücken tanzen lassen. Wir haben verlernt zu berücksichtigen, daß es legitime Rückzugs- und Distanzbedürfnisse gibt. Wie wohltuend die Verstellung sein kann und wie krank und belastend die ungeschönte Gefühlsgeschwätzigkeit der »schonungslosen Ehrlichkeit«, das wissen wir von unzähligen strapaziösen Kneipenabenden, von anbiedernischen Vertraulichkeiten zwischen Tür und Angel, von Urlaubssituationen, Festen und Stehparties, auf denen wir unweigerlich jener zudringlichen Spezies »emanzipierter« Zeitgenossen über den Weg laufen, die nichts dabei findet, alle und jeden zu einem Gratiseinblick in das Kuriositätenkabinett der eigenen Seelenängste und Verzweiflungen, der Wundmale und Kränkungen, der Schmerzen und Verluste zu nötigen und dabei nur drittklassige Psycho-Klischees absondert.

Die unterschiedslose Anwendung von Kriterien und Verhaltensweisen der intimen Vertrautheit auf Situationen und Beziehungen zwischen eigentlich Fremden verhindert nicht nur die Ausbildung eines differenzierten Ausdruckspotentials und den Aufbau einer sozialen Identität, sondern beeinträchtigt gerade auch die Fähigkeit zum spontanen Selbstausdruck. Die »Ideologie der Intimität« (Richard Sennett) zerstört die wichtigste Bedingung für alle wirkliche Nähe: Unterscheidungsfähigkeit. Unsere Zeit- wie unsere affektiven Ressourcen sind zu knapp bemessen, als daß wir allen gleichermaßen nah sein könnten. Allen nah ist niemand nah.

Angestrengtes Duzen überwindet soziale Distanzen in Wirklichkeit ebensowenig wie der mit Szenenrotwelsch und Anakoluthen durchsetzte Stümmel- und Stammel-Jargon des »Irgendwie«. Dasselbe gilt für den im Kern »asozialen« Narzißmus der Körper- und der Seelenblöße: Wie das Beliebigkeitsduzen, enthalten auch die blanken Busen und die Gesprächs-, Geständnis- und Beziehungsbeliebigkeiten unausgesprochen das Versprechen von Nähe, intimer Zugehörigkeit und wärmender Gemeinschaft; daß solche Versprechen naturgemäß nicht eingelöst werden können, ist eine Sache; eine andere ist die fatale Gewöhnung: das normative Arrangement, das wir mit unseren substanzlosen Nähe- und Verstehensillusionen treffen.

Am Ende setzen wir das, was *ist*, in eins mit dem, was in diesem Felde sein *sollte*, oder gar mit dem, was *möglich* ist. Und so erschöpfen sich Gemeinschaft und soziale Zugehörigkeit in müden Duz- und Jargonritualen, so verkommt Freundschaft zur psychologisierenden Kneipenredseligkeit, und so verflacht Liebe zur Beziehung und verkümmert Erotik zur Textilfreiheit. Bedenklicher als der Verlust selbst ist jedoch die Unfähigkeit, was wir verlieren, als Verlust noch wahrzunehmen.

Eine willkürliche Vielzahl sozialer Nähebeziehungen geht zwangsläufig auf Kosten der Intensität und »Gültigkeit« der je einzelnen. Es ist gerade das Gefühl für die sozialen Distanzen, welches uns das intensive Erlebnis von Nähe erst ermöglicht.

Doch der Abstand zum anderen ist mehr als nur ein Kontrastmittel für die umso intensivere Erfahrung der Nähe. Soziale Distanz ist ein Bedürfnis »eigenen Rechts«, Medium und Maßeinheit unserer Freiheit, der persönlichen wie der politischen. Es geht also nicht darum, Distanzen, die wir nicht restlos in Nähe transformieren können, zähneknirschend hinzunehmen. Wir müssen wieder lernen, soziale Distanz als Freiheits- und Gestaltungschance zu begreifen! In einer von allem distanzschaffenden Vernunftwissen gereinigten »psychomorphen« Gefühlswelt würden weder Bücher geschrieben, noch kämen Briefe beim Empfänger an. Konsistenz und Kontinuität sind Voraussetzungen für soziales Handeln. Zu einer freiheitlichen politischen Kultur gehört das Wissen um die zivilisierende Kraft von Regeln und Beschränkungen, um die Hygiene des Takts, um den Sinn der Förmlichkeit, um die Klugheit von Konventionen, um die Menschlichkeit der Masken- und Verstellungskunst.

Wenn wir die Barbarei der Distanzlosigkeit, die Preisgabe der Unterscheidung, die allgegenwärtige Bekenntnis- und Mitteilungswut kritisieren, so dürfen wir nicht vergessen, daß dieses *Zuviel* seinen Grund häufig in einem vorgängigen *Zuwenig* hat: Die Exzesse an schonungsloser Ehrlichkeit und monomaner Aufrichtigkeit werden verständlicher, wenn wir sie als Reaktion auf Verschlossenheit und feiges Schweigen der Nachkriegsgeneration lesen, wenn wir zudringliche Geschwätzigkeit mit verschämter Sprachlosigkeit und rabiate Enthemmung mit emotionaler und expressiver Dürftigkeit kontrastieren.

Unübersehbar handelt es sich bei den in diesem Kapitel dargestellten (und unvermeidlich karikierten) lebensweltlichen Verhaltenstrends um Entwicklungen, die wesentlich durch die 68er Bewegung angestoßen wurden und sich demzufolge am ausgeprägtesten in der Generation der heute 35-55jährigen finden.

Eine trennscharfe generationspolitische Zuordnung solcher sich wellenförmig ausbreitender Verhaltens- und Orientierungsmoden ist indes nicht ohne weiteres möglich. Zur praktizierten »Gleichzeitigkeit des Ungleichzeitigen« gehört eben auch das *Altersparadox*: daß es den Zwanzigjährigen, der präzise fühlt, denkt und entscheidet wie ein Zwanzigjähriger, so nicht gibt. Multiple Identitäten verhalten sich nicht zuletzt auch *generationsamorph*, d. h., sie tun sich außerordentlich schwer, sich identitätspsychologisch eindeutig »ihrer« Altersschicht zuzuordnen: Vierzigjährige verhalten sich wie Zwanzigjährige et vice versa. Es dürften sich gegenwärtig leicht ebenso viele finden, die nie wirklich jung waren, wie umgekehrt solche, die unbeirrbar die Postadoleszenz bis ins Rentenalter ausdehnen. Der identitätsoffene »Multiphren« bedient sich, oft ohne sich darüber Rechenschaft abzulegen, aus dem mehrere Generationen übergreifenden Theorien- und Wertefundus.

So trügt der irritierende Eindruck also nicht, daß es manchmal – sogar auf engstem Raum ein- und derselben Persönlichkeit (!) – alles nebeneinander gibt und manchmal auch von allem das Gegenteil!

Sind, wo die Grenzen zwischen öffentlich und privat vor Millionen Augenpaaren immer wieder so leichtfüßig überwunden werden, überhaupt noch Intimitätserfahrungen möglich? Die »Bitterkeit der Einsamkeit« (Niklas Luhmann) gehört unvermeidlich zur Intimitätserfahrung. Intimität ist bewußte Absonderung auf Zeit; sie setzt Willen und Fähigkeit zur Unterscheidung und zum Rückzug voraus. Sie bedarf nicht der vielen als Resonanzboden und Persönlichkeitsverstärker. Die Fähigkeit zur Intimität besteht im wesentlichen darin, immer wieder den Wunsch nach symbiotischer Verschmelzung mit dem anderen abzuwehren und sich mit jenem Rest an belassenem Geheimnis des anderen abzufinden.

Indem sie alles mit der Schleimspur des Intimen verkleistert, löst die schrankenlose Mitteilungs- und Entblößungsbereitschaft das Persönliche und Private auf. Das Wissen um die Hygiene der Distanz und die humanisierende Wirkung der Zurückhaltung und Gefühlsbändigung verflüchtigt sich. Ist es so schwer zu begreifen, daß es *heroischer* sein kann zu lächeln, auch wenn einem zum Weinen ist; *humaner*, seine Gefühle nicht zu zeigen, einen Gedanken nicht zu äußern, wenn man den anderen damit verletzen könnte; *sozialer*, die anderen mit den eigenen psychischen Absonderungen und Ausdünstungen nicht zu traktieren, wenn sie dies lästig finden könnten?

Wenn Liebe zur Beziehung wird

Narziss schlägt Goldmund

Ist sie, wenn überhaupt, nur noch ein lustlos mitgeschlepptes Wort, welches einem zwar oberflächlich »erlernten«, aber nicht mehr wirklich erlebten und lebbaren Kulturprogramm entspricht? Sollten wir besser nicht mehr mit ihr rechnen? Die Rede ist von der Liebe, der so lange schon totgesagten. Wird sie in unseren Tagen endgültig zu Grabe getragen? Oder hält sie's – trotz Gefühlsflaute und Ehenotstand – eher mit den Totgesagten, die stets beharrlich länger leben, vielleicht weil gerade das Prekäre ihrer Existenz ihren Überlebenswillen wachruft?

War sie immer schon bloß »Wirklichkeit im Bereich der Einbildungskraft« (Talleyrand)? Stirbt die Liebe, wenn sie denn stirbt, weil ihre Geburt ein Irrtum war? Unstreitig scheint zunächst, daß wir auf einem erkaltenden Planeten leben, einem ausglühenden Gestirn, welches unsere lieblose Welt frostigen Zeiten entgegenträgt. »Frierende Seelen« seien derzeit üblich, läßt Peter Härtling in einem seiner Gedichte seine »Feinde« sagen. Es sind allenfalls die Gedankenlosen und die unverbesserlichen Optimisten, die auf einen »Kodo aus der Ferne« setzen. Unstreitig schwindet uns jene Kraft, von der Dante noch glauben konnte, sie bringe die Sonne zum Kreisen und bewege das Himmelsgestirn; die Novalis als »Endzweck der Weltgeschichte« und

»das Amen des Universums« besang; von der Börne sagte, sie sei »jene Flamme, welche die Götter den Sterblichen mißgönnen«.

»Eiszeit« ist angesagt seit den 80ern, demonstrativer Gefühlfrost ist »in«, die amouröse Cooltour zieht noch immer. Erste Anzeichen für eine Trendwende fanden sich schon in den Schlagertexten der vormals Neuen Deutschen Welle (NDW), in Spontisprüchen und Wandwendungen der Sprüh- und Graffitiszene; und längst führt auch die »seriöse« Zunft der akademischen Zeitgeistexegeten die Liebe als eher schwächere Notierung in ihrem Angebot: Der notorisch berührungsscheue Narziß rangiert als »neuer Sozialisationstyp« weit vor dem gefühlsechteren Goldmund. Aktuelle Familiensoziologien lesen sich vielfach wie Handlungsanleitungen für den Möchtegern-Single oder wie szientifischer Seelenbeistand für den Single wider Willen.

ZWECKBÜNDNISSE UND ZUFALLSARRANGEMENTS

Wir sind Zeugen, ja vielfach freiwillig-unfreiwillig Mitakteure eines tiefgreifenden Wandlungsprozesses, in welchem das lebensprägende Großereignis Liebe durch flexiblere und flüchtigere Intimprogramme ersetzt wird. Wo einst Liebe (gefragt) war, behilft man sich mit Zweckbündnissen und Zufallsarrangements. Partnerschaftlich organisierte (Dauer-)Beziehungen und, trotz Aidsangst, verstärkt auch situative Spontanintimität – dies sind die »Mühlsteine«, zwischen denen jenes »größte aller Abenteuer«, die Liebe, zerrieben wird. Vielleicht war sie immer nur ein illusorisches Licht, welches seinen Glanz über das Panorama der Wirklichkeit ergoß. Doch war sie mächtig und wirksam, solange sie geglaubt wurde.

Seit der Romantik ist die psychosoziale Verbindlichkeit dieses Programmes ganz allmählich geschwunden. Warum ist uns »die Liebe« ein unerfüllbares Programm geworden? Eine Aufgegebenheit, deren Anruf wir kaum noch vernehmen? Auf das Zeitalter der vorwärtsstürmenden Emanzipation folgte vorerst mehr die Zeit der Psychosen und Neurosen denn jene der Gefühlsverheißungen und Glücksversprechen. Am schnoddrig-coolen Neuzynismus der No-future-Generation ließ sich bereits ablesen, welche Wunden die Desillusionierung der einst so tröstlichen Glücksgewißheiten hinterließ: »Angst allein macht auch nicht glücklich«, verkündete ein Graffito am Otto-Suhr-Institut in Berlin.

Ist eine Zeitsignatur wirklich allgemein, dann muß sie auch in allem aufscheinen. In der Tat stoßen wir überall auf die Spuren eines radikalen »Subjektivismus«: in der Lyrik und in der Musik, in der Philosophie und in der Wissenschaftstheorie, in der Architektur und in der politischen Willensbildung, in der neuen Religiosität und in der neuen Einstellung zur Arbeit. Überall wird ein Stück Wirklichkeit flüchtig, schleicht sich aus unseren eingeschliffenen Wahrnehmungs- und Analyserastern davon, entzieht sich herkömmlicher Kategorisierung und Etikettierung. Wir haben oft Mühe, das Neue in der amöbenhaften Konturlosigkeit des Noch-Nicht und Doch-Schon zu benennen.

Was hat es zu bedeuten, daß »man« nicht mehr liebt, oder mit jemand (intim) zusammen ist – sondern eine »Beziehung« hat? Daß man nicht mehr an Liebeskummer leidet, sondern allenfalls unter »Beziehungsstreß« ächzt oder über »Beziehungsprobleme« stöhnt –

und diese nicht selten freimütig als Entschuldigungsgrund für einen versäumten Zahnarzttermin oder eine verpaßte Seminarklausur benennt?

Sprache bringt auf den Begriff, was längst schon Sache ist. Hinter Sprachgepflogenheiten verbergen sich allemal Lebensgepflogenheiten. Eben das macht es für den Zeitdiagnostiker so lohnend, der Sprache nachzuhören, nicht nur das *Was*, sondern auch das *Wie* der Zeitgeistäußerungen »beim Wort« zu nehmen. Das Medium ist auch hier die Botschaft! Die verblüffenden Begriffskarrieren in der Wortgestik der »Trendeliten« gewähren nicht selten Einblick in repräsentative Gemüts- und Seelenstimmungslagen, in das prätendierte wie in das Realverhalten. Solche Einblicke können gelegentlich aufschlußreicher sein (und billiger!) als aufwendige empirische Befragungen und professionelle Tiefeninterviews.

Was also hat es zu bedeuten, daß man sich nicht schlicht mag oder gar liebt, sich trifft, zusammen in den Urlaub fährt oder Tennis spielt, miteinander schläft oder zusammenlebt, sondern eine »Beziehung« hat, daß man sich nicht wechselseitig quält, beleidigt, belauert, beschimpft, hintergeht, wütend ist aufeinander, traurig, verstört und verängstigt ist wegen des anderen, sondern daß man »Beziehungsprobleme« hat?

SELBSTDESILLUSIONIERUNG

Wer eine »Beziehung« hat, weiß, daß gestern vorbei ist und heute auch nicht ewig dauern wird; wer eine »Beziehung« hat, hat gewiß nicht die erste – und weiß, daß die gegenwärtige nicht von ehernem Bestand sein muß; wer eine »Beziehung« hat, pflegt routinierte Distanz zu seinen Illusionen. Wer sich illusionsfest hinter »Beziehungen« verschanzt, scheint nicht mehr vom »Hunger nach starken Gefühlen« getrieben, jedenfalls nicht mehr bereit, sich ihnen ohne Netz und doppelten Boden auszusetzen. Nein, wenn schon Illusionen sterben müssen, dann gründlich und allemal besser von der eigenen als von fremder Hand: Selbstdesillusionierung aus Angst, desillusioniert zu werden. Wer sich auf keinen Fall zuviel erhofft, für den kann es auch kaum zuwenig werden. Frustrationsangst nötigt zum vorauseilenden Gehorsam, zum Kniefall vor den befürchteten mehr als vor den realen Nötigungen. Für nicht wenige hat die äußere Katastrophenangst ihre »innere« Entsprechung: die stets präsente Angst vor der »Beziehungskatastrophe«. Das Beziehungsvirtuosentum, welches als zentrales Sujet die Drehbühne der demonstrativ fröhlich-freien Single-Welt beherrscht, ist Bluff, Marke *berührungsängstlicher Narziß*. In der übersicherungskranken Restrisikogesellschaft gilt das Safety-first flächendeckend – und natürlich auch in »Beziehungsfragen«!

Gefühlsfrost als Frustschutzmittel

Tod also den Märchenprinzen und -prinzessinnen! Moderater Gefühlsfrost als probates Frustschutzmittel. Der gefesselte Gefühlsprometheus nimmt Abschied von den ganz großen Erwartungen. Sich auf den anderen einzulassen, ist allemal ein Wagnis mit ungewissem Ausgang. »Du könntest mir gefährlich werden« – soll heißen: bald zu viel bedeuten, so daß ich von dir abhängig werde – ist ein häufig vernommenes Argument für den Abbruch einer »Beziehung«. Gefahr ist im Verzug, wenn eine Beziehung mehr zu werden droht als eine »Beziehung«. Da hilft dann oft nur Verweigerung als emotionale Notbremse. Früher begann sein Tag meist mit einem Volltreffer – heute kann Amor Bogen und Pfeile getrost einmotten. Wen wundert's angesichts seiner erbärmlichen Trefferquoten? Nein, wahrhaftig, Himmelsstürmer in Sachen Gefühl und dauerhafter Hingabe sind sie nicht, die »Softies«, »Frusties« und »Resis« der »Beziehungsszene«. »Small« gilt auch hier als »beautiful«. Und die kleinen Brötchen passen zum kleinen Hunger. Mit dem Risiko des Scheiterns läßt man sich, wo immer vermeidbar, mit dem anderen nicht ein. »Was geht mich der Vietnam-Krieg an, solange ich Orgasmusschwierigkeiten habe?« 1968, auf dem Höhepunkt des studentischen Protests von einem Protagonisten der legendären Berliner Kommune I gesprochen, nahm dieser Satz in seinem demonstrativen Apolitizismus bereits den Rückzug aufs Ich, die »Aussteigermentalität« gegenüber allen anderen, auch gegenüber den jeweiligen »Beziehungspartnern«, vorweg.

Wer bloß »Beziehungsprobleme« hat, bei dem kann – genaugenommen – eigentlich gar nichts schiefgehen. Der Ernstfall ist ausgeschlossen, die Haftung beschränkt. Gefühlskatastrophe – nein danke! »Beziehungsprobleme« haben – das suggeriert Beherrschbarkeit! »Beziehungsprobleme« sind letztlich zu meistern wie Probleme mit dem Differential oder dem tropfenden Wasserhahn.

Allgemeine Leidensflucht

Im Vermeiden der Leidenschaft sucht man zu vermeiden, was Leiden schafft. Die angestrengte Leidensflucht ist der größte Widersacher der Liebe. Wer nur Pein und Schmerz entflieht, der findet nicht zur Liebe. Oft führt der Weg zu dieser mitten durch jene hindurch. Die Liebe gleicht einer »zitternden Biene« (Ortega y Gasset), die sich auf süßen Honig versteht wie auf schmerzhafte Stiche. Sie läßt uns nur die Wahl zwischen der Größe unserer Furcht und der Tiefe unserer Sehnsucht. Wir müssen uns entscheiden, ob es uns wichtiger ist, dem zu entrinnen, was wir fürchten, oder das zu gewinnen, was wir ersehnen.

Wer liebt, zieht allemal die Verzweiflung der schmerzlosen Gleichgültigkeit vor und die Seelenpein dem Vergessen. Und möglicherweise frönt er hierbei noch nicht einmal einem heimlichen Hang zum Selbstquälerischen, sondern trifft »instinktiv« die im Sinne einer psychologischen Daseinsvorsorge »gehaltvollere« Entscheidung, wenn er sich für die Himmelsqualen der Liebe entscheidet: »Die Jugend irrt nämlich, wenn sie meint, man stürbe an einem gebrochenen Herzen. Davon lebt man meist noch im hohen Alter« (Maurice Chevalier).

Vieles an der aktuellen Beziehungsartistik ist handfest egoistisch und zeugt von robuster Rücksichtslosigkeit. Die unbeirrbare Selbstbezogenheit ist, jenseits aller sanfteren, »sozialeren« Einkleidungen, geradezu konstitutiv für den vorherrschenden Beziehungstrend. Gerade dort, wo man sich noch die Mühe macht, die radikale Ausschließlichkeit der Eigenbedürfnisse mit teilnehmenden, den anderen scheinbar einbeziehenden Floskeln zu bedecken, wird vielleicht am deutlichsten, daß für ihn eigentlich gar kein Platz mehr ist: *Jeder für sich, keiner für den anderen* – jedenfalls solange wir uns noch so bärenstark beziehungssicher, so unheilbar gesund und gefühlsmanagementfähig wissen. Der Beziehungsvirtuose ist ein einsamer Wolf; seine Masche nicht selten demonstrative Direktheit: »Einsamer sucht Einsame zum Einsamen« (Szenenannonce eines alternativen Stadtblatts).

LIEBE, PARTNERSCHAFT, BEZIEHUNG

Noch macht der Partnerschaftsjargon der spätsechziger, siebziger und achtziger Jahre, macht jene aufgeklärte, emanzipationsfrohe Lippenkunde die Wortrunde. Noch werden ihm allenthalben die szenetypischen verbalen Weihrauchopfer dargebracht. Doch bezeugt dies eher, wie sehr die »Szene« im Signalkonformismus verharrt. Der »aufgeklärte« Beziehungsjargon ist in seiner verhaltenspraktischen »Folgenlosigkeit« nicht weniger symptomatisch als in seiner wortreichen Süffigkeit. In Wahrheit haben die Beziehungsblumenkinder längst die Unschuld verloren: null Bock auf Partnerillusion! Der Beziehungsvirtuose hat den Amateurstatus längst abgelegt. Er ist ein ausgebuffter »Profi« in Sachen Nicht-Gefühle: WG-fest, rechtfertigungssicher und rundum kommunikationskompetent. Mit überlegener Coolness betreibt er präventives Beziehungskrisenmanagement – alles, nur keinen unnötigen Trouble, das Leben ist schon hart genug!

Die sich oft so beruhigend »soft« geben – sie sind gar nicht immer von der milden Sorte, wie man auf den ersten Blick glauben könnte. Ihr Repertoire an kommunikativer Gemeinsamkeitsrhetorik ist meist wortkosmetische Verkleidung, oft werbe- und verkehrs-psychologische Masche! Dabei muß gar keine bitterböse Täuschungsabsicht im Spiel sein. Viel wahrscheinlicher ist, daß die geschliffenen Formeln des Partnerschaftscodes der Nach-68er sich einfach als ideologische Rechtfertigungsstruktur behaupten, obgleich sich, in ihrem Windschatten, das wirkliche Verhalten und die tatsächliche psychologische Orientierung längst in eine andere Richtung bewegen.

Vieles am aktuellen »Beziehungsautismus« klingt wie eine Radikalisierung und Vereinseitigung der guten alten Partnerschaftsideologie. Schon sie hatte gegenüber dem irrationalen Liebes»konzept« die beidseitige »Fallhöhe« dadurch gesenkt, daß sie die Erwartungen bewußt niedrig hielt: Wer sich nicht zuviel erhofft, kann auch nicht allzusehr enttäuscht werden; wer nicht zu hoch geklettert ist, braucht, im Fall des *Falles*, auch keinen allzu harten Aufschlag zu befürchten. »Partnerschaft« war ein Konzept für das Bestehen des Alltäglichen des Alltags. Auf die Übersteigerungen, Projektionen, Idealisierungen und Gefühlsintensitäten der Liebe wollte man sich schon damals nicht einlassen. Mehr als auf die emotionale Ergriffenheit und das rückhaltlose Gefühlsengagement der Liebe als dem süßen »Wahnsinn zu zweit« setzte man auf die Rationalität des gemeinsamen Gesprächs: »Wir sollten uns mal wieder über unsere Probleme aussprechen!« Problem benannt, Gefahr gebannt – dies stand als Erwartung hinter der Welle aufgeklärter Partnerschaftsgesprächigkeit der siebziger und achtziger Jahre. Die kommunikative Allgegenwart psychologischer Selbstdeutung wurde jedoch rasch selbst zum Problem: Wo alles kränklich psychelt, verliert das Psycheln rasch an Attraktivität. »Wahrheitsliebe ist«, mit Alfred Polgar gesprochen, »die seltenste aller amourösen Bindungen.« Und daher hatte denn auch schon im zermürbenden Binnendiskurs der Partnerschaftsbeziehung jeder zunächst mehr die eigene als die Wahrheit schlechthin im Auge.

Die beanspruchte »psychistische« Gesprächs-Meisterung der Zweisamkeit entlarvte sich als Illusionszwitter. Wer darauf nicht mehr bauen mag und sich statt dessen Hals über Kopf ins Serienabenteuer »situativer« Beziehungen stürzt, weicht nicht zuletzt dem Permanenzdruck kommunikativer Rechtfertigungsnötigung. Er ist des ständigen Hinterfragens überdrüssig; er flieht, wie Svende Merians »Märchenprinz«, Arne Piewitz, weil er die Inquisitionsfolter geschwätziger Dauerreflexion und ermüdender Selbstanalyse nicht mehr ertragen kann. Wo man sich für jedes Wort und jede Unterlassung wortreich-trickreich rechtfertigen muß, wo Freunde und WG-Genossen als Sekundanten und Gesprächsverlaufszeugen im verbalen Analyseduell aufgeboten werden, da verkommt neben dem Genuß auch noch die Reue. Zynismus, wo nicht Haß, feiert fröhliche Urständ. Der Softie von gestern wird zum berechnenden Beziehungsstrategen, der sich für Frauen eine »Superaussteigemasche« zurechtlegt: »Scheiße, du, ich hab' erst bei dir gemerkt, daß ich über Sabine eben doch noch nicht weg bin ...«

Der sanft-gesprächige Partner von einst gebraucht plötzlich die Ellbogen, zeigt eine gehörige Portion robuster Selbstbehauptungsneigung, ja eine unvermutete Bereitschaft zur psychischen Brutalität. Auch wenn die Einblicke, die man schon am Hamburger Szenenspektakel des »Märchenprinzen« gewinnen konnte, das alte »Problemschema« (der Mann liebt die Liebe, die Frau den Mann) zunächst zu bestätigen schienen, sind die Frauen hierbei keineswegs mehr bloß das schwache Geschlecht. Auch sie haben gelernt, mit der Beziehungsschere umzugehen. »Bis daß der Tod uns scheidet« klingt auch für sie längst nicht so plausibel wie: »Solange wir zusammen einen Orgasmus schaffen.«

Auch dort, wo über die situative Beziehung hinaus der »Lebensabschnittspartner« das Zeitmaß der gesuchten Gemeinsamkeit bestimmt, orientiert man sich – quasi *postemanzipatorisch* – in der Partnerwahl an regelrechten *Leistungskriterien*: Gut soll er aussehen, der Abschnittsgefährte, über Status und auskömmliches Einkommen verfügen (das gegebenenfalls das wiederentdeckte Versorgungsrecht in der Hausfrauen- und Mutterrolle gewährleistet!), psychisch stabil soll er sein, berechenbar und pflegeleicht.

Wenn wir genauer hinsehen, hat sich der radikale Selbstbezug schon in der Partnerschaftsideologie der Nach-68er-Generation angekündigt. Diese Orientierung hatte bereits bewußt das Ghetto der Liebeszweisamkeit aufgebrochen und Dritten Zugang gewährt. »Außenkontakte« waren erwünscht. Sie sollten die Partnerschaft bereichern – und waren zugleich ein Stück »Rückversicherung«: Verließ man oder wurde man verlassen, so stand man nicht allein. Die ungeheure personale Konzentration auf den *einen* anderen, welche die Liebe verlangt, war hier schon der kühl berechnenden Risikovermeidungsstrategie »geopfert« worden. Zwar wollte man beieinander bleiben, sich arrangieren, sich zusammenraufen über Seitensprünge und -hiebe hinweg – aber man verweigerte sich den Blankoscheck fürs Leben; zwar war das Ende nicht fest eingeplant – aber seine Vorstellung erfüllte auch nicht mehr mit Furcht und Schrecken.

Die Liebe kommt, wenn sie stürzt, nicht mehr von selber auf die Beine. Bis zu fünf Jahren, so hat man herausgefragt, braucht der verlassene Teil in der traditionellen, auf Liebe gegründeten Ehebeziehung, um mit dem Elementarereignis der Ehekatastrophe fertig zu werden. Und meist ist er nicht mehr, der er vorher war. Wird dagegen nur der »Partner« gewechselt, so verläßt man weder die eigene Haut noch den eigenen Erdteil: Die Vergänglichkeit war kalkuliert, Außenkontakte, u. U. auch Anschlußkontakte mit Intimperspektive, sind gegeben; man braucht, was war und was man erworben, nicht zu verdrängen und zu vergessen, sondern kann es, als individuellen Erfahrungsbestand, in den nächsten Versuch »einbringen«. Was für den Liebenden eine einzige Katastrophe war – der Tod der Liebe –, kann jetzt schlicht als *Erfahrung* gebucht werden: Je mehr Partnerkatastrophen man überlebt hat, um so »erfüllter«, weil erfahrener, tritt man über die Schwelle der nächsten Partnerschaftsbeziehung. Beim Auszug des Partners ist nicht, wie bei der Liebe, »alles aus«, sondern alles kann neu und eigentlich nur besser werden. Die Partnerschaftideologie hatte das »unlebbare« Programm der Liebe in ein lebbares Alltagsprogramm übersetzt.

Der situative »Beziehungsautismus« erscheint in mancherlei Hinsicht als eine Radikalisierung des partnerschaftlichen Autonomiebegehrens: Nun verweigert man sich auch dem, was die »Partnerschaft« den Partnern noch zugemutet hatte – dem Bestehen eines gemeinsamen Alltagsprogramms. »Fit for fun« – das ist die einzige »Mitgift«, die den Beteiligten abverlangt wird, aber die, immerhin, ist zwingend! Die Beziehung wird, von allen Umkleidungen, allem störenden Beiwerk befreit, zur »reinen« Beziehung. Man lebt ausschließlich im Hier und Jetzt: Weder der Zukunft noch der Vergangenheit wird Einlaß gewährt. Die Beziehung stiftet keine wesentlichen, über sie hinaus verweisenden Gemeinsamkeiten. Sie bildet eine »exzentrische« Lebensinsel auf Zeit; sie ist alltagsentlastet, weil sie als außeralltägliches Ereignis *neben* dem Alltag, ohne direkte Verbindung zum übrigen Lebensprogramm des einzelnen, verläuft.

Diese strukturelle Flüchtigkeit läßt den jederzeitigen Rückzug offen, macht die jederzeitige Distanzierung möglich. Im raum- und zeitlosen Jetzt der »reinen« Beziehung scheint endlich der Schlüssel gefunden zu einem garantiert rechtfertigungsfreien Genuß ohne Reue. Man kennt weder Probleme, die sich aus der »Dauer« ergeben können, noch solche, die aus den sachlichen, sozialen und personellen Überschneidungen der Lebenssphären erwachsen. Was man tut, tut man, weil man gerade »Bock hat«; und man hört einfach auf, wenn's einen nicht mehr »schockt« – und dies alles, ohne irgend jemand eine Erklärung zu schulden.

»Beziehungen« leben in einer Atmosphäre, wo nur die reine Anwesenheit, die augenblickliche Präsenz der Gefühle, der Stimmungen, der Worte oder des Körpers zählt. Die situative Beziehung läuft gleichsam in einer Separatwelt außerhalb des Spielfelds, auf dem das Leben spielt, ohne Schiedsrichter, ohne Zeitnahme und ohne das Buhen oder den Applaus des eigentlichen Lebensspiels, in einer Zeit-Nische der realen Lebenszeit, ohne einen verbindlichen Bezug zum zeitlichen Vorher und Nachher.

Eine »Beziehung« zu haben, setzt beiderseitiges Einverständnis darüber voraus, daß das, was ist, weder von ewiger Dauer ist noch von Erdenschwere. Die »Beziehung« darf einen nicht »berühren«, man läßt sie, zeitlich und räumlich, nicht an sich »heran«: Weder darf sie ins eigentliche Leben eindringen, in den Beruf, den Freundeskreis, die Verwandtschaft, u. U. die Familie oder in andere, parallele »Beziehungen«, noch darf sie einen wesentlichen Zeitanteil schlucken. Der Beziehung braucht man sich nicht »zuzuwenden«, d. h., man braucht sich selbst gar nicht abzuwenden von dem, was einem bis dahin wichtig war; und man braucht sie auch nicht zu »pflegen«. Beziehungen überleben, wenn sie nicht ohnehin eingehen, gerade als etwas »Ungepflegtes«, der Pflege nicht oder doch kaum Befürftiges. Man »pflegt« eine Beziehung, solange sie pflegeleicht bleibt; wenn Ansprüche ins Spiel kommen, Rechtfertigungen nötig werden, also die beiderseitige Geschäftsgrundlage nicht mehr stimmt, gibt man sie preis – und sucht sich eine neue.

Die »Beziehung« ist auch eine Antwort auf die allgemeine Zeitknappheit, eine Strategie der Mehrfachnutzung unserer knappen Zeitressourcen, wie wir sie in anderen Bereichen bereits »erfolgreich« praktizieren: Wenn wir etwa eine Party veranstalten und zeitsparend, in einem Aufwasch, alle jene Kontaktfäden wieder erneuern, für die wir uns einzeln, bei einer jeweils eigenen Gesprächseinladung, nie die Zeit nehmen könnten.

Natürlich hätten wir unter »normalen« Umständen auch nicht die Zeit, zwanzig Partner, an denen uns jeweils etwas ganz anderes interessiert, im Laufe weniger Jahre auszuprobieren. Dies geht nur, weil die für Liebesehe und Lebenspartnerschaft normalerweise üblichen sachlichen und sozialen Folgen und Folgeverpflichtungen von vornherein unterbleiben. Erst das situative Verhaltenskonzept der »Beziehung« macht es möglich, eine Vielzahl von Menschen flüchtig und doch »intim« zu streifen, ohne sich einem einzigen hinzugeben.

MANN / FRAU OHNE EIGENSCHAFTEN

Dabei zeigt sich, daß Vertraulichkeit keineswegs nur auf dem Untergrund jahrelangen dichten Beisammenseins erwachsen kann. Für die Bereitschaft, sich zu öffnen und dem anderen mitzuteilen, scheint zwar ein Grundgefühl der Sicherheit unabdinglich; doch kann sich diese Sicherheit auf unterschiedlichem Fundament erheben: In der Ehe und in der Partnerschaft kann sie im Schutze der über die Jahre hin erlangten »totalen« Kenntnis des anderen und des uneingeschränkten Vertrauens zu ihm gedeihen. In der »Beziehung« ist es gerade der Schutz des »Nie-wieder«, welcher die umstandslose Selbstöffnung ermöglicht; gerade die strukturelle Flüchtigkeit der mit nichts als dem Gewicht des Augenblicks beschwerten »Beziehung« macht diese für die Kommunikation auch des Höchstpersönlichen so attraktiv. Nicht selten steigert sich die situative Beziehungsinnigkeit eines Kneipenabends oder einer After-Hour-Episode zu regelrechten Bekenntnis- und Geständnisekstasen.

Doch besagt dies wenig über die tatsächlichen Möglichkeiten aufrichtiger Kommunikation in der »Beziehung«. Aufrichtigkeit ist nicht nur durch die freiwillige oder erzwungene Rücksichtnahme auf den anderen gefährdet; nicht nur die übergenaue Kenntnis des anderen kann Aufrichtigkeit verhindern, sondern auch die Unkenntnis der eigenen Person. Wenn ich nicht weiß, wer ich bin, was ich will und wofür bzw. wogegen ich eigentlich stehe, kann ich schwerlich aufrichtig sein (allerdings auch nicht wirklich »unaufrichtig«!). Die Folge tiefer eigener Identitätsunsicherheit ist – Gleichgültigkeit: Wie ich mich auch verhalte – alles hat die gleiche Gültigkeit, sofern es nur überzeugend *dargestellt* ist. Sobald ich die Kriterien meines Verhaltens, den Kompaß eines gewollten So-und-nicht-anders-Seins nicht mehr in mir trage, wird in der Tat alles, je nach Situation, gleichermaßen »gültig«. Kurzfristige Rollenidentifikationen treten an die Stelle einer in Verhaltenskontinuität begründeten eigenständigen Identität. Das authentische Engagement, das seine Beglaubigung in der Persönlichkeit (und ihrer biographischen Dimension) findet, verflacht zu einem flatterhaften Saison-Engagement innerhalb einer eindrucksvollen Rolle. Kriterien sind nicht mehr Echtheit, Authentizität und »Charakter«, sondern Pathos, Emphase und die Chance der augenblicklichen Selbststilisierung; »Verzichten« wie der Casablanca-Bogart oder Werben, Kämpfen und Siegen wie Jean-Paul Belmondo und Richard Gere.

Das Beziehungskonzept erfordert den »Mann ohne Eigenschaften«. *Zelig*, Woody Allens Filmerfolg, war da gewiß kein Zufallstreffer: Der neue Beziehungsautismus entspricht dem grassierenden »Zeligismus«, der chamäleonhaften Umweltanpassung des »außengeleiteten Menschen« (David Riesman) und der allgemeinen Kristallisierung des Individuellen im Rollenstereotyp.

Wer eine »Beziehung« hat, bezieht sich nicht auf eine Person, sondern auf die »Rolle«, welche diese Person in spezifischer, als reizvoll und attraktiv empfundene Weise beherrscht. Es bleibt weder Zeit, das Ganze der Persönlichkeit des anderen wahrzunehmen und auszuloten, noch Raum, es einzulassen und festzuhalten. In der Beziehungsflüchtigkeit begnügt man sich mit imaginären Persönlichkeitssegmenten. Die Wahrnehmung verengt sich auf Attribute des Designs: modische Kleidung, Körperlichkeit, überlegene Gesprächscoolness, die Attribute eines imponierenden Lebensstils, die im Augenblick gerade gefragten Qualitäten als Skiläufer, Surfer, Tennisspieler, Musiker, Gedichteschreiber, Witzeerzähler oder, noch partieller und situativer: das Licht im Haar des anderen, seine Stimme, den Sand zwischen seinen Zehen ...

Wenn Liebe ungewollt blind macht, so verschließt man in der Beziehung bewußt die Augen. Man lebt im Reiz-Reaktions-Käfig einer höchst selektiven Signalkultur, die Persönlichkeitssegmente filtert und verstärkt. In die »Beziehung« bringt man sich nur als imaginäres *Teilindividuum* ein; in der Beziehungsflüchtigkeit begnügt man sich mit dem Phantombild, dem Persönlichkeitsschatten des anderen.

Das große Ja der Liebe dagegen kann auch aus tausend kleinen Neins gewoben sein: Man liebt das Ganze, die Einzelheiten mögen sein, wie sie wollen. Die selbstquälerischen Erörterungstermine und die Kommunikationsfolter der Partnerschafts- und (seltener) Beziehungsinquisitoren offenbaren gerade, daß man sich im Geflecht der Neins zwangsläufig verheddern muß, wenn das erlösende Ja der Liebe fehlt.

Es war schon ein Irrtum in Stendhals berühmter Abhandlung »De l'amour«, dem vielleicht einflußreichsten und meistgelesenen Buch über die Liebe überhaupt, zu glauben, Liebe vertrüge sich problemlos mit einer erhöhten Tätigkeit des Bewußtseins, mit gesteigerter Selbst- und Fremdbeobachtung, mit Reflexionen und kommunikativer »Verarbeitung« des Beobachteten und Reflektierten, ja, sie begünstige solche

Tätigkeit gar, führe sie herbei. Zwar hatte die reflexive Leistung bei Stendhal noch nicht jene problematische Beimischung handlungshemmender Selbstblockade; die geistige Aktivität wird bei ihm noch vollständig im Dienste des Liebesprogramms eingesetzt – als Täuschungspotential: Die Liebe ist so groß wie die Fassade, hinter der wir (uns und anderen) ihr »Blendwerk« verbergen.

Liebe ist für Stendhal (Selbst-)Täuschung aus Prinzip: Liebe macht nicht nur blind für die blinden Flecken in ihrem eigenen Gesichtskreis; Liebe wird nicht nur das Wirkliche nicht gewahr – sie fälscht Wirklichkeit notorisch um. Sie verschafft uns die Illusion, an jenen Vollkommenheiten teilzuhaben, welche sie uns vorgaukelt. Vielleicht deshalb berührt sich seine Version der Liebe in vielen Punkten mit aktuellen Partnerschafts- und Beziehungskonzepten.

Von der Hand in den Mund

Bei der Erforschung der Gründe für die steigende Beliebtheit der Fast-food-Gastronomie ist man auf das Motiv fortwirkender Attraktion archaischer Verzehrgepflogenheiten gestoßen. Gewiß sind »Beziehungen« auch deshalb »in«, weil sie gestatten, den »Hunger nach Nähe«, ohne Besteck und Eßetikette, »mit Zähnen und Klauen« zu stillen.

Doch ob uns all dies glücklicher macht oder auch nur weniger unglücklich? Ob es uns »angemessen« ist, auf Dauer und als »Verhaltensprogramm« von vielen durchhaltbar? Geben wir nicht, wenn wir die Liebe preisgeben und das Leid, das aus ihr erwachsen kann, ein Stück weit uns selber preis?

Nur die Liebe kann auf einer Nadelspitze ein Schloß erbauen. Und Ulla Meineckes Liedtext sagt's ohne Umschweife: Es gibt keine süßen Sünden ohne Seele. Kommt also überhaupt auf seine Kosten, wer in Sachen Beziehung »von der Hand in den Mund« lebt? Wollen die Beziehungsvirtuosen wirklich so wenig, wie sie sich und den anderen weismachen wollen? Verbirgt sich hinter den illusionsfesten Entsagungsmetaphern nicht doch mehr und anderes? Ist das Pathos der Anspruchslosigkeit, ist das marktgängige Wortgeklingel des freiwilligen Illusionsverzichts also beim Wort zu nehmen? Wer formuliert: »Ich möchte nichts sein als der Hauch des Windes auf Deiner Wange«, oder: »Laß mich Deine Sternschnuppe sein für den Bruchteil jenes Augenblicks, der alles zwischen uns erhellt« – wer so formuliert, sucht der wirklich nur das atemlose Augenblicksglück einer situativen Spontanbeziehung?

Der Abschied von der ganz großen Erwartung wird etwas zu demonstrativ – und meist auch allzu beredt – vorgetragen, als daß er zu überzeugen vermöchte. Wollen sie also wirklich so wenig, oder wissen sie bloß noch nicht, wieviel sie sich selbst vormachen? Anzeichen jedenfalls für ein breites Unbehagen sind nicht zu übersehen. Sie finden sich nicht nur in der betonten Rückwendung zum alt-neuen Konzept der Liebe(sehe), sondern auch in einer mittlerweile doch schon deutlich zu beobachtenden Abkehr vom Leistungszwang der »sexuellen Revolution« in einer Art »zölibatärer« *Intimität ohne Sexualität* mit subtileren Formen der Zärtlichkeit und der zweiseitigen Lebensgestaltung.

Gleichwohl bleibt zu bedenken, daß die vorherrschenden Varianten einer flüchtigen Augenblicksintimität natürlich keine freien Willkürerfindungen sind. Sie finden in einer ganzen Reihe anderer Verhaltensweisen ihre Entsprechung. Leben wir nicht in vielfacher Hinsicht ex und hopp: beim Essen, beim Trinken, beim Konsumieren, beim Urlaubmachen? Warum eigentlich sollten wir ausgerechnet mit unseren Beziehungen wesentlich anders umgehen als mit unseren Beinkleidern, warum anders als mit unseren Wohnungen und Häusern, die wir ständig wechseln, mit unseren Autos, unseren Freizeit- und Spielzeuggegenständen, warum anders als mit Medien und Musik, die dem Kommen und Gehen von Moden unterworfen sind?

Hat also, wer »Beziehungsprobleme« hat, wirklich nur Beziehungsprobleme? Leidet er nicht vielmehr an progressivem Beziehungs*fähigkeits*schwund, genauer: am Stetigkeitsverlust und Intensitätsschwund seiner vagabundierenden Gefühle? Verurteilen uns die anhaltenden psychischen Überforderungen des sozialen Wandels nicht zu einem allgemeinen Gefühlsnomadentum? Unsere Geschichtsbücher nannten die Seßhaftigkeit als äußere Kulturbedingung. Kündet nicht konsequenterweise der Seßhaftigkeitsverlust unserer Gefühle vom Rückfall in die Beziehungsbarbarei?

Ist die Vermutung so abwegig, daß, wer den Anruf der Liebe nicht mehr vernimmt, auch kein Ohr mehr hat für jenen des Glücks? Ist nicht Liebe, Lieben-können und Geliebt-werden, der Königsweg zum Glück, so daß Glück für viele überhaupt erst konkret wird in der Liebe und Unglück in ihrem Verlust?

LIEBE AUF DISTANZ

Im Computer- und Mailbox-Slang wird begrifflich vielfach schon »Sex« umstandslos mit »Cybersex« identifiziert. Meint man dagegen jenen hergebrachten

»schleimigen, scheckigen Ritus« (Hans Magnus Enzensberger) mit Körperkontakt und dem Risiko von Lebenszwischenfällen, dann verwendet man hierfür eine eigene Bezeichnung: f2f-Sex, sprich: »Face-to-face-Sex«, die Begegnung von Angesicht zu Angesicht, mit Geruchsbeigaben, Schweißabsonderung und Aidsgefahr. Fake-und-Fun-Parties des kunstvoll inszenierten Scheins, bei denen alles läuft, was nicht auf »Leibhaftiges« zielt, nehmen vielfach solche Tendenzen einer längst nicht mehr nur unterschwelligen Körperfeindlichkeit und Vitalerschöpfung auf.

Zunehmend entscheiden sich Zeitgenossen auch bewußt »für ein Leben ohne Sex« oder aber für körperlosere, »spirituellere« Formen der Sexualität, wie sie die virtuellen Distanzbegegnungen des Cyber-Sex möglich machen. Das Geschlechtliche soll vor allem seine schicksalhafte Festlegung verlieren, seine lastende Erdenschwere und unauflösliche Verbindlichkeit; es soll leicht und spielerisch werden – und jederzeit künd- und auflösbar! »Man muß sich nicht mehr festlegen, man kann seine Rolle beliebig wechseln, genauso wie sein Geschlecht. Der Computer-Tastatur ist es egal, ob du alt oder jung, dick oder dünn bist, schwul oder bi, Mann oder Frau« (Getty/Winkelmann). Daß die Computertechnologie sich im Augenblick gerade dieser Facette der menschlichen Vitalnatur bemächtigt, spricht Bände. Nicht weniger aber auch das Tempo, mit dem die technologische Entwicklung serienreifer Produkte für die anspruchsvolle »Liebe auf Distanz« vorangetrieben wird. Das Innigste und Nächste, die »vitale« Vereinigung zweier Körper im Liebesakt, wird hier, in der Simulations- und Stimulationserotik des errechneten Raumes, gegen das ferngesteuerte Surrogat getauscht: aseptisch, keimfrei und garantiert immun wider »Lebenszwischenfälle«.

Eben das verheißt der Computer: Sicherung vor den Angriffen des Lebendigen. Videospiele setzen genau dies ins Bild: Was lebt, was sich bewegt, wird abgedrängt, eingesperrt, getilgt, abgeschossen. Kommunikation heißt seit dem Computer: geregelter Verkehr unter Vermeidung von Berührungen, wie sie bei »Lebenszwischenfällen« von der Nahrungsaufnahme bis zur Sexualität nun einmal unvermeidlich sind.

Die Entlastung von den Beschwerlichkeiten der sozialen Nähe und Verantwortung begründet ein Gutteil der Faszination neumedialer Erlebnissurrogate. »Winfried«, ein praktizierender Überzeugungstäter im Neuland Telefonien mit seinen Partylines, Live-Flirts und virtuellen Partnertreffs, bestätigt exakt diese Vermutung, wenn er sagt: »Telefonsex ist so verdammt praktisch. Ein One-night-Stand kann nie die Intimität eines Telefonhörers schaffen. Wenn ich keine Lust auf eine Stimme am anderen Ende habe, lege ich einfach auf. Im Bett kannst du nicht mittendrin aufstehen und sagen: »He, dein Gestöhne nervt mich.«

Und »Jussuf«, einer der regelmäßigen Besucher in der audiovirtuellen Wunschwelt der »Villa«, assistiert: »Die Villa ist klasse, weil du hier Leute kennenlernst, dich mit ihnen unterhalten kannst, aber nur, solange du Bock hast. Es ist lange nicht so anstrengend wie im wirklichen Leben.«

Zum Sozialen gehört Nähe. Es ist ein groteskes Mißverständnis, wenn uns die Ferntechnologien immer wieder mit dem Hinweis auf ihr inhärentes Sozialkapital schmackhaft gemacht werden: »Das Internet hat uns zu vielen guten Freundschaften in aller Welt verholfen.« Wenn nun aber das Attraktivste an dieser Art »Freundschaften« gerade ihre pflegeleichte Unverbindlichkeit wäre?

Manches spricht dafür, daß nicht originäre Geselligkeit und soziales Nähebedürfnis viele ins Netz schweifen läßt, sondern das Gegenteil – der Überdruß am wirklichen anderen, die Angst vor seiner körperlichen Präsenz und ihrer nötigenden Unausweichlichkeit.

In einer Vielzahl von Situationen und während vieler Stunden des Tages ziehen wir das Abstrakte, das Fernste und Unnahbarste dem Anwesenden, Lebendigen und Realen vor. Wir weichen allem aus, was uns unmittelbar ergreifen könnte, uns festhalten und nicht mehr loslassen: dem realen Nächsten, den Wesen aus Fleisch und Blut, der unerbittlichen Situation. Fast scheint es, als mache gerade die Distanz eine Person interessant für uns. Wer das Pech hat, Tür an Tür mit uns zu leben, für den reicht oft die knappe Ressource Aufmerksamkeit nicht mehr. Der Nächste verschwindet zugunsten des abwesenden Fernsten.

Das – brüchiger werdende – Band des Sozialen aber ist aus lauter *Nächsten* gefügt, sie, nicht die virtuellen Fernstweltwesen, verbürgen seinen Zusammenhalt. Das Soziale zerfällt, wenn der Kontakt mit der physisch wahrnehmbaren Welt abreißt. Die neuen Formen der Fernverbindung markieren den Anfang vom Ende der Berührbarkeit, die an der Wiege alles Sozialen steht.

Liebe als »gesellschaftsbildende Kraft«

Vieles am gegenwärtigen Weltzustand läßt sich als »Warten auf die Liebe« beschreiben: Relativismus und Materialismus, der unübersehbare Kaufkraftverlust des Ideologischen und Visionären, aber daneben auch die gegenläufige Nachfrage nach Entschiedenheit, nach Eindeutigkeit und Gewißheit um Ziel und Abkunft. Liebe drückt der von ihr ergriffenen Wirklichkeit den Stempel des Verbindlichen auf; sie verkörpert den schärfsten Einspruch wider die universale Gleichgültigkeit und damit wider die Langeweile. Wer liebt, braucht keinen Flipperautomaten.

Napoleon hat hierfür einst die Formel geprägt, Liebe sei die Leidenschaft, welche den Erdkreis auf die eine Seite lege und auf die andere Seite nichts als den geliebten Gegenstand. Neben der *Verbindlichkeit* sind vor allem *Intensität* und *Kontinuität* Leistungen, die wir u. a. der Liebe danken. Liebe und Leidenschaft scheinen in einer von den organisatorischen Zwängen und vom Zeitrhythmus der Technik bestimmten Welt fehl am Platz. Beim Überqueren der Straße ebenso wie im Cockpit eines Düsenjets sind Emotionen lebensgefährlich. Ökonomie und Technik erfordern den schwankungsfrei funktionierenden Schalthebelmenschen, den hochmobilen, disponiblen und fungiblen Zeitgenossen, der sich in die rationellen Vollzüge der Arbeits- und Lebensorganisation der Gesellschaft optimal einpaßt. Liebe ist längst nicht mehr »Bollwerk« wider den Imperialismus des rationalen Kalküls in Wissenschaft und Technik, in Wirtschaft und Lebenswelt, aber sie war doch stets noch unverzichtbares residuales Gefühlsrefugium.

Das »Unbehagen in der Moderne« ist das Unbehagen ihrer im Tempo ständiger Umweltveränderung heimatlos gewordenen Bewohner. Liebe verkörpert Stetigkeit und Dauer. In Tucholskys Abschiedsbrief an Mary lesen wir: »Wenn Liebe das ist, was einen ganz und gar umkehrt, was jede Faser verrückt, so kann man das hier und da empfinden. Wenn aber zur echten Liebe dazu kommen muß, daß sie währt, daß sie immer wieder kommt, immer und immer wieder –: dann hat man nur einmal in seinem Leben geliebt.«

Drei Elemente vor allem scheinen die Liebe zu charakterisieren: das *Absolute*, die *Aktivität* und die *Dauer*. »Lieb' ist ein Geist von Feuer ganz gewoben, leicht, nimmer sinkend, strebend nur nach oben«, heißt es bei Shakespeare. Neben dem Gluthauch des Absoluten verweist er uns vor allem auf jenen ganz vom geliebten Objekt bestimmten Bewegungsverlauf, der oft genug den vertrauten Gesetzen der Schwerkraft entgegengerichtet ist. »*Amor meus pondus meum*« – meine Liebe ist meine Schwere –, so hat in nicht zu überbietender Dichte und Eleganz Augustin schon diesen merkwürdigen »Schwebezustand« des Liebenden gekennzeichnet. Das Universum des Liebenden hat einen neuen Schwerpunkt gefunden. Was vermag die schiere Erdanziehung wider die himmelstürmende Kraft der Liebe?

In der Liebe ist alles gerichtete Aktivität. Lieben heißt hinaustreten aus dem Ich, auswandern ins Du. Wer liebt, hat sich seelisch in Marsch gesetzt; er hat den trägen Panzer der Selbstigkeit verlassen und strebt nach Vereinigung mit dem anderen – einer Vereinigung, die über räumliche Nähe und körperliches Ineinander weit hinausgeht, so wichtig diese für die gelebte Liebe auch immer sein mögen. Wer liebt, handelt im Bewußtsein wesentlicher Einheit mit dem anderen; er hat sein »Fürsichsein« (Hegel) aufgegeben. Die Anwesenheit des anderen ist aus seinem »Selbstbewußtsein« nicht mehr wegzudenken, gleichgültig, ob der andere die Liebe erwidert oder nicht!

Pfänder hat in seiner »Phänomenologie der Gesinnungen« vor allem auf das innere Gleichmaß der Liebe, auf ihr unbeirrbares Fließen, auf das Moment der Dauer hingewiesen. Die Liebe, anders als die Lust, will Ewigkeit. Zwar kann das Liebesthermometer unterschiedliche Temperaturen zeigen, doch die Liebe selbst, als zeitlos wirkende Kraft, kann nicht völlig erkalten.

Wenn man liebe, zeige man sich, »wie man immer sein sollte«, meinte Simone de Beauvoir. In der Tat lassen sich gute Gründe dafür finden, daß dort, wo die Liebe zu Hause ist, Geiz, Neid und Mißgunst kaum Einlaß finden. Aber nicht allein dieser Überstrahlungseffekt der Liebe und die aus ihm abgeleitete allgemeine soziale Besserungserwartung begründen ihre gesellschaftliche und politische Relevanz. In einem noch fundamentaleren Sinn ist sie *gesellschaftsbildende* Kraft.

Wo jeder für sich ein allmächtiges Ich ist – wie soll da Gesellschaft werden? Welche Macht, wenn nicht Liebe, läßt den Selbstversessenen sein Selbst vergessen? Was wir von uns preisgeben, bringen wir – wo nicht der Gewalt – allenfalls der Liebe dar. Nur Liebe mildert die überlegene Macht des anderen. Nur in der Liebe kann man dienen, ohne Sklave zu sein. Nur sie führt uns, als Hinwendung zum anderen, über uns selbst hinaus. Das »Überindividuelle« taucht zuerst in der Liebe auf, welche das Kind für die Mutter empfindet, indem es sie von ihr erfährt. Von ihr wird es emporgehoben und in eine Welt eingeführt, die sich von der »lieblosen« nicht einfach nur durch größere Intensität unterscheidet, sondern die eine qualitativ andere ist, eine Welt nämlich, in der sich das Eigeninteresse vornehmlich über das Interesse am anderen äußert.

Was über das Individuum hinausweist, verdankt es zunächst der Liebe. Sie ist »soziale Macht«, welche beinahe »im Handstreich« das gesamte Bewußtsein erobern und ausfüllen kann; sie ist der Zwang, den wir der Freiheit uneingeschränkter Selbstliebe vorziehen. Sie befähigt uns, »höhere«, soll heißen: über den einzelnen hinausreichende Zwecke in den Mittelpunkt unserer Strebungen zu rücken. Es ist durchaus konsequent, wenn Francesco Alberoni »Verliebtsein« und »Lieben« als eine Art »sozialer Bewegung zu zweit« interpretiert.

Das Ganze des Volkes, der Gesellschaft, der Klasse, der Menschheit gar ist zu groß und zu weit weg, als daß wir es im direkten Gegenüber zu lieben vermöchten. Deshalb bedürfen diese großen Ganzheiten der Vermittlung durch die »Liebesliebe«.

Ohne die »Liebesliebe« kann weder die Liebe zu Freunden und Nachbarn, noch die Liebe zur Heimat, zum Vaterland und zur Menschheit wirklich gedeihen. Vielleicht hat der aggressive »Menschheitshumanitarismus« (Arnold Gehlen), welcher für unser Jahrhundert so typisch ist, nicht zuletzt hierin seine Ursache: in der »grundlosen« Fernstenliebe.

Um nicht mißverstanden zu werden: Das *Individualprogramm Liebe* ist gewiß nicht das letzte Wort in Sachen Gesellschaftsbildung. Aber es ist ein unverzichtbarer erster Schritt auf dem Wege zu einer nicht auf Versagung und Gewalt gegründeten Gesellschaft. Dabei ist es jedoch keineswegs soziale Trockenübung: Die Kräfte, welche die Liebe im kleinen freisetzen, um zwei Menschen zusammenzubringen und zusammenzuhalten, sind wesentlich die gleichen, welche im großen die Gesellschaft vor der Dissoziation bewahren.

Durch die Liebe wird so etwas wie ein höherer

Aggregatzustand der sozialen Organisation erreicht, die erste Formung einer Identität oberhalb der nur individuellen. Liebe ist aus dem Stoff, aus dem Gesellschaft wird. Dem »Logos« des Sozialen auf der Spur, hat die ältere Soziologie der Jahrhundertwende, haben Durkheim und Simmel, Weber und Scheler noch sehr distinkt über das soziale Mysterium der Liebe und die soziologische Relevanz der erotischen Leidenschaften gedacht und geurteilt.

Natürlich sind Art und Weise, wie die Mitglieder einer Gesellschaft ihr Intimleben gestalten, Privatsache der je einzelnen. Doch ganz unverkennbar hat dies Höchstpersönliche auch öffentliche Relevanz. Nicht nur die privaten, auch unsere gemeinschaftlichen Tugenden gründen auf der grundsätzlichen Fähigkeit zur Liebe und Freundschaft. Ein »Volk von Teufeln« (Kant) läßt sich gewiß institutionell bändigen, und gewiß kann auch der gesellschaftsfeindliche Egoismus einzelner durch Regeln und Sanktionen auf ein erträgliches Maß zurückgeführt werden. Ein zu gemeinschaftlichem Handeln fähiges Gemeinwesen erwächst auf solcher Basis jedoch nicht. Jede Gesellschaft, die in der Zeit überdauern will, bedarf der Bande, die Gemeinsamkeit stiften, bedarf eines »Netzwerkes der Freundschaften« (Aristoteles), eines Geflechts libidinöser Strebungen, welches einzelne mit einzelnen verbindet und hieraus auch Gemeinsamkeiten im ganzen erwachsen läßt. Das Gemeinsame, das uns bei aller Unterschiedlichkeit eint und zum Zusammenbleiben motiviert, ist nicht einfach als das ganz andere gegenüber den Einzelstrebungen zu erfassen, sondern als das, was in diesen an »überschüssigen« Kollektivenergien jeweils enthalten ist.

Sigmund Freud begriff die Libido als die jedem Organismus innewohnende Tendenz, sich zu *erwei-*

tern. Den allermeisten Auffassungen über die Liebe ist, bei allen sonstigen Differenzen, eben dieses Merkmal gemeinsam: daß Liebe uns zum »Transzendieren« befähigt, zum Überschreiten von Grenzen, Grenzen der Persönlichkeit, eines gegebenen Zustands, einer fixierbaren Situation. Liebe führt uns über das hinaus, was wir jeweils vorfinden, bewirkt Weiterung und reale Mehrung. Liebe ist – in diesem Punkte der Autorität verschwistert – ein *aggregatives* Vermögen. Sie verbindet räumlich und zeitlich Auseinanderliegendes, stiftet neue Einheiten, begründet neue Handlungsebenen, kurz: sie ist eine elementare Kraft der Gesellschaftsbildung. Setzen die »großen« Einheitsstifter: Herrschaft, Religion, Territorium, Geschichte und Kultur, gleichsam oberhalb der Gesellschaft an, so wirkt die Liebe als Ferment in ihr selbst. Mag ihr Beitrag zur Gesellschaftswerdung selbst auch strittig sein – sie hat entscheidenden Anteil daran, die Gesellschaft vor dem Auseinanderbrechen, vor der zeitlichen und räumlichen Dissoziation zu bewahren.

Kann es uns also kaltlassen, wenn die Liebe erkaltet? Anders als andere Märchen beginnt die Liebe nie mit einem »Es-war-einmal«. Liebe ist stets lebensvolle Gegenwart mit der Option auf Zukunft. Schwinden mit der Liebe nicht auch Tradierungswillen und Zukunftsbereitschaft der Gesellschaft im ganzen? Wird eine Generation, welche die Liebe nicht mehr kennt, sich nicht auch den elementaren Kontinuitätsforderungen des größeren Sozialverbandes versagen? Wird eine Generation, welche Lieben verlernt hat, ihre Pflicht zur Zukunft noch erkennen und annehmen?

Noch ist die Aufklärung nicht ganz zu Ende, noch leben wir von Restbeständen. Was aber kommt, wenn die Liebe geht?

Die Joystick-Generation: ratlos, aber frei. »Postmoderne« Tendenzen in der Jugendkultur

WELT ALS EXPLOSIONSZEICHNUNG

Vielleicht ist das gültigste Bild der Welt, das wir heute zu zeichnen vermögen, das Bild der Welt als Explosionszeichnung. Jenes Bild also, mit dem der Techniker oder Technikvermittler, von einem zentralen Strahlpunkt aus, etwa das Armaturenbrett, die Kamera oder den Elektrorasierer in die Übersichtlichkeit ihrer Bestandteile und Einzelfunktionen »explodieren« läßt. Was beim Armaturenbrett, der Kamera oder dem Rasierapparat aber noch zum Verständnis der Funktionsweise des Ganzen beitragen mag, besiegelt im Falle der Welt nur die definitive Unerkennbarkeit des Ganzen, sein endgültiges Verschwinden: Die Welt löst sich in immer winzigere Bestandteile auf. Wir sind in der Welterkenntnis buchstäblich im »subatomaren« Bereich angelangt. Die Welt gibt es nicht mehr. Die Welt sprengt sich vor unseren Augen, in immer neuen Schüben einer immer größeren Deutlichkeit ihrer Einzelheiten, nach allen Seiten auseinander.

Das Bild der technisch-konstruktiven Explosionszeichnung bedarf allerdings der Ergänzung: Die »Explosionszeichnung« der Welt ist, im Unterschied zu der des Armaturenbretts, nicht statisch; es gibt nicht nur die Hauptexplosion im Strahlpunkt, es gibt auch, wie bei einem aufwendigen Feuerwerk, unzählige und immer dichter aufeinanderfolgende Nach- und Nebenexplosionen innerhalb der »großen« Explosion.

Die Wirklichkeit verflüchtigt sich auch deshalb, weil sie »objektiv« für uns ihre Eindeutigkeit verliert. Einen bislang viel zuwenig beleuchteten Zusammenhang eröffnet der Blick auf die großen theoretischen Basisinnovationen dieses Jahrhunderts in den Naturwissenschaften und der Wissenschaftstheorie – der Blick etwa auf die »Relativitätstheorie« Einsteins, die »Unschärferelation« Heisenbergs, den »Unvollständigkeitssatz« Gödels, aber auch auf aktuelle Ansätze wie die Fraktale-Theorie Mandelbrots, die Theorie der »dissipativen Strukturen« bei Prigogine oder die jüngsten Erkenntnisse von Hakens' synergetischer Chaosforschung. Bei aller sonstigen Unterschiedlichkeit ist diesen Basistheorien der wissenschaftlichen Moderne gemeinsam, daß sich in ihnen die Wirklichkeit als scharf konturierte, eindeutige Struktur auflöst und sich damit auch die Vorstellung einer homogenen, einheitlich strukturierten Welt verflüchtigt.

Übrig bleibt die Fassade polyglotter Unverbindlichkeit, das »postmoderne Design« der Welt (Wolfgang Welsch). »Postmoderne« Denker haben hieraus unterschiedliche Folgerungen gezogen: Derrida fordert die »Dekonstruktion« der Sinn-, Erkenntnis- und Deutungsstrukturen; Lyotard plädiert für die Vielfalt der Diskurse; Portoghesi postuliert Paradigmenkonkurrenz; Jencks bestimmt das Wesen der postmodernen Architektur in der »Mehrfachkodierung«; Klotz will das Paradekriterium der Moderne, die Funktion, postmodern nach der Seite der Fiktion hin erweitern. Alle diese Formeln haben eins gemeinsam: Sie verabschieden die Eindeutigkeit des raum-zeitlichen Kontinuums. Es gibt keine Deutungsklammer mehr für das Ganze. Aus der Not verlorener Einheits- und Eindeutigkeitsgewißheit wird die Tugend offensiver Pluralität.

MAN-MADE EVOLUTION

Die politisch pflichtkorrekte, vornehmlich akademiepolitische Bewältigung der Nachhaltigkeitsdebatte zeigt nur, wie sehr viele von uns sich noch immer über das täuschen, was als »große Drift« längst vorgeht: Längst setzt die Gesellschaft im ganzen wohl nicht mehr auf Sparsamkeit, Umkehr und Wiederherstellung, auf ein innerhistorisches »Zurück« zu einem tragfähigen Gleichgewichtszustand in Sachen Ökologie und Ressourcennutzung, auf Leitbilder der Stabilität und des Dauerhaften; längst scheinen die Weichen technologiepolitisch auf ungehemmte Beschleunigung gestellt, in der Hoffnung, dabei eine Geschwindigkeit zu erreichen, die es erlaubt »abzuheben« und im Falle eines auftauchenden Hindernisses die gefährliche Überholspur gleichsam »nach oben«, in die neue, *post-biologische Dimension* zu verlassen. Die Erwartungen gelten – wie die MIT-Kollegen in schöner Offenheit sagen – dem neuen, »*transhumanen Menschen*«, der künftig an der Front der »*Man-made evolution*« konkurrenzlos das Selektionszepter schwingt. Wir sinnen längst nicht mehr ernsthaft darauf, wie der uns bedrohenden zerstörten, vergifteten, übernutzten und ausgepowerten Umwelt global verbindliche Regenerationschancen gesichert werden könnten, sondern arbeiten mit aller Konsequenz daran, uns selbst mit unserem Körper aus den angestammten Naturbedingungen zu lösen.

Für viele scheint es längst attraktiver, kostengünstiger oder gewinnbringender, statt in aufwendige und frustrationsträchtige Umweltreparatur, in die *evolutive Selbstveränderung* zu investieren. Hier wird der tiefste Bruch mit der »Nachhaltigkeit« sichtbar, der sich denken läßt: Nimmt man das Scheitern der politischen Bemühungen um die globale CO_2-Reduktion als richtungsweisendes Signal, dann heißt dies, ins modellhaft Praktische gewendet: Wozu sich in – vergeblichen – politischen Konsensbemühungen aufreiben, um das Ozonloch am Himmel zu schließen, wenn sich mit der UV-Strahlen filtrierenden Transparenzemulsion und der weltweiten Installation zugehöriger »Ganzkörperduschen« Arbeitsplätze und Renditen sichern lassen? Wie Siegfried baden wir lieber im Drachenblut, statt umständlich die Welt der feindlichen Speerspitzen zu befrieden.

Statt an nachhaltigen ökonomischen und ökologischen Kreisläufen modellieren wir am evolutiven Nachfolger, den die vergiftete Natur ebensowenig zu beunruhigen braucht, wie ihn aufgrund der neuen, unbegrenzten Substitutionsmöglichkeiten in den synthetischen Paradiesen noch länger fehlende Naturressourcen behelligen.

Damit der Mensch, nach Herder der *erste Freigelassene der Natur*, dieses Attribut wirklich verdient, muß er erst kräftig »Hand an sich legen«. Und genau dies tun wir, wenn nicht alles täuscht, bereits in großem Stil: mit Gentechnologie und Mikrochirurgie, mit Kryonik und künstlichen Intelligenzverstärkern, mit Organprothetik, Wachstumshormonen und intelligenten Enzymen (die, prophylaktisch eingegeben, sich bei Unter- oder Überschreiten definierter Sollwerte im Körper selbständig aktivieren) rücken wir dem »alten Adam« zu Leibe.

Ein Prothesenkörper, von dem Paul Virilio längst sagt, daß *er*, nicht der gesunde Vitalkörper, das *Modell* sei, braucht weder Nahrung noch Luft und sauberes Wasser; er ist pflegeleicht, gegen Temperaturschwankungen ebenso immun wie gegen UV-Strahlen und allergene Umweltgifte ...

Und genau dies steht heute an: nach der großen *Umwelt*- jetzt auch die große (und historisch beispiellose) *Selbstveränderung*. Wahrscheinlich sind wir heute, was Kultur, Lebensumstände, Selbst- und Weltbild anlangt, dem Neandertaler näher als dem evolutiven Nachfolger, als dem Menschen gegen Ende des 21. Jahrhunderts.

Der Mensch an der Schwelle zum 3. Jahrtausend ist nicht nur das räumlich – durch Teleskop und Mikroskop, durch Satellitenfernsehen und Interkontinentalraketen – aus seiner Dimension gefallene Wesen. Er ist durch die beispiellose Steigerung der Veränderungsgeschwindigkeit der kulturellen Evolution bereits dabei, auch in der Zeit heimatlos zu werden. Die Ungleichzeitigkeit zwischen dem evolutionären Spätling Mensch und der umgebenden Natur bedroht nachgerade beide: die Natur und damit auch den Menschen. Die Natur ist der in wenigen Jahrtausenden gewachsenen menschlichen Zerstörungsmacht so schutzlos preisgegeben wie ein Stamm von Steinzeitjägern den Feuergarben des automatischen Maschinengewehrs.

Die Zerstörungskräfte des Menschen und die Abwehrkraft der Natur gehören unterschiedlichen Zeitdimensionen an. Eine zum Ende hin phantastisch beschleunigte Menschengeschichte steht gegen die schneckengleiche »Slow-motion« der erdgeschichtlichen Entwicklung. Wir zerstören um ein Vielfaches schneller, als Natur »nachwachsen« kann. Wenn Gänsesäger,

Birkhuhn und Schwarzstirnwürger ausgestorben sind und Zippammer, Wasserralle und Heidelerche ihnen folgen, dann wären für die Natur Jahrtausende vonnöten, einen »Ausgleich« zu schaffen.

Die neuen Ungleichzeitigkeiten zwischen der hochselektiven Aufbauarbeit der Natur und der undifferenzierten Naturzerstörung des Menschen, welche der Übergang von der »biologischen« zur »kulturellen Evolution« angestoßen hat, nehmen längst Ausmaße der Bedrohung an, die weit über die Gattungsdimension hinaus auf die Möglichkeit des Lebens selbst zielen.

NEUE LEITBILDGEBER

Kündigt sich gegenwärtig, nach dem scheinbar unaufhaltsamen Aufstieg des ökoalternativen Bewußtseins, eine antigrüne Grundstimmung an? Geht der Rebellion via grüner Parteischiene allmählich die Puste aus? Mit Blick auf die nachwachsende Generation der Jungen und ganz Jungen spricht in der Tat vieles für einen stimmungspolitischen Umschwung. Den Grünen macht wenig mehr zu schaffen als die anhaltende Medien- und Zeitgeistkonjunktur ihres Themas. Georg Simmel sah das Wesen der Mode vor allem darin begründet, »daß immer nur ein Teil der Gruppe sie ausübt, die Gesamtheit aber sich erst auf dem Weg zu ihr befindet«. Gerade der Erfolg führt die Mode »ihrem Ende zu«, weil er »die Unterschiedlichkeit aufhebt«, mindestens aber, weil im vertraut und geläufig Gewordenen der Reiz des Neuen verstummt.

In gewisser Weise scheint dies auch das Schicksal des bewegungs- und parteipolitischen Produktangebots grüner Themen, noch mehr vielleicht das Schicksal grüner Gesten und alternativer Attitüden. Der Reiz der Neuheit, den sie setzten, war zugleich der Reiz ihrer Vergänglichkeit. Um diese »Schwäche aus Erfolg« also geht es. Wer erfolgreich ist, wem es gelingt, sein Anliegen allgemein zu machen, der kommt als »Trendsetter« nicht mehr in Frage. Gerade weil er in Moral und Politik neue Maßstäbe gesetzt, einen neuen »Konsens« vorbereitet und die wesentlichen Stichwörter geliefert hat, fällt er in der Regel als »Impulsgeber« weitergehender Entwicklungen aus. So akzeptiert man auch gegenwärtig die meist ebenso humorlos wie penetrant eingemahnten ökologischen Alltagsnormen als mehr oder weniger lästige Notwendigkeiten – aber Funken der Begeisterung lassen sich daraus kaum schlagen! Nur so kann man die paradoxe Situation verstehen, daß zwar die »grünen« Fragen und Themen bei einem Großteil der Jugendlichen fest verankert sind, zugleich aber unverkennbar das Ensemble auf der Bühne der sozialen Leitbildgeber gewechselt hat.

Schwerlich sind die Zeichen der Zeit irgendwo besser abzulesen als an dieser Gegenüberstellung:

Demo? Klar, daß es da auch Scherben gibt! (Spraytext an der Wand eines Universitätsgebäudes der FU Berlin, 1988)

Demo »Demonstrationsprogramm. Mit dem Demo veranschaulicht eine *Demo-Group* ihre Fähigkeiten in den Bereichen Musik, Programmieren und Grafik, wobei das optimale Zusammenspiel in den genannten Bereichen wichtig ist. Im Computerbereich existiert bereits eine eigenständige Demo-Szene.« (Stichwortartikel in: M. Horx, Trendwörter-Lexikon, Düsseldorf, Wien 1994, S. 61; ein eigenes Stichwort für die straßendemokratische Versammlungsversion existiert hier schon gar nicht mehr.)

Gewiß waren auch in den Siebzigern und Achtzigern nicht alle Jugendlichen dauerengagierte Politprotestanten oder katastrophenängstliche Aussteiger; und gewiß sind heute nicht alle Jugendlichen aufklärungsübersättigte Theoriemuffel, zynische Moral- und Politikverweigerer oder gar samt und sonders coole Konsum- und Karriereyuppies.[1] Aber ebenso unübersehbar gab und gibt es zum jeweiligen Zeitpunkt politisch-soziale Überstrahlungseffekte, die diffundierenden Fernwirkungen des jeweils »gültigen« kollektiven Ich-Ideals, dessen Spuren sich auch noch in großer Distanz zum Ursprungsort, ja selbst beim ideologischen Gegenspieler finden. Gerade das begegnet uns beim Yuppie-Syndrom: »Alle« machen sich über diesen Typ lustig, obwohl »alle« sich an ihm irgendwie auch bemessen. Es ist ein wenig wie mit der Hefe, ohne die es keinen Kuchen gäbe – doch wer will schon die Hefe im Kuchen schmecken?

»WIR MACHEN AUS PUNK PRUNK« (KAUFHOF)

Auf den ersten Blick scheint es keinen größeren Gegensatz zu geben als den zwischen dem punkigen Aussteiger – bis hin zur Bierdose und dem räudigen schwarzen Mischlingshund mit den einschlägigen »No-future«-Insignien versehen – und dem Prototyp des seidenbeschlipsten »young urban professional« (Yuppie), der für Karre und Klamotten, für Karriere und Konsum zehn Stunden am Tag schuftet. Und dennoch haben beide Wesentliches gemeinsam: Sie lassen sich nicht auf morgen vertrösten. Null Bock auf Illusionen!

Sie wollen nicht mehr für den »Rest der Welt« verantwortlich gemacht werden; sie interessieren sich für die eigene Person mehr als für die Probleme von Umwelt und Gesellschaft; sie definieren sich mehr über Bekleidung als über Betroffenheit; Moden und Stile, Gesten und Rituale verbinden mehr als Problembewußtsein und Katastrophenängste, in all ihrer Ratlosigkeit strotzen sie vor Selbstbewußtsein.

Sie verweigern sich »unlösbaren« Problemen; sie konzentrieren sich auf das Erreichbare. Auch der smarte Yuppie, der die Gemütsdüsternis der Null-Bock-Rhetorik mit dem hoffnungsschrillen »Ich steh' auf Deutschland« kontert, stellt sich in Wahrheit nicht der »Pflicht zur Zukunft« (Hans Jonas). Auch die demonstrative Anti-Antimentalität ist nicht gerade zukunftsmusikalisch. Die »Pflicht zur Zukunft« ist immer auch die Pflicht zum »Unerreichbaren«, umfaßt immer auch die Pflichten der Kritik!

Narziß will die Welt nicht erfahren und aktiv gestalten; er will nur sich selbst in seinen »spontanen Bedürfnissen« und seinen »authentischen Regungen« erleben. Die narzißtische Realitätsdeutung steht den Bedürfnissen des anderen fern. Narziß braucht den anderen nicht zu kennen, da er weder geliebt werden will, noch jemand anderen als sich selbst lieben kann.

Spuren des Niedergangs, der politischen Infantilisierung und der theoretischen Regression finden sich überall: Kohl-Witze statt Kapitalismuskritik; Okkasionalismus und Ästhetizismus prägen das Verhältnis zur politischen und sozialen Wirklichkeit.

Gewiß: Sie reisen noch immer alternativ und fasten gelegentlich auch für den Frieden; sie engagieren sich moderat und joggen; sie fordern die allgemeine Abrüstung und schulen um. Selbstsicher debattieren sie ihre

Unsicherheiten. Von Wohngemeinschaft zu Gemeinschaftswohnung häufen sie die Reiseerfahrungen souveräner Heimatlosigkeit. Sie haben teil an allem, an nichts aber zu sehr. »Umarmt, was ihr eh nicht ändern könnt!« Mit dem aufrecht-trutzigen »Macht-kaputt-was-Euch-kaputt-macht« aus grauer, studentenbewegter Vorzeit haben sie nichts im Sinn. Am plausibelsten klingt den neuen Wahrheits- und Sinnminimalisten die »Minimal-Message« des Postdesillusionismus: »Wir haben die Welt durchschaut, was brauchen wir sie noch zu verändern?« Zum Teufel mit den Wahrheits- und Wesensfragen! Nichts ist, was wir nicht sehen! Zum Teufel mit Überzeugung und Gesinnung und dem, was sie gestiftet: dem Sinn. »Der Sinn ist sterblich. Ich glaube an die Unsterblichkeit der Erscheinungen«, ruft, noch immer des Beifalls gewiß, Baudrillard, einer der postmodernen Meisterdenker.

KULT DER STANDPUNKTLOSIGKEIT

Die Postmoderne ist jene in der Jugendkultur anhaltend erfolgreiche »Antwort-Mode«, die darin besteht, die politisch-korrekten Mode-Antworten zu verweigern. Vorderhand erscheint sie vor allem als Sprech- und Gestenwende: als Verweigerung gegenüber der vorherrschenden *Façon de parler*, als Absage an den Gestus von Protest und Kritik, von Widerstand und Engagement. Sie beansprucht das klassische »Privileg des Verrückten« (Max Weber): Irrationalität, Desintegration und Unberechenbarkeit. Sie verschmäht die Waffen der Kritik, weil man damit eh' niemanden mehr treffen kann – jedenfalls den nicht, für den ein logischer Widerspruch längst kein entwaffnender Einwand mehr ist.

Die Postmoderne – das ist die Absage an den reflexiven Leistungszwang, der im Modernitätsversprechen gesetzt ist; keine programmatische Absage allerdings, sondern situative Abkehr auf Zeit, im Wissen, daß jede Abkehr Raum schafft für Wiederkehr, daß jede Absage die neue Ansage vorbereitet. Die geistigen Halbwertzeiten des Avantgardismus haben sich in einem Maße verkürzt, daß nichts mehr wirklich »out« ist. Wenn aber nichts mehr endgültig »out« ist, dann ist das das endgültige »Out« für Hinterwäldlertum wie für Avantgarde: Wenn heute einer in altmeisterlicher Manier die »Betenden Hände« auf den Anzeigenteil der New York Times pinselt – ist das bloß ein hoffnungslos aus seiner Epoche gefallener Bonsai-Dürer oder schon der designierte Trendpapst, in Leo Castellis Notizbuch mit doppelten Ausrufezeichen versehen?

Die Heraldik der Postmoderne kommt noch immer ganz ohne Wappentier aus. Die »Postmodernen«, das sind jene, die's geblickt haben, daß keiner mehr so richtig durchblickt; jene, die sich nicht mehr verunsichern lassen von der eigenen Unsicherheit; sind jene, die aus der Not der Ratlosigkeit die Tugend überlegener Gelassenheit gewinnen.

Schon in den älteren Szenekulturen der »Bewegungen« nimmt vieles von dem, was an den aktuellen, hier mit dem Sammeletikett des »Postmodernen« bedachten Tendenzen in der Jugendkultur so irritierend wirkt, seinen Ausgang. Doch erst in der jüngsten Zuspitzung und Radikalisierung bestimmter Entwicklungen, in der Absage an Konsistenz und Kontinuität, an Wahrheit und Widerspruchsfreiheit, erst im politischen und moralischen, im ethischen und ästhetischen Relativismus, erst im schrillen Kult gestylter Standpunktlosigkeit und in den inflationierenden Bekenntnissen einer demonstrativen Unvernunft wird sichtbar, daß sich im psychologischen Horizont der so entschiedenen und engagierten sechziger Jahre ein Potential des Trivialen, des massenhaft Beliebigen, ja auch des dumpf Gewaltbereiten aufgebaut hat, welches selbst noch die ideologischen Eindeutigkeiten und moralischen Distinktionen von gestern zu Inkubationserscheinungen der Neuen Gleichgültigkeit und der aggressiven Ignoranz zurückstuft.

Der postmoderne Supermarkt der Ideen und Ideologien, der Motive und Meinungen verdient als Zeitsignatur unser Interesse vor allem deshalb, weil er sich nicht in Gegensatz zur herrschenden Wirklichkeit setzt, sondern sich in wesentlicher *Übereinstimmung* mit ihr, gleichsam als *semiauthentische Komplementärstruktur*, Geltung verschafft. Auf Spuren des postmodernen Lebensgefühls stoßen wir überall: in der Lyrik und in der Liebe, in der Malerei und in der Musik, in der Wissenschaftstheorie und in der Willensbildung, in der Architektur und in der Arbeit, in der neuen Religiosität und bei den »neuen Philosophen«.

Es ist kein Zufall, daß die Vervielfachung des Medienangebots seit Mitte der 80er Jahre mit einer breiten Geistes- und Verhaltensströmung in Kunst und Wissenschaft, in Architektur und Pädagogik einhergeht, die man ebenfalls als »postmodern« etikettiert. Die televisionäre Abgeklärtheit der »Switcher« und »Grazer« scheint der pädagogisch beflissenen Aufklärung endgültig den Garaus zu machen. Das Fernsehen ist der Motor einer rundum populären Trivialisierung, die alles mit allem bis zur Unkenntlichkeit mischt; es präsentiert sich als der große Gemischtwarenladen der Motive und Meinungen, der Ideen und Stile, der konsequent Eindeutigkeit und Qualität durch Masse ersetzt und damit die Beliebigkeit ins Grenzenlose wuchern läßt: Nur die Fernsehwerbung bringt es fertig, Gulaschfix mit Schumanns »Arabeske« zu kombinieren, und nur das postmoderne Lebensgefühl, einen McDonalds-Besuch als Kulturereignis zu inszenieren.

Für Grundstimmung und Lebensgefühl unserer Epoche ist die Wortkarriere des Präfix »post« durchaus symptomatisch: Das Abgründige, ja gewollt Absurde von Spätlingsexistenzen prägt das geistige Klima. Leben erscheint als annehmbare Banalität, mit der sich obendrein trefflich kokettieren läßt. Man beginnt zu ahnen, was man alles nicht weiß und nicht kann, und dem Frust wehrt man mit Zynismus. Das Nicht-Gekonnte wird das Gesollte; die »Neue Unübersichtlichkeit« (Jürgen Habermas) wird ins Moralische, mindestens aber ins Ästhetische gewendet, das »Anything-goes« mausert sich zum kategorischen Imperativ der notorisch Erkenntnis- und Urteilsgeschädigten. Der Resteverwerter avanciert zum Titelhelden, die eigene »Roßleichenwohllust« (Johann Wolfgang von Goethe) zu seinem bevorzugten Thema. Baudrillard und Feyerabend besiedeln noch immer dieses Pantheon profaner Nachzeitphilosophien. Pulverdampf liegt über der intellektuellen Szene, was nicht nur bedeutet, daß man wenig sieht, sondern eben auch heißt, daß vornehmlich jene sie besetzt halten, die ihr Pulver verschossen haben. Zu den Popularisatoren der Zeitgeist-Avantgarde darf sich zählen, wer immer die Stirn hat, auch noch Ratlosigkeit und Relativismus als Überzeugung feilzubieten. »Postmodern« – das ist vor allem die Revolte wider die Rezeptphilosophien der sechziger und siebziger Jahre, ein Aufstand damit auch wider intellektuelle Selbstgefälligkeit und Besserwisserei nach dem Motto: Lieber ratlos aber frei, als aufgeklärt und mit unglücklichem Bewußtsein.

Statt Überzeugung Styling, statt Theorien Gags: »Seien wir glücklich in der Konfusion« (Pascal Bruckner/Alain Finkielkraut); nicht Wahrheit, die Konfusion wird uns frei machen! Diese vor allem steht im Mittelpunkt der Praxis einer »Rehabilitierung des Zufalls« (Andrea Frank): Alle Erwartung gehört der Ungebundenheit, »diese(m) Drang, mich treiben zu lassen, um allem zu begegnen« (André Breton). Mit Hoffen auf bessere Zeiten mag sein Leben vertun, wer da mag: »Das Paradies beginnt dort, wo wir es für richtig halten« (André Breton/Philippe Soupault).

Für dieses Lebensgefühl mag gar gelten, daß ihm das alte »carpe diem« erst im Schlagschatten der Apokalypse so richtig plausibel klingt. Im erklärten Gegenzug wider die analytische Stringenz und die moralische Entschiedenheit der dauerbewegten »Gutdenkmenschen« entfalten sich literarische und existentielle Tendenzen, die unverblümt ein Recht auf *Standpunktlosigkeit* reklamieren: »Wenn auf öffentlichen Diskussionen der eine dies sagt und der andere exakt das Gegenteil behauptet, dann fühle ich mich immer so frei und glücklich, weil ich mich nicht entscheiden muß«, argumentierte kürzlich ein jugendlicher Teilnehmer an einer Podiumsdiskussion. Die Angst vor dem Fixen wird zur fixen Idee.

Die einzige Sünde wider den Geist der Postmoderne ist die Festlegung, der Abbruch des Spiels: des Versuchens, Verwerfens und erneuten Versuchens. Dieser reklamiert für sich »das Recht, sich immerfort selbst zu widersprechen« (Pascal Bruckner/Alain Finkielkraut); unübersehbar ist, welch prinzipielle Plausibilität den Konzepten der »permeablen Persönlichkeit« und der »multiplen Identität« aus dem Kontext der Erfahrung eines »offenen« Weltzustandes und aus der

Evidenz der beispiellosen neumedialen Möglichkeiten der Simulation und der Virtualisierung zuwächst. Die Weigerung, sich festzulegen, findet ihre Entsprechung in der Wahrnehmung einer nicht festgelegten, doch in jeder Hinsicht höchst prekären Welt.

Die »Soziologie des Abwartens« ist nirgends aktueller als in Übergangszeiten. In Zeiten der Ungewißheit sorgt man am besten vor durch *Beweglichkeit*: Man ist am besten vorbereitet, wenn man auf alles vorbereitet ist. Das, was das postmoderne Lebensgefühl vor allem ausmacht, die gänzlich »unverschämte« Bereitschaft zum Mixen – dies gewinnt vor dem Hintergrund einer allgemeinen, unspezifischen Risikowahrnehmung verblüffende Plausibilität: Wenn ich nicht weiß, was das »Gefährlichere« ist – Wein oder Bier, O-Saft oder A-Saft, Kaffee oder Tee, Wasser aus der Leitung oder aus der Mineralwasserflasche –, dann gilt im Sinne einer strikt existenzverlängernden Risikominimierungsstrategie: Abwarten (bis man Gesichertes weiß) – doch bloß nicht nur Tee trinken, sondern hübsch reihum an allem nippen!

Die »Neue Unübersichtlichkeit«, von der Jürgen Habermas, die alte meinend, seinerzeit sprach, erfordert als angemessene Reaktion die »Neue Beweglichkeit« der Protagonisten. Musils »Mann ohne Eigenschaften« oder Woody Allens »Zelig« verkörpern die Sozialtugenden der Stunde. Sie verharren zwischen den Fronten und Professionen, angespannt, auf alles vorbereitet und mit der saisonalen Theorieausstattung wohlversehen gehen sie jargonvirtuos alle Gangarten mit, vermeiden aber aufs Sorgfältigste jede definitive Festlegung: abwarten und in Bewegung bleiben. »Unabhängig von dem, was eintrifft oder nicht eintrifft, es ist wunderbar, in der Erwartung zu leben« (André Breton).

Nicht alle verkraften die Absage an Kohärenz und Kontinuität gleich gut. Manchen setzt das Treibhausklima ausgelassener Resignation, in welchem zwar manches ins Kraut schießt, welches die Bäume jedoch auch nicht gen Himmel wachsen läßt, ganz schön zu. Für sie fügt sich das psychosoziale Moratorium einer oft höchst unfreiwillig verlängerten Adoleszenz nicht zur Attitüde lustvoller Erwartung, sondern zur galligen Einsicht in die »Nutzlosigkeit, erwachsen zu werden«. Georg Heinzen und Uwe Koch beschrieben in ihrer biographischen Reportage sehr treffsicher den Gemütszustand jener Mittdreißiger, die mit sich uneins sind, ob sie auf ihren beruflichen und sozialen Schwebezustand eher stolz sein oder sich gegenüber den schon etablierten Altersgenossen als Versager fühlen sollten. Die »multiple Identität« ist offenbar nicht jedermanns Sache.

Kultur als Cooltour

Die kühlen Heroen, die das marktgängige Ideal stolzer Selbstgenügsamkeit ins Bild setzen, biedern sich eher selten mit entblößtem Gebiß und expressiver Gestik an, sie ködern den Käufer mit neocooler Post-Casablanca-Melancholie. Schön und starr, stolz-traurig und ein wenig introvertiert sind die neuen Helden. Ihr bevorzugter Ausdruck ist die wohldosierte Gebärdemischung aus werbegeschuldeter »Anmache« und selbstbewußter Abweisung. »Ich bin mir selbst genug«, signalisiert jeder Körperzoll. Der frühe Andy Warhol läßt grüßen, die Sphinx mit der Maske, die unbewegt auf alle Fragen die Antwort verweigert. Die »Cooltour« als kalkulierte Distanzierung ist die Inszenierung einer »neuen« Generation, die sich mit intelligenten Zynismen und dem diskreten Charme der Melancholie von den Überzeugungsattacken ihrer Apo-Väter distanziert. Sie findet Sozialkampf, Massenagitation und Mitarbeit in der örtlichen Bürgerinitiative mindestens ebenso zum Gähnen wie das »Wort zum Sonntag« – und zumindest genauso überflüssig. Wider den Bazillus geschwätziger Aufklärung, wider Bekehrungsseligkeit und Überzeugungseifer, wider aktionistische Hektik und das Maulheldentum der Systemveränderer weiß sie sich gründlich gefeit.

Am ehesten noch könnte man sie in den Fußstapfen der Großväter von der einstigen »skeptischen Generation« (Helmut Schelsky) sehen. Doch anders als ihre fernen Großväter lassen die »Trendies« der 80er Jahre sich nicht vom System vereinnahmen – sie vereinnahmen das System: »Donald Duck for President!« Sie erklären ihre Bude zur »agitationsfreien Zone«: »Zutritt nur in Begleitung des behördlichen Einsatzleiters.« Und wenn sie gestern noch selbstironisch forderten: »Mehr Beton ins Müsli!« – so bezeugte dies zwar noch immer ein gutes Quantum an flapsiger Systemreserve; andererseits aber zeigt es auch, daß die Angst weg ist, sich offen dem sozialen Leistungszwang der »Bewegungen« zu versagen und sich zu den eigenen, höchst trivialen Gelüsten zu bekennen. »Postmodern« ist nicht so sehr das »Begehren nach Unvernunft« (Manfred Nieß), »postmodern« ist vor allem die Bereitschaft, sich unüberhörbar zu derlei unerhörten Anwandlungen zu bekennen.

Mehr als nur ein Hauch von Unernst schwebt über der Szene, der von denen, die's gern schwer haben und dumpf-düster, sofort wieder als neuester Anlauf auf »Ernsthaftigkeit« vereinnahmt wird, die wir hierzulande bekanntlich an der Elle der »politischen Relevanz« vermessen. Und so erspürt man noch hinter witzigen Wortspielchen und flapsigen Sprachgags das »Auflösende« und »Zersetzende« des unermüdlichen Systemsaboteurs. Der reine Unterhaltungswert, die pure Lust an der Lust: Spaß haben am Spaß machen, das ist zu wenig. Wenn Markus für die Neue Deutsche Welle plärrte: »Ich will Spaß, ich will Spaß!«, dann durfte er alles – bloß das nicht auch noch so meinen!

Und wenn sie's nun doch einfach »nur so« meinten? Wenn es *ihre* Antwort wäre auf Beschleunigung, Unübersichtlichkeit und Weltgefährdung? »Bodenlos gelassen« (Andrea Frank), von allen – besonders den »guten« – Geistern verlassen, ausgelassen, nicht aus gelassener Selbstgewißheit, sondern aus dem allgemeinen Fehlen aller Gewißheit; kurz, »gut drauf, weil eh niemand weiß, worauf's wirklich ankommt«, und immer nach dem Motto: »Egal, wo's langgeht, wenn's nur nicht so lang geht!«

HÄRTE IST ANGESAGT

Dies alles paßt nur zu gut zum neuen, mitunter recht hemdsärmligen Egoismus der Erfolgreichen, der Schönen und Starken, der Leistungsbereiten und Zukunftskompetenten. Der auf Optimismus abonnierte »Yuppie« hat den Weltschmerz-Hypochonder endgültig von den öffentlichkeitswirksamen Bühnen verdrängt. Den neuen Selbstgewissen sind vor allem jene suspekt, die noch immer dabei sind, »mit dem Teleobjektiv den eigenen Zeh zu fotografieren«. »Adrenalintreibend, störend und ungehalten« (Peter Glaser) möchten sie den Friedensfuzzis und den weinerlichen Ökopaxen auf die ominösen Zehen treten. Die neuen »Macher« betreten die Szene, diejenigen, die keinen Bock mehr haben auf »null Bock«, die zuviel kriegen, wenn jemand über »zuwenig« klagt an Motivation und Möglichkeiten. Die Joy-stick-Generation läßt ihre Muskeln spielen. Die Kinder von Apple und DOS sind nicht mehr bereit, sich von PC-versierten »Gorebores«[2] zulabern zu lassen.

Man versteht die »Yuppies« nicht ohne ihre Pappis. Der demonstrativ unpolitische Nonkonformismus gibt sich konformistisch. Der einstigen unionsnahen »Wendejugend« in vielen zum Verwechseln ähnlich, verkörpert er vor allem dies: die Revolte gegen die Revolte der Väter, nonkonformistisch nur im Blick auf den politischen Wertehimmel der Nonkonformisten von gestern und vorgestern.

Die Ressentiments wider die Szene der Frustis und Bewußtis, der Müslis und Meditativen sind unüberhörbar. Jene, die mit lässiger Gebärde ihre Lebenstauglichkeit vor allem in Form von Computer- und Technikkompetenz vorführen, mokieren sich erbarmungslos über jene anderen, die zwar theoriesouverän die Übel dieser Welt aus der Warenform abzuleiten vermögen, aber nicht wissen, »wofür der rote Knopf am Joy-stick gut ist«. Die Verachtung konzentriert sich vor allem auf die einstigen Systemverächter; die neue Empfindungslosigkeit der »power generation« der Eiligen und Erfolgreichen attackiert vornehmlich die Empfindsamen und Sanftmütigen der einstigen Flower-Power-Ära.

So tiefgreifend ist der Wandel. Wirklich so tiefgreifend? Reiben sich nicht, wie schon vor einem guten Vierteljahrhundert, auch heute wieder Söhne und Töchter an Vätern und Müttern? Was anderes haben wir in der scheinbar »archetypischen« Konfliktkonfiguration der (immer noch) Nachdenklichen wider die (schon wieder) Naßforschen vor uns als eine »Reprise« der 68er-Aufführung mit reziproker Generationenbesetzung? Der kritisch-engagierte Studienrat und der sanft-gesprächige Sozialarbeiter repräsentieren für die Nachfolgenden die schwer erträgliche moralische Dauernötigung des unleugbar Guten, vor welchem sie, schon aus Gründen der Selbstbehauptung, in entgegengesetzte Rollenklischees ausweichen.

Konfliktchoreographisch durchaus plausibel, gilt nun: Böse ist chic, und: Härte ist (wieder) angesagt, denn »sozial allein macht auch nicht glücklich«! Den unterschiedslosen Menschheitshumanismus ihrer Väter kontern sie cool mit der Großväterdevise aus den Zeiten der »skeptischen Generation«: Jeder ist sich selbst der Nächste! Selbst der in die Jahre gekommene Wolf Biermann textet inzwischen mit sicherem Trendinstinkt: »Ich geh' mit Euch, pardon, das heißt, ich bleib' allein.«

Auch der Aufstand des Trivialen, ja der Unvernunft und der provokativen Moralverstösse, enthält Elemente des geläufigen Generationenkonflikts: Wie sich die Väter und Mütter der heute Zwanzigjährigen ihrerseits einst gegen die pädagogisch motivierten Lebertran- und Spinatfeldzüge der Großväter und -mütter zu behaupten wußten, so rebellieren die Heutigen gegen den moralischen Konsens von Müsli und Vollkornbrot. Nichts erschiene ihnen unehrenhafter, als sich ein gutes Gewissen zu erfuttern – lieber arrangieren sie sich mit ihrem schlechten! Nichts macht sie rebellischer als der moralinsaure Ökorigorismus ihrer alternativgläubigen Askeseeltern, die ihnen den prikkelnden Badeschaum und die geschmacksintensive

Zahncreme, das duftende Deo und das »geile« Styling-Gel madig machen möchten.

Wie alle »Renegaten« leisten auch sie ein demonstratives Übersoll an Hinwendung zum einst Negierten: Computer und Comics, Kaschmirpullover und Krawatte. Die Postmoderne, das ist der Ausbruch aus dem Korsett traditioneller linker und ökoalternativer Loyalitäten; der Exodus jener, die genug haben vom basisdemokratischen Leistungszwang und vom gesellschaftskritischen Ehrgeiz denkwunder Bewußtseinsrevolutionäre; die Nase voll von der sanften Selbstverleugnung körnerkauender Askesefreaks. Postmodern – das ist die Absage an alles Visionäre und Utopische, an alles Ferne und Hehre, an Ordnung und Sinn, an gemeinschaftliche Ziele und soziale Zukunft, an Idyllen und Ideen! Man erwartet nicht, »daß das Leben besser wird, das Glück zunimmt oder Beziehungen sich entfalten« (Stanley Cohen/Laurie Taylor). Man ist, weil man ißt; und man ißt, was schmeckt. Und wem der »Big Mac« näher ist als die »Große Verweigerung« (Herbert Marcuse), der scheut sich nicht, dies auszusprechen.

Bekenntnisscham, ein durchgängiger Charakterzug der aufs exemplarische Gut-Sein abonnierten 68er-(Nachfolge-)Generation, ist hier gänzlich unbekannt (»Jahrelang hab' ich mir nur so 'ne Comics reingezogen«). Der einzige, dem man sich verpflichtet weiß, ist der eigene »Bock«, den man hat oder auch nicht. »Wir sagen ja zur modernen Welt«, tönte die »Freiwillige Selbstkontrolle«, »Liebt, was Euch kaputtmacht«, Annette Humpe. Wenn man Plastik und Beton eh' nicht wegkriegt, dann ist es am besten, man fährt darauf ab!

ÄSTHETIK DER SOZIALEN DISTANZEN

Vergessen wir jedoch nicht, daß diejenigen, die heute mit beißendem Spott die sanfte Autorität der Antiautoritäten attackieren, vielfach diejenigen sind, die als Kinder der hochproblematischen Rebellenelterngeneration die Schattenseiten der Emanzipation am eigenen Leibe erfahren haben. Jeder dritte Jugendliche entstammt gegenwärtig einer geschiedenen Ehe oder wächst mit nur einem Elternteil – meist der Mutter – auf. Die Beziehungskrise: »Psycheln« und Analysieren, Reden und Zerreden, Verlassen und Verlassen-Werden gehört für die meisten von ihnen zum strategischen Normalfall. Wen wollte es verwundern, daß sie der emphatischen Suche nach Nähe und Wärme mißtrauen, jener unterschiedslosen Intimitätsbereitschaft ihrer unentwegt dauerengagierten Protesteltern, die es privat allerdings eher mit aufgeklärten Beziehungsunverbindlichkeiten hielten, welche sie vielleicht freier, selten jedoch auch glücklicher gemacht haben? Daß sie den »aufgeklärten« Glückserwartungen und -verheißungen der Emanzipationsbotschaft das Ohr nicht mehr leihen mögen und sich trotzig in »kalte« Sätze und Gebärden flüchten? Daß sie konsequent Schummerkneipe und Kuschelsofa gegen Glas, Alu und Neon tauschen und die Bücherberge gegen das Internet? Daß sie eine Ästhetik der sozialen Distanzen, einen Code der demonstrativen Unterscheidung bevorzugen? Daß sie den Ausbruch proben aus jener routiniert-hektischen Gefühlswelt unterschiedsloser Unmittelbarkeit und sozialer Hochtemperaturen? Daß sie sich nach so vielen falschen Hoffnungen, nach so viel Täuschung und Enttäuschung, an das halten, was man ergreifen und handgreiflich beeinflussen kann – Outfit und Life-style, Körper und Klamotten? Daß sie lustvoll in der Pose der Ratlosigkeit verharren, daß ihnen Selbstdarstellung zum Ideologie-Ersatz wird und Sprüche an die Stelle aufwendiger Welterklärung treten? Daß sie peinlich darauf bedacht sind, Entscheidungszwänge zu vermeiden, vor allem solche zwischen gut und böse, für oder gegen etwas? Daß sie die Dinge in der Schwebe lassen, daß sie die moralischen Fragen *neutralisieren* und die politischen *ästhetisieren*?

Das Lebensgefühl dieser Generation prägte keinen repräsentativen Zeitgeist, wohl aber Attitüden und Gesten, Haltungen und Posen, deren gemeinsamer Nenner es ist, daß sie keinen haben – oder aber den denkbar größten des »Fast-alles-geht!«.

Erstmals seit den zwanziger Jahren treffen wir wieder auf die Konstellation der Zeitgeistsignatur ohne Zeitgeist. Unterschriften von Gespenstern sind für Graphologen von besonderem Reiz: Sie nötigen zur fiktiven Ergänzung; und sie setzen Interpretationszwänge ohne lästige Realitätskontrollen für den Interpreten. Zufall jedenfalls ist es nicht, daß suggestive Zeitgeist-Inszenierungen in Form von Ausstellungen und Kongressen, Lesungen und New-Media-Projekten geradezu inflationieren. Wo Rauch ist, muß nicht immer Feuer lodern. Das hochgradig Artifizielle der neuen Lebensgefühle zeigt sich in ihrer Kontextbedürftigkeit.

Von Marx zur Muppet-Show oder Bloss nicht zuviel Identität!

Nicht alles, was dabei verlautet, ist zum verbalen Nennwert zu nehmen. Auch der postmoderne Neuzyniker, die Elfenbeinturmvariante des Innenstadtpunks, will mit seinem ungeschönten Bekenntnis zum Trivialen – bis hin zum schnöden Mammon – vor allem schockieren. Seine eigentlichen Gegenspieler sind nicht Frau Saubermann und Dieter-Thomas Heck, sondern die unverzagt dauerengagierten »Apo-Opas« und die askesesüchtigen »Alternativknechte« mit ihrer moralischen Dauernötigung zur Systemverweigerung und zum Konsumverzicht. Den demonstrativen »Immoralismus« und den fortwährenden Verstoß gegen die guten links-alternativen Geschmacksprinzipien verstehen wir nur, wenn wir die psychologische Widerstandsbedürftigkeit der Nachfolgegeneration mitbedenken, die bei diesem »Lager«-Konflikt Pate steht.

Identität formiert sich im Widerstand. Vielleicht ist der vorenthaltene Widerstand die größte aller Sünden, welche eine Generation gegenüber der nachfolgenden begehen kann. Sie betrügt sie nicht nur um die Chance, sie selbst zu werden, sondern, schlimmer, um die Chance, überhaupt wer zu werden. Jede Generation braucht ihre Wand, gegen die sie solange mit dem Kopf anrennen kann, bis sie es lustiger findet oder auch nur weniger schmerzhaft, die Tür zu benutzen. Es ist kein Zufall, daß sich die smarten Nachwuchszyniker so erbarmungslos an ihren intellektuellen Altvorderen von der 68er-Bewegung und deren Bewegungs-Erben reiben.

Nach den Orgien an Systemkritik und Zukunftspessimismus, nach dem Übersoll an Bekenntnisbereitschaft und Tugendfanatismus, nach Gesinnungs- und Gefolgschaftsneurosen, den Heils- und Unheilsgewißheiten, nach theoretischen Rundumschlägen und visionärer Himmelsstürmerei ist »das Vertrauen in die traditionellen Meß- und Bewertungsinstrumente« (Pascal Bruckner/Alain Finkielkraut) restlos dahin; man nimmt sich

»das Recht, bedeutungslos, gewöhnlich und einfach zu sein«. Nach dem vergeblichen Sturmlauf auf die große Freiheit backt man kleine Brötchen: Man weigert sich, »nach Neuheit, Fortschritt und Sinn zu suchen« (Stanley Cohen/Laurie Taylor). Man akzeptiert die Welt, wie sie ist. Von Marx zur Muppet-Show (»da fahr' ich tierisch drauf ab«) – auch das kann man, offensichtlich, als Fortschritt buchen. Man hat aufgehört, an eine *einheitliche* Welt zu glauben und damit auch aufgehört, nach intellektuell befriedigenden Erklärungen für die Welt zu suchen. Die Sozialattraktivität des Marxismus war in dem Augenblick gebrochen, da eine ganzheitliche Weltdeutung beim Publikum nicht mehr gefragt war. Nachdem die große Synthese keine Rettung gebracht, ja noch nicht einmal das Leben erträglicher gemacht, im Gegenteil, die Einsicht in den *systemischen* Charakter des wirklichen Ganzen nur Ohnmachtsgefühle bewirkt und apokalyptische Endzeitvisionen beschert hatte, ist die Tendenz unverkennbar, die Dinge disparat zu halten, ja sie lustvoll auseinanderzureißen und die Erfahrung der Widersprüchlichkeit auf engstem Raume in vollen Zügen auszukosten.

Wozu brauchen wir auch eine Erklärung, die für alles paßt, hinter allem einen Zusammenhang stiftet, wenn sie am Ende doch nicht »stimmt«, d. h. die Übel doch nicht von uns nimmt, jedenfalls aber das Aufstehen morgens nicht plausibler macht? Wozu sich noch anschnallen im explodierenden Raumschiff? »It's a matter of inevitability. It's happening and will continue to. If I could stop it I would. But when you're about to be swept over the falls you might as well try to enjoy the ride«, schreibt John Barlow, mit Blick auf die prognostizierte Abdankung des Menschen in den virtuellen Welten des digitalen Cyberspace.

In Deutungen und Zusammenhängen, die uns nur die Unvermeidlichkeit des Katastrophenübels im großen erschließen, liegt keine Freiheit. Die Erkenntnis hinter der Absage an ein integratives Sinn- und Bedeutungssystem lautet: Jede Gesamterklärung, die das Übel nur benennt, ohne es zu beseitigen, vergrößert zwangsläufig das Übel, weil sie zum Übel das Bewußtsein des Übels schafft.

In der Absage an eine Analyse, die zur Selbsteinschüchterung wird, liegt ein Stück desperaten Lebenswillens – hoffnungslos, aber frei: »Nun habe ich/schon wieder/dem Augenblick/ein Lächeln geschenkt/wo ein Fluch/am Platz/gewesen wäre.« Dieser Vers enthält gleichsam die Formel einer – höchst privaten – Vitalbehauptung.

Wer Widersprüche nicht um jeden Preis lösen muß, wer gelernt hat, sie ungelöst stehen zu lassen, der will vor allem – weiterleben. Er begibt sich nicht nur nicht auf die Suche nach der Welterklärung, er unternimmt auch keine kräfteraubenden Expeditionen der Selbsterkundung mehr. Er verhält sich »adaptiv«: Wenn die Erfahrung der Welt zwangsläufig in ein pluralisiertes Bewußtsein mündet, dann wäre auch das Streben nach Eindeutigkeit eine verfehlte Festlegung, eine Fessel, der virtuosen Weltteilhabe hinderlich! Wer sich in wechselnden Sinnsystemen bewegen, sich unter divergenten Lebensaspekten bewähren muß, darf sich nicht mit zuviel »Identität« belasten; d. h., er darf sich nicht festlegen, sondern muß beweglich bleiben, offen und anpassungsfähig. Deshalb mißtraut er der Gravitation der Ideen und Ideale, der Gedanken und Gefühle, der Tugenden und Theorien.

1 Der Begriff des »Yuppie« wird hier – ähnlich wie jener der »Postmoderne« – als eher vages Sammeletikett verwandt, welcher eine ganze Palette von nicht immer scharf umrissenen Attitüden, Verhaltensauffälligkeiten, Werten und kulturellen Positionierungen bündelt. Der Einwand mangelnder Trennschärfe ist ebenso unvermeidlich wie wohlfeil. Die gemeinsame Schnittmenge der Konnotationen und Bilder, die beide Begriffe evozieren, ist mindestens so groß wie jene, die sich einstellt, wenn jemand zu uns vom »Paradies« spricht, vom »Justizapparat« oder von der »deutschen Fußballkultur«. Wenn wir hier wie überall sonst auch aus Gründen der Verständigungsökonomie solche abkürzenden evokativen Sprachbahnungen zulassen, dann spricht, bei Lichte besehen, wenig mehr auch gegen den »Yuppie« und die »Postmoderne« – es sei denn der grundstürzende Zweifel, ob es beide je gegeben habe. Doch auch dieser Zweifel braucht uns nicht wirklich zu erschüttern, denn auch als *kontrafaktische Orientierungsmuster* von einiger sozialpsychologischer wie dabattenpolitischer Virulenz wären beide Begriffe in unserem Zusammenhang so einschlägig wie unvermeidbar.

Wie aber gehen die rhetorische Allgegenwart und das fast reflexartige Distanzierungsbedürfnis gerade im Falle dieser beiden Begriffe zusammen? Mit dem »Yuppie« und der »Postmoderne« ist es wohl ein wenig so wie mit dem Alter: Alle wollen lang leben, keiner will alt sein. Vielleicht deshalb sind bekennende Postmoderne und Yuppies ähnlich selten wie bekennende Alte?!

2 Szeneübliches Kunstwort, gebildet aus (Al) Gore und to bore (= langweilen); gemeint sind langweilige Phrasendrescher einer wohlfeilen politischen Öko-Correctness vom Schlage des US-amerikanischen Vizepräsidenten.

III.
Neue Künstlichkeit

III.
Neue Kunstlichkeit

Die Aktualität des Ästhetischen

ÄSTHETISIERUNG ALS LEITMOTIV

Bis an die Schwelle der achtziger Jahre vermieden Kunst und Künstler sorgsam die Aura des Außeralltäglichen. Eine der kaum ernsthaft bezweifelten programmatischen Forderungen hieß: Kunst und Gestaltung hätten sich umstandslos dem profanen Lebensprozeß zu öffnen. Wo Kunst war, sollte Leben werden und gesellschaftsformende Absicht. Aller Aufwand kannte ein Ziel: der Kunst die Künstlichkeit auszutreiben, die Kunst an Politik und Leben heranzuführen, Kunst an Leben und Leben an Kunst zu adaptieren.

Dies hat sich gründlich gewandelt. Wer heute Kunst als einen Modus des Politischen zu bestimmen suchte oder Kunst als Vehikel einer »Revolutionierung des Alltags« bemühte, würde nicht gehört. Kunst darf nahezu alles, bloß nicht sich selbst zum Verschwinden bringen. Sie darf schwelgen und prunken, darf schön sein wollen ohne jeden Hintergedanken. Sie darf uns Rätsel aufgeben und mit Pathos überhäufen. Der Alltag, das Leben, die Politik – sie sind gerade das, was es zu überschreiten und zurückzulassen gilt. Kunst zieht sich indigniert aus den Niederungen des Banalen und Gewöhnlichen zurück und wird künstlich. Sie setzt sich nicht mehr auf Fettstühle, kauert sich nicht mehr auf Filzmatten und vergilbte Zeitungen. Sie schönt wieder, schönt auf und schönt um; sie bemüht Aura und Überhöhung, schmeichelt den Sinnen, umspielt die Körper.

Die Rehabilitierung der Künstlichkeit kündet vom möglichen Ende der »asketischen« Moderne – und zugleich vom Anfang des Endes eines der letzten Tabus unserer tabufeindlichen Welt: des Schönheitstabus. Schon lange durften wir uns nicht mehr so offen und rückhaltlos zur Schönheit bekennen, schon gar nicht zu den »trivialen Gelüsten«, welche sich mit dem Schönheitswunsch verbinden: dem Wunsch, schön zu sein (oder wenigstens *schöner*) und Schönheit zu besitzen. Viele unserer Inszenierungsstrategien huldigen der neuentdeckten Schönheit. Wir gehen auf Distanz zur Arbeits- wie zur Alltagssphäre. »Nützlich« und »notwendig«, »brauchbar« und »realistisch« sind nicht mehr die letzten Worte in der Sache.

Die Ästhetisierung zieht sich als markante Zeitgeistspur durch alle sozialen Daseinsfelder. Ihr Motor ist die fortschreitende Entgrenzung zwischen Kultur und Warenwelt. Die Frage: was ist schon Kultur, was noch Ware, und umgekehrt, was ist noch Kultur, was schon Ware – diese Frage ist auch im Einzelfall kaum noch präzise entscheidbar.

Wenige Hinweise auf die progressive Ästhetisierung der Lebenswelt mögen genügen: Der Speisewagen mutiert zum Bistro, das uniformierende Gesinnungstextil der 70er und 80er Jahre, der Parka, wurde seit langem schon bis auf wenige rare, inzwischen hoch gehandelte Restexemplare vom allgegenwärtigen »Dress-for-success«-Look verdrängt. Wohin wir den Schritt lenken und den Blick schweifen lassen, wir baden in Kultur. Längst wird sie nicht nur »draußen« veranstaltet, sondern findet auch drinnen statt: Die materiell Bessergestellten bescheinigen sich auch in den eigenen vier

Wänden ihren Sinn für die kulturellen Sinnstiftungen jenseits des Materiellen. Und so ißt, wer in ist, vom Deruta-Tellerchen mit Dekor von Paolo Portoghesi, sitzt, wer nicht sitzenbleiben mag, auf dem Papp-Sessel von Frank Gehry, nippt, wer nicht bloß einen trinken will, seinen Tee aus einer Tee-Piazza von Aldo Rossi.

Das Haussieren des Ästhetischen kann durchaus verwundern: Das Ästhetische, das Schöne und der schöne Körper, die Inszenierung des Selbst oder die Stilisierung der Situation – all das gehört ja entweder in einen prä- oder einen postmodernen Lebenszusammenhang. Für das von den Leitbildern der Emanzipation ebenso wie denen der Egalität getragene Lebensgefühl der modernen Welt ist Schönheit eher ein Ärgernis; und den Sachwaltern und Pflichtverteidigern einer politischen Moderne ist sie zutiefst suspekt. Folgen wir Talcott Parsons, so ist ein Kennzeichen der modernen Gesellschaft im Unterschied zur traditionalen, daß sie sich weitgehend vom Joch der *übertragenen* Statuszuweisungen befreit hat und sich bei der Organisation ihres Selbstverständnisses ganz auf die *erwerbbaren* Attribute konzentriert: Leistung, Erfolg, Einkommen, Disziplin, Fleiß. Moderne Gesellschaften sind »Meritokratien«: Was wir verdienen, soll verdient sein. Schönheit als vormoderner Reflex wird im Selbstverständnis der Leistungsgesellschaft zum ärgerlichen Atavismus. »Von daher ist klar, daß mit der Modernisierung des gesellschaftlichen Lebens Schönheit als gesellschaftlich relevanter Faktor ausgeschaltet werden mußte« (Gernot Böhme). Gerade ihre Käuflichkeit transformiert sie – etwa als Kosmetik oder Schlankheits-Kur – in einen Wert, der sich durch Leistung und Anstrengungen erreichen läßt: »Mach mehr aus Deinem Typ!« Aus einem *übertragenen* ist (scheinbar) ein *erworbener* Status geworden.

Dank Bodybuilding und Brigitte-Diät haben wir das Körperlos der Körperlosen besiegt und uns die Souveränität über Bauchumfang und Schulterpartie zurückerobert. Jeder sein eigener Michelangelo!

Auch vor den Schranken der Persönlichkeit macht das allgemeine Do-it-yourself nicht halt. Wer immer mag, fügt seine Patchwork-Identität nach eigenem Gusto zusammen: Er lebt konfektionsmäßig streng in Waydelichs Lydia-Jakob-Welt, besucht die katholische Messe, glaubt an Seelenwanderung, wappnet sich lithotherapeutisch wider zudringliche Erdstrahlen und schwärmt von indianischer Spiritualität. Seine synthetische Weltanschauung ist vor allem eine Absage an die Zumutungen der geschlossenen Konfession und ein offensives Bekenntnis zum Eigenen, und sei es auch nur das Angeeignete.

Die Werbung hat längst registriert, daß in einer Gesellschaft, deren materielle Bedürfnisse der Mehrheit kein Kopfzerbrechen bereiten, die Strategien der Absatzmehrung sich auf die immateriellen Sehnsüchte zu konzentrieren haben oder gar nur noch auf das libidinöse Spiel mit den Logos als den »Simulakren« im Sinne Baudrillards.

Beschränken wir uns auf diesen Aspekt, der noch typischer ist als die Lebensstilpromotion der »Freiheit-und-Abenteuer«-Werbung der 80er Jahre: Die Werbung der »dritten Generation« konzentriert sich nur noch auf Ästhetik und Spielpotenz der Markenlogos. Camel genügt die Andeutung von Wüstensand und Palmen, Marlboro die Farbe Rot, Lucky Strike das ikonomorphe Scheibenauge. Alle prunken sie mit der Sparsamkeit, spielen mit der Abbreviatur und schmeicheln Narziß im Akt des Wiedererkennens; und alle präsentieren sie dem Publikum in offensiver Selbstbezüglichkeit Aspekte einer asketischen Entschleunigung: das Logo – der treueste aller Weggefährten in einer treulosen Welt, in der nichts bleibt ...

Der Reduktionismus, die vergeistigende Ästhetik der Anspielung und die Mimikry des kunstvollen Zitats begegnen uns längst auch in Architektur, Literatur und Kunst: in den kühlen Palästen der postmodernen Zitatearchitektur eines James Stirling ebenso wie in Umberto Ecos mediävistischen Kriminalhandlungen, Pynchons literarisch-kunstvollem Versteckspiel mit der Autorenidentität und Italo Calvinos virtuosen Balanceakten mit den Leserempfindungen, wenn er zum Beispiel einen Roman schreibt, der zehn verschiedene Romananfänge variiert; am augenfälligsten aber ist das Motiv einer fast kontemplativen Selbstbezüglichkeit in den Äußerungen jener Avantgarde der Bildenden Kunst, die sich nicht mehr als Vorhut der Zertrümmerung begreift, wie noch der Avantgardismus der Dadaisten, sondern eher als Avantgarde resteverwertender Wiederaufbereitung: Avantgarde der endlosen Zitate, Variationen, Umdeutungen und Weiterentwicklungen der Kunstmotive von gestern, vor allem jener in der Nachfolge Marcel Duchamps; Kunstgeschichte als Abfolge stummer, austauschbarer Gesten; der Künstler, vom Nagelbild bis zum Tubenmännchen, als Lieferant identifizierbarer Markenartikel.

Mit solch fashionabler »commodity art«, mit der auf Ware reduzierten Kunst aber begibt die Gesellschaft sich gerade jener Erfahrung, welche, wie kaum eine andere, die Borniertheit ihres Funktionierens bewußtzumachen und zu durchbrechen vermöchte.

Solche Kritik bezeichnet exakt auch die Grenze zwischen Kunst und Design: Die Attraktivität des Designs beruht wesentlich auf seiner Diskretion. Es setzt keine Interpretationszwänge, verschont uns mit Problemen, bedrängt uns nicht mit Appellen und Aufforderungen. Hier gibt es nichts Geheimnisvolles zu deuten und zu bedeuten. Was wir sehen, ist alles. Der Künstler *verrätselt*, der Designer *vereindeutigt* uns die Welt. Fast alle große Kunst war auf verstörende Weise vielbedeutsam. Der Künstler stört und verstört, irritiert und spaltet; der Designer versöhnt und stiftet fashionable Eintracht.

Selbst in der Wissenschaft stoßen wir überall auf das ästhetizistische Motiv der Selbstbezüglichkeit. Systematisch lassen sich drei Quellen unterscheiden, aus denen wissenschaftliche Fragestellungen erwachsen: erstens die »curiositas«, die reine, absichtslose, theoretische Neugier des Forschers; zweitens die Relevanz, d. h. die Rückführbarkeit der wissenschaftlichen Fragestellung auf einen realen gesellschaftlichen Problem- oder Defizienzbefund, auf den sie angemessen antwortet; und drittens die Wissenschaft als selbstreferentielles System, das aufgrund der in ihm wirkenden Such- und Fragelogik autonome Fragestellungen produziert und sich das angemessene »Forschungsdesign« (!) wählt.

Dieser Herkunft entsprechen drei Sorten von Themen: Neugierthemen, Problemthemen und Wissenschaftsthemen. Und längst dominieren, zumindest in den Sozialwissenschaften, die letzteren. Der bei weitem größere Teil der Fragestellungen verdankt sich weder primär der individuellen Neugier noch der gesellschaftlichen Notwendigkeit, sondern der expansiven Besiedlungslogik der Wissenschaft als eines selbstreferentiellen Systems, dessen Erweiterungsprinzip heißt: »Lückenschließen« in steter Annäherung an eine imaginäre »Vollständigkeit«. Auch in der Wissenschaft also stoßen wir auf Motive reduktionistischer Selbstbezüglichkeit. Friedrich Cramer und Nelson Goodman haben gezeigt, wie dicht die Welt der Wissenschaft mit Konstrukten besiedelt ist, die nur als ästhetische angemessen zu deuten sind.

Die ästhetische Inszenierung der Politik: Politics goes virtual

Schon die unübersehbare Mächtigkeit und Präsenz des Ästhetischen im Alltäglichen verleiht Fragen der Ästhetik politischen Rang. Doch längst ist das Ästhetische nicht nur auf dem Umweg über seine gesellschaftliche Relevanz für die Politik bedeutsam, sondern hat sich den politischen Wahrnehmungsmustern und Dramatisierungsstrategien selbst eingeprägt. Die Virulenz des Ästhetischen hat viele Gesichter. In der Politik drängt sich unter den ästhetizistischen Inszenierungsstrategien die Symbolpolitik immer mehr in den Vordergrund.

Die Virtualisierung der Politik ist in vollem Gange. Längst inszeniert die Parteiendemokratie im Wechselspiel mit den Medien politische Teilhabe als Zapping-Safari durch die Virtual Reality »errechneter« politischer Wunschräume. Dies läßt sich nicht nur an den Tendenzen der Interview-, der Verlautbarungs- und Presseerklärungspolitik ablesen, sondern auch an den jüngsten Erscheinungsformen des Infotainment- und Sound-bite-Journalismus samt der wachsenden Beliebtheit der Talkrundendemokratie.

Politik, die sich für die Beobachter immer mehr

verflüchtigt, Politik, die sich von den Betroffenen immer mehr entfernt, die sich nach Ursache und Wirkung immer weniger zuordnen läßt, der die Akteure ebenso abhanden kommen wie die angestammten Orte, an denen sie sich eigentlich ereignen sollte (die Pressekonferenz anstelle des Parlaments als neuer »Drehort« der Politik) – sie bedarf unter solchen Bedingungen immer mehr der ästhetischen Ersatz-Vergegenständlichungen. Die tendenzielle Invisibilisierung, welche politische mit technischen Wirkursachen verbindet, ruft nach symbolstarker Vergegenständlichung der Politik; und die Sinnverluste dieser neuesten »belle-époque« (Peter Sloterdijk) der nahen Jahrtausendwende bedingen ihre Surrogat-Anfälligkeit.

Symbolhandlungen kompensatorischer Authentizität – wie die allenthalben praktizierte »Bewältigung« der Tschernobyl-Katastrophe durch Messen und Kartographieren oder Töpfers Kopfsprung in den offenbar nicht überall tödlich giftigen Rhein – geben Anlaß zu der Vermutung, daß wir erst am Anfang dessen stehen, was das Medienzeitalter an sekundären Symbolaktivitäten möglich und damit wohl auch nötig macht.

Eines der eindrucksvollen Beispiele politischer Simulation verzeichnet schon die Geschichte der internationalen Beziehungen: Als die Bolivianer des vorigen Jahrhunderts den englischen Gesandten mit Schimpf und Schande auf dem Rücken eines Esels aus dem Land jagten, befahl Englands erzürnte Königin Victoria in der ersten Gemütswallung die Entsendung eines Kriegsschiffes. Von ihrem Disraeli belehrt, dies habe seine Tücken, Bolivien sei nun einmal ein »Land-lokked-country« und durch maritime Muskelspielereien nicht zu beeindrucken, zeigte sich ihre Majestät als Potentatin von wahrhaft politischem Geblüt. Sie löste das Dilemma streng simulationspolitisch: Bolivien durfte auf amtlichen britischen Landkarten nur noch als weißer Fleck erscheinen.

Wenn man nichts tun kann, aber aufgrund der Publikumserwartungen etwas tun muß, dann gibt's nur einen Ausweg: so zu tun, als tue man etwas.

Und so kam, was kommen mußte: daß Politiker – nach Tschernobyl – als mut- und muntermachende Politanimateure mitten im radioaktiven Fall-out für die knipsende Zunft demonstrativ das Tennisracket schwangen oder – noch drastischer – an verseuchter Molke schleckten wie Bayerns Umweltminister; oder daß sie, wie der Kollege aus Schleswig-Holstein, vor laufender Fernsehkamera eigenhändig den ministerialen Mahagonischreibtisch gegen einheimische »Fichte massiv« tauschten, und sei's eben, um zu dokumentieren, wie kompromißlos und entschlossen sie dem gefährdeten tropischen Regenwald zu Hilfe eilen.

Doch ganz neu sind solche Anfechtungen auch wieder nicht. Selbst als Simulanten trutziger Entschlossenheit und politischer Tatkraft bleiben wir hoffnungslose Nachahmungstäter: »*Ut aliquid fieri videatur*« – so hat schon Livius mit dem despektierlichen Blick enttäuschungsfester Abgeklärtheit Politik in die Nachbarschaft zum Showgewerbe gerückt. Was immer geschieht, es muß etwas geschehen!

Exkurs: Politische Berührungsängste und Eventfixierung oder Was enthüllt der verhüllte Reichstag?

Parasitäre Publizität

Es ist kein Zufall, daß Christo und seine Lebensgefährtin Jeanne-Claude erst 1994 die Erlaubnis zur Verhüllung eines der wenigen politisch bedeutsamen Architektursymbole der größer und damit – gewissermaßen pflichtgemäß – auch selbstbewußter gewordenen Republik erhielten: des Berliner Reichstagsgebäudes. Doch wußten die Abgeordneten des Deutschen Bundestages, die am 24. Februar 1994 die Genehmigung erteilten, eigentlich, was und worüber sie abstimmten?

Christos Reichstagsverhüllung enthüllte implizit, wieviel Berührungsscheu noch immer das Verhältnis zwischen Politik und Kunst prägt. Wie verklemmt, wie wenig selbstbewußt die Politiker noch immer den Künstlern begegnen. Die Debatte um das medienbegleitete Großereignis offenbarte modellhaft, welches Motiv die Politiker leitet, wenn sie gleichwohl immer wieder die Nähe zur spektakulären künstlerischen Inszenierung suchen: von Bayreuth bis zum Berliner Reichstagsspektakel ist es die Witterung für die Chancen parasitärer Publizität, welche Schritt und Stimme leitet.

Peter Conradi, der Hauptbefürworter der Reichstagsverhüllung, eröffnete die Debatte mit dem lapidaren Satz: »Wir stimmen nicht über Kunst ab.« Und Wolfgang Schäuble, der Wortführer der Projektgegner, leitete seinen Beitrag mit einer – fast – identischen Feststellung ein, als er sagte: »Niemand von uns wird sich anmaßen wollen, zu entscheiden, ob das Vorhaben von Christo künstlerisch sinnvoll ist oder nicht.« Keiner der übrigen an der Debatte beteiligten Redner, der es verabsäumt hätte, den beiden Hauptmatadoren in diesem Punkt ausdrücklich beizupflichten: Es gehe nicht um Kunst oder Nicht-Kunst. Und, vielleicht noch merkwürdiger: Keiner der Kommentatoren dieser im großen und ganzen – wohl nicht zuletzt wegen des »progressiven« Abstimmungsergebnisses – überaus positiv aufgenommenen Debatte, der dieses zurechtrückte.

Die Leugnung des Offensichtlichen ist weit verbreitet. Wenn kluge Leute in großer Zahl und in ganz unterschiedlichen parteipolitischen Lagern und Konstellationen sich in der Ablehnung ebendessen einig sind, was sie gleichwohl im selben Augenblick vor aller Augen tun, dann ist dies ein erklärungsbedürftiges Phänomen.

Worüber, bitte schön, sollte denn sonst abgestimmt worden sein, wenn nicht »über Kunst«: Worüber war man sich uneins, wenn nicht über die stets latent bleibende Frage, wieviel man ihr trauen und zutrauen kann, was sie der Politik zu geben hat, wie weit sich Staat und Demokratie auf sie verlassen dürfen und was sie von ihr füglich zu erwarten haben? Ist die Frage, die förmlich zur Entscheidung stand: »ob (die Bundestagsabgeordneten) einverstanden sein wollen mit dem Vorhaben, den Reichstag in Berlin mit 100 000 qm Stoff zu verhüllen« (Wolfgang Schäuble), wirklich zu beantworten ohne jene andere, deren Beantwortung jeder Redner »pflichtgemäß« weit von sich wies: ob das, was Christo vorhabe, Kunst sei?

Nein, sie ist es nicht. Jeder der insgesamt 282 Abgeordneten, die mit ihrer Stimme dem Projekt zur Mehrheit verhalfen, hat diese Frage mindestens implizit für sich beantwortet. Wer dies bezweifelt, der möge einfach die Gegenprobe machen: Hätte der Bundestag sich etwa auch mit der Anfrage eines Bonner Regionalkünstlers befaßt oder dem Begehren eines Waschmittelherstellers, das Reichstagsgebäude im »weißesten Weiß« frischgewaschener Beinkleider und Oberhemden erstrahlen zu lassen oder gar mit einer Anfrage von Beate Uhse wegen einer geplanten »Reichstag-im-Kondom-Verpackung« im Rahmen einer »Safer-Sex-Kampagne«? Nein. Und warum wohl nicht? Doch wohl, weil sie allesamt keine über Zweifel erhabene Künstler sind. Und warum wohl hat, nach jahrelangem Tauziehen, Christo die Genehmigung erhalten, sein Verhüllungsprojekt durchzuführen? Doch wohl, weil er erkennbar eben dies ist: ein Künstler; weil er als Künstler lebt und arbeitet und seinen Künstlerstatus durch eine Vielzahl von aktions- und diskussionsbegleiteten, vor allem aber medial beglaubigten Großwerken plausibilisiert hat. Und da soll am 25. Februar 1994 im Deutschen Bundestag nicht auch über Kunst abgestimmt worden sein?

Gewiß war es keine Entscheidung, bei der expressiv verbis über Künstlerstatus und -rang von Christo abgestimmt wurde – aber eben doch nur deshalb nicht, weil beides gewissermaßen für die Abstimmungsbeteiligten schon feststand, mindestens so »fest«, daß kein kunstkonservativer Beckmesser öffentlich daran zu kratzen wagte – und sei es aus Angst, sich in eine peinliche Abseitsposition zu bringen. Wenn es um Kunst geht, kennen die Medien schließlich kein Pardon. Wer will da schon riskieren, zum »Kunstmuffel« der Nation ausgelobt zu werden?

Die Medien sind – fast – ausnahmslos zu machtvollen Verbündeten der Kunst und der Künstler geworden. Aus eben diesem Grund riskiert auch kein Politiker mehr wirklich etwas, der sich medienwirksam für den medial erfolgreichen Groß-Künstler einsetzt. Und so kam, was wohl unvermeidlich kommen mußte: daß sich im Vorfeld des medialen Mega-Events »Reichstagsverhüllung« nicht wenige Zaungäste und Trittbrettfahrer einfanden, um sich mit Gratismut selbst die eigene Weltläufigkeit zu attestieren.

Wer für Pavarotti schwärmt ...

Zu den bezeichnenden Merkwürdigkeiten des Berliner Kunstspektakels gehörte ja überhaupt, daß sich im Kometenschweif des Meisters weniger die unerschütterlichen künstlerischen Überzeugungs- als vielmehr die ephemeren Gelegenheitstäter versammelten. Wer von Kunst wirklich etwas versteht, an wessen Lebensfirmament ihre Sonne immer wieder als beharrliches Zentralgestirn aufscheint, der wird sich – schon aus Gründen augenzwinkernder Augurenpeinlichkeit – eher hüten, gerade die omnipräsente Medienspectabilis Christos zum Anlaß zu nehmen, sich als Experte und Kunsttifoso zu outen. Ein spanischer Stierkampfexperte hat gerade diese Art von sekundärer Berührungsangst auf seiten des sensiblen Kenners auf die unüberbietbare Formel gebracht: Wer vom Stierkampf keine Ahnung hat, schwärmt für El Cordobés – denn da kann garantiert nichts schiefgehen. Und wie vielleicht ganz unvermeidlich Luciano Pavarotti zum fashionablen Idol all derer avancierte, die zur Oper und zur Musik im allgemeinen ein eher distanziertes Verhältnis pflegen, so wurde wohl auch Christo zum *praeceptor artis* vornehmlich jener, die die Kunst sonst kaltläßt.

Die Ablehnung der Kunst drapiert sich nicht selten mit der demonstrativen Gefolgschaftstreue zu ihren Stars. Man kann alles, was Kunst ist und was sie uns an Irritierendem und Ärgerlichem zumutet, um so risikoloser abtun, je vorbehaltloser man sich selbst neben und hinter dem jeweiligen medial verbürgten Superstar positioniert. Wer sich dagegen für einen »hermetischeren« Künstler ausspricht, wie vielleicht für Calderara oder Jochen Gerz, der muß dafür aus gutem Grund mit guten Gründen aufwarten – und kann eben nicht sicher sein, daß man ihm bei seinem Engagement auch folgen wird.

Wenn sich die traditionell so kunstferne Politik plötzlich ebenso eilfertig wie musterknabenhaft um die traditionell so politikferne Kunst besorgt, ist, im Medienzeitalter, der Generalverdacht auf »parasitäre Publizität« sicher nicht völlig abwegig. Auch deshalb vermittelte die Bundestagsdebatte vom Februar 1994 den Eindruck einer provinziellen Bewältigung des so gefürchteten Provinzialismus. Der Aufbruch ins neue Berliner Hauptstadtzeitalter ist, wie auf allen seinen Etappen, so auch hier, vom allzu forcierten Bemühen um gelassene Weltläufigkeit grundiert.

Vielleicht war ja dies für so manchen, den Christos Arbeiten begeistern und den auch das Konzept des »Wrapped Reichstag« elektrisierte, die befremdlichste Erfahrung – die falsche Befürwortergesellschaft, in der er sich plötzlich wiederfand: neben den parteipolitischen Erbschleichern wohlfeiler Public Relations vor allem auch jene mittlerweile »notorische« Gemeinde unbeirrbarer Gutdenkmenschen, die unfehlbar zur Stelle ist, Zeugnis abzulegen, wo das Wahre, Edle, Aufrechte und Progressive medienwirksam verhandelt wird.

Auch am Ende eines an Verlusten nicht gerade armen Jahrhunderts gilt für die nicht mehr nur schönen Künste, daß man sich zunächst und vor allem an das halten sollte, was man *sieht*. Vielleicht gar gilt dies für Christos mit soviel rhetorischer Begleitmusik intonierte, mediennahe künstlerische Großaktionen in ganz besonderem Maße: Der »*Running Fence*« war, jenseits allen Bedeutungsgeraunes, eben vor allem – wunderschön! Und dies, die künstlerische Anmutungsqualität, sollte auch bei der Beurteilung des Berliner Reichstagsprojektes im Vordergrund stehen.

Nicht, daß zeitgenössische Kunst – wie die Kunst aller Zeiten – durch das Epitheton »schön« angemessen umschrieben wäre! Kunst kann mehr und anderes: nicht nur erheitern und erfreuen, sondern auch stören und verstören. Sie regt durch starke Bilder starke Gefühle an; sie durchbricht den eindimensionalen Bezug auf die handgreiflichen Realitäten; sie ist stets mehr dem Möglichen als dem Wirklichen verpflichtet. Und sie ist stets auf stupende Weise vieldeutig und vielbedeutsam.

Deshalb zielte auch das von Wolfgang Schäuble und anderen in der Debatte genüßlich vorgebrachte Gegenargument der allzu wechselvollen Verhüllungs-Begründungen (mal als Mahnmal wider eine unselige Vergangenheit, mal als Symbol für die Wunden des Kalten Krieges und nun als Wegzeichen beim Aufbruch zu neuen Ufern der Demokratie) ins Leere: wenn der Kontext sich wandelt, innerhalb dessen ein Kunstwerk sich zeigt und sich zu bewähren hat, ändert sich seine

Bedeutung. Das gilt für Christos im Jahr 1995 verpackten Reichstag nicht anders als für Kafkas 1995 wiedergelesenes »Schloß« oder Sophokles' 1995 neu inszenierte »Antigone«.

Alle Werke Christos kreisen – wie die vieler anderer zeitgenössischer Künstler auch – um das aus all seinen bisherigen Fugen laufende Ordnungsgefüge von Raum und Zeit. Wie kaum ein anderer sonst intoniert er den Übergang von der alten Raum- in die neue Zeitordnung. Wie bei kaum einem anderen sonst spielen in seinen Werken Konzepte der »Enträumlichung«, der »Virtualisierung« und des »So-tun-als-ob« eine entscheidende Rolle.

Das Schöne an Christos Projektvorhaben war gerade, daß es eigentlich keiner der im Dutzend feilgebotenen politpädagogischen Scheinrationalisierungen bedurfte. Einer anderen als der künstlerischen Begründung (»beglückend und belehrend«) bedarf nur der, dem sich die Reichstagsverhüllung nicht unmittelbar als eine »Performance der aktiven Wiederverzauberung der Welt auf Zeit« erschließt. Wen nicht schon die eigene Vorstellungskraft betört und bezaubert, die ihn sehen läßt, durch welch kleine Zutat, welch winzige Veränderung es möglich ist, diesen Vieltausendtonnenkoloß steingewordener Immobilität, zusätzlich schwer gemacht von den Druckstellen und Wundmalen der von ihm bezeugten Geschichte, von einem Augenblick auf den anderen zum Tanzen zu bringen, zum Abheben und zum Entschweben, dem kann es auch vom Künstler nicht – und wohl auch von keinem anderen – gegeben werden.

Hieran wird, noch einmal, deutlich, was an der Debatte um Christos Reichstagsverhüllung vor allem irritierte: daß sie zu keinem Zeitpunkt eine Debatte über Ästhetik war. Warum nur blieben alle ästhetischen Fragen, jenseits der reinen »Event«-Fixierung, so peinlich ausgeklammert? Warum wurde das »Einfach schön« nie mutig als keiner weiteren Begründung bedürftiges Argument im Pro und Contra gehandelt? Warum hat kaum jemand laut und vernehmlich darüber spekuliert, was das sei, was die Kunst der Politik zu geben haben könnte: Welche Denkzwischenfälle sie stiften, welche Impulse sie setzen könnte, wie viele ihrer Visionen und antizipatorischen Fähigkeiten für die Politik fruchtbar zu machen wären?

Wie weit die allgemeine Ökonomisierung unserer Wahrnehmung bereits fortgeschritten ist, läßt sich an der durchgängigen debattenstrategischen Dominanz der wirtschaftlichen Umfeldargumente ablesen: von der selbsttragenden Finanzierung bis zum Berlin-Werbeeffekt, vom Schau-Tourismus, der bis zu 500 Millionen DM nach Berlin bringen soll, bis zu den Investitionsimpulsen für die gebeutelte Hauptstadt. Von all dem war im Bundestag und außerhalb gerade auf seiten der Befürworter ausgiebig die Rede, nur von dem einen nicht: von der *politischen Aktualität des Ästhetischen*. Warum ist Kunst – jenseits aller Risiken dieser problematischen Beziehung – wichtig, vielleicht gar unverzichtbar für die Politik? Welche Schrittmacherdienste leistet sie, was gibt sie der Politik, was diese nicht aus sich selbst heraus zu entwickeln vermag? Und was hiervon verspricht Christos Vorhaben, was löst es ein?

Aufbruch ins Zeitalter der Ortlosigkeit

Christos verhüllter Reichstag hat nicht wenig von jenen bekannten Zaubererszenarien, bei denen der Illusionist ein ausladendes Tuch über Käfig und Taube breitet, die er verschwinden läßt. Auch Christo hebt für zauberhafte vierzehn Tage die Ortsbindung des Reichstagsgebäudes auf und läßt es hinter wallendem, sanft im Winde atmendem Tuch verschwinden. Vielleicht ist gar nichts mehr da, wenn er nach vierzehn Tagen sein Tuch wieder lüftet? Vielleicht hat sich die »Immobilie«, einmal mobil geworden, endgültig verflüchtigt? Vielleicht hat sie sich dem nächstbesten Laserstrahl anvertraut und schwingt sich nun auf den Bahnen des Zeitpfeils von Horizont zu Horizont?

Noch bevor die Politik sich aufmacht in die neue Zeitordnung, noch bevor sie deren Heraufkunft auch nur wahrnimmt und begreift – samt ihren gänzlich vorbildlosen Zumutungen und Herausforderungen –, ist ausgerechnet das steinerne Heim, in welchem sie an der Jahrtausendschwelle für unabsehbar lange Zeit Wohnung nehmen wird, auf die Reise gegangen; eine Reise, von der dieses Haus, für viele mit zuviel fragwürdiger Vergangenheit belastet, nach den vierzehn Tagen ganz unvermeidlich als ein anderes zurückkommen mußte.

Soviel läßt sich sagen: Das alte Reichstagsgebäude und das neue Bundeshaus werden sich nicht mehr gleichen. Und mehr als die unmittelbar nach der Verhüllungsaktion einsetzenden Um- und Ergänzungsbauten – die im übrigen ironischerweise ebenfalls mit einer nirgends je diskutierten bauroutinierten Eingerüstung und Plastikverhüllung begannen – wird Christos virtuelle Zeitreise zu dieser irreversiblen Metamorphose beigetragen haben. Unsere aufs Gebäude bezogenen

Bilder, Assoziationen und Vorstellungswelten sind andere als zuvor. Der Zeitraffer dieser vierzehn Tage hat – wie in einem gigantischen Brennglas für Temporalstrukturen, Sinneseindrücke, Imaginationen und Vorstellungselemente – viele Millionen Menschen in und aus aller Welt zusammengeführt und miteinander verknüpft. Ein gigantisches Sozialexperiment in Sachen historisch-politischer Gebäude-Symbolik und ins Fiktionale erweiterter Erinnerungsemblematik.

Man muß es einfach sagen: Wolfgang Schäuble, der wort- und gedankenmächtigste der Bedenkenträger wider das Verpackungsprojekt, scheint die vorbildlose Tragweite dieses Experiments deutlicher begriffen zu haben als manche seiner allzu zeitgeistnahen Befürworter, wenn er fast beschwörend davor warnte, die steinernen Zeugen der Vergangenheit zum Gegenstand von Wahrnehmungs- und Erfahrungsexperimenten solchen Ausmaßes zu machen.

Mit dem »verhüllten Reichstag« brechen wir nun, nolens volens, alle auf ins neue Zeitalter der Ortlosigkeit, eine Zeit, in der die Herkunftswelten verblassen und die Behausungen eng werden, eine Zeit der sich endlos wiederholenden Aufbrüche, in eine Zeit, in der wir im wesentlichen *unterwegs* sein werden; eine Zeit, in der die Zeit selbst keine angestammte Bleibe mehr findet, keine Erinnerungen, die leiten und trösten könnten; eine Zeit, die das erdbürtige Maulwurfwesen Mensch immer wieder nötigen wird, sich virtuelle Notbehausungen auf Zeit und Abruf zu bauen, Orte zum Innehalten, Atemholen, Staunen, Orte zur Wiederverzauberung seiner Welt – und sei es, daß sie nach vierzehn Tagen wieder verschwinden.

Stasi-Spitzel und Ballteter oder
Über allem der Unterhaltungswert

Die politische Aktualität des Ästhetischen zeigt sich aber nicht nur in spektakulären Politikaktivitäten und im neuerwachten kulturpolitischen Ehrgeiz der politischen Klasse; nicht allein in der neuen Nähe der Politik zur prestigeträchtigen Opulenz des kulturellen Großereignisses. Nein, etwas anderes, ungleich Bedenklicheres, ist das für unser Thema noch Bedeutsameres: Das Ästhetische färbt aufs Politische ab, ästhetische Kategorien der Wahrnehmung und Beurteilung werden, gleichsam hinterrücks, politikbedeutsam. Vermeintlich politische Bewertungen und Urteile transmutieren unterderhand in ästhetische. Wenn wir sagen, die Politik werde »ästhetisiert«, so bedeutet das, daß wir auf sie ähnliche Kriterien anwenden wie auf Gegenstände und Situationen, denen wir uns auf der Suche nach äußerem und innerem Wohlgefallen oder vielleicht auch nur nach Spannung und Unterhaltung nähern: einem Film, einem Bild, einer Theateraufführung, einer Romanhandlung, einer Parklandschaft, einem Berggipfel.

Hier gilt stets, daß, was wir sehen, hören oder präsentiert bekommen, uns zusagen muß, sollen wir ihm denn keine Absage erteilen.

Eben diese – in einem weiteren Sinne – ästhetizistische Annäherung wird der Politik nicht gerecht. Aus der Politik können wir uns nicht einfach verabschieden, wenn ihr *Unterhaltungswert* zu wünschen übrigläßt oder ihre Ästhetik nicht überzeugt. Anders als ein erbauliches Kunstwerk oder eine ästhetische Inszenierung ist das Politische nicht als ein möglicher Gegenstand des »interesselosen Wohlgefallens« entworfen, um es im Idiom des Kantschen Kunst-Kriteriums zu formulieren.

Spuren der vielleicht am meisten problematischen Wirkung des Ästhetischen in der Politik finden sich dort, wo wir dieses zunächst gar nicht am Werke glauben. Die ressentimentträchtigsten Irritationen zwischen Ost- und Westdeutschen sind gegenwärtig z. B. ganz überwiegend auf ästhetische Wahrnehmungsdifferenzen zurückzuführen. Die DDR, die gewesene, sie ist uns im Westen vor allem ein *ästhetisches Ärgernis*. Wir schauen auf die gesamtdeutsche Politik und ihre Erblast wie auf etwas, das zuerst und vor allem unseren Schönheitssinn beleidigt, unser Empfinden für Proportionen verletzt. Der uneingestandene politische Ästhetizismus, der unseren Blick leitet, löst moralische Vieldeutigkeit forsch in platte manichäische Dualismen auf: Opfer oder Täter, Stasi-IM – ja oder nein?

Deshalb betreiben wir als Kammerjäger der sauberen Westwelt Entstasifizierung beinahe so wie anderwärts Entlausung und Entwanzung; und deshalb wird uns auch die rechtliche Bewältigung des Unrechts allein einer wirklichen »Vergangenheitsbewältigung« im Sinne einer Aneignung des schwer begreiflichen Gewesenen nicht automatisch näherbringen.

Die Fixierung auf die bornierten Opfer-Täter-Distinktionen, welche die Lebensrealitäten unter der Bedingung eines diktatorischen Systems so eklatant verfehlen (also untauglich sind zur Beschreibung und zum angemessenen Begreifen), ist indes nicht verwunderlich; denn genau darum geht es uns ja gar nicht – um Beschreiben und Begreifen, sondern allein darum, so rasch wie möglich den Augiasstall sauber zu haben. Hinter dem moralischen Rigorismus, mit dem der

Westen die rechtliche Entsorgung des Unrechts und der Mißwirtschaft auf der Ebene von Treuhand und Gauck-Behörde betreibt, verbirgt sich in Wahrheit ein tiefsitzendes *ästhetisches* Unbehagen. Mehr als das Unrecht ist uns die Häßlichkeit in seinem Gefolge verhaßt, die Degoutanz des Zudringlichen, Nötigenden, der schieren Kreatürlichkeit. Mit moralischen Defiziten kommen wir zur Not über die Runden, auf das ästhetische Minimum wollen wir uns nicht drücken lassen. Und Stasi-Mitarbeit ist doch irgendwie wie Körpergeruch oder weiße Socken zum dunklen Abendanzug. Selbst die Balltreter der Nation mögen nicht mehr gegen den Ex-Stasi-Spitzel antreten.

Wichtiger, als zu begreifen, was war und ist, scheint uns, über einen unbezweifelbaren Mechanismus der Entschuldung und der Schuldzuweisung zu verfügen. Ist es möglich, nach schwarzen und weißen Schafen zu sortieren, bleibt die Welt gewissermaßen »ästhetisch« im Lot. Vor der erdrückenden Mühsal des Begreifens, vor dem Blick in die Abgründe des Denkens, vor der Zumutung zerstörter Schicksale und zerborstener Biographien retten wir uns in die vom wohlfeilen Entrüstungspathos diktierten Schablonenrituale der Opfer-Täter-Unterscheidung.

Was für die Menschen im Osten ein moralisches und existentielles Problem ist, ist für uns im Westen vor allem ein ästhetisches – also ein Problem, welches die Kreise der Behaglichkeit, das »*juste milieu*« unserer ästhetisch verbrämten »Normalität« verstören könnte. Und so projizieren wir das Unfaßbare des Unrechts und der Widervernunft auf den *für uns* paßgenauen Wahrnehmungs- und Bearbeitungsmaßstab; denn nichts vom großen Unbegriffenen der Motive und Zwänge in jenem anderen Deutschland, das sich friktionsfrei in unseren Life-style des Überflüssigen fügte. An der Stasi-Mit- oder Zuarbeit empört uns im Westen nicht so sehr das moralische Unrecht in Gestalt des Zwangs und der Bespitzelung der Andersdenkenden. Der Stasi-Komplex ist zu einer Art Synonym geworden für das mit dem westlichen Lebensgefühl in ästhetischer Hinsicht Unvereinbare. Wer mit der Stasi in Verbindung zu bringen ist, der ist ästhetisch nicht mehr satisfaktionsfähig.

Hier wird das Gegenprinzip der ästhetischen Existenz schlechthin geortet: die geistlose Prozedur der Hingabe an die verwaltete Welt; die Antithese mithin zur Attitüde einer expansiven Autonomie des Ästhetischen, wie sie etwa Paolo Portoghesi in einem der prototypischen Bildzitate der Postmoderne beschwört: dem majestätischen Dreimaster, der sich in vollendeter Anmut und verzögerungsfreier Übereinkunft mit den Winden bewegt, weil der Bordcomputer die Segel setzt ...

Moral als Zugabe

Ein Aspekt der allgemeinen Ästhetisierung (wie auch des symbolischen Aktionismus) ist die Konjunktur des Ethischen: Zum schönen Schein gehört das ruhiggestellte Gewissen. Und so macht denn auch die organisierte Bemühung um das allgemeine Gute vor kaum etwas halt.

Da man indes auf die nötigende Macht des Guten allein nicht vertrauen mag, koppelt man die Möglichkeit, gleichsam »by the way« gut zu sein, mit kraftvollen Motiven, zum Beispiel der Hoffnung auf Gewinn, der Renommiersucht, dem Bildungsfleiß oder

der Unterhaltung. Wenn man ein Los der *Glücksspirale* kauft oder *Charity*, »Das gute Magazin«, unter der Schirmherrschaft eines Peter Ustinov, tut man implizit Gutes. Da in Charity die »besseren« Prominenten – wie Bianca Jagger, Heinz Böhm und Günther Jauch – schreiben, und das honorarfrei, kann Charity Zweifaches versprechen: gute Lektüre, weil prominente Autoren; und gleichzeitig ein gutes Gewissen, weil der Hefterlös, zum Teil jedenfalls, guten Zwecken zugute kommt – dem tropischen Regenwald, den gefährdeten Walen in aller Welt oder der Kindernothilfe.

Moral als willkommene Nebenfolge, Moral als werbewirksame Zugabe, Moral als Gewissenstraumaplast – sie darf sein, ist sogar, wo annäherungsweise zum Nulltarif zu haben, erwünscht. Aber sie darf um alles in der Welt unsere Heile-Welt-Sicht nicht stören und verstören.

Nichts demonstriert dies deutlicher als die an Heuchelei und Zynismus hie wie da schwer überbietbare Debatte um die Benetton-Werbung und *Oliviero Toscanis* Fotos mit zerfetzten Mafiaopfern, dem blutverschmierten Säugling, mit Flüchtlingselend, Aidssterben und Guerillakampf. Nichts hat das Skandalon der wohlfeilen Einbindung von Moral in Strategien parasitärer (Werbe-)Publizität greller beleuchtet als die öffentliche und gerichtsöffentliche Auseinandersetzung um diese Bilder des Todes, der Gewalt, der Not und der elementaren Kreatürlichkeit. Nicht allein, daß Benetton den Bilderschock werbewirksam einsetzt und uns scheinheilig versichert, es ginge dem Unternehmen vor allem darum, Betroffenheit und gesellschaftliche Diskussion auszulösen, ist dabei das Bemerkenswerte, sondern mehr noch die schrille Reaktion der Hochglanz-Branche und der professionellen Imageagenten, die mit eiferndem Tremolo sich um das Lautere, Wahre, Heile und unbeirrbar Positive ihrer Werbewelt besorgen; ausgerechnet sie, die bisher nie etwas dabei fanden, Frauen systematisch zu Kleiderbügeln zu degradieren oder Mütter als naiv-skrupulöse Heimchen am Herd in den unglaubwürdigsten Gefühlskulissen vorzuführen oder für Banken und Bausparkassen grüne Wiesen mit glücklichen Familien zu bevölkern.

Für Designer und Werbeleute als den Kommunikatoren des Optischen gilt im Besonderen, was für die Kommunikation im Allgemeinen gilt: Kommunikation – in Wort und Bild –, das ist vor allem die um die Beseitigung aller störenden Nebengeräusche besorgte Gesprächsinszenierung.

Die Ästhetik des schönen Scheins duldet keine störenden Bilder. Deshalb waren – in den Augen der konkurrierenden Mit-Werber – die Toscani-Fotos die schlimmste aller denkbaren Tabuverletzungen: weil sie mit den explosiven Bildern der Wirklichkeit statt mit den sorgsam geschönten Bildern unserer trivialisierten Träume auf Blickfang gingen; weil die Werbung hier erstmals Bildern überhaupt ihre ursprüngliche Explosionskraft wiedergab: Dieselben Bilder, die als Nachrichtenbilder längst ihre Zähne verloren hatten, versetzte der ungewohnte Werbekontext wieder in den Status von Bewußtseinsbomben.

Nicht also moralische Bedenken, die Angst vor der Beschädigung des artifiziellen Wohlscheins, die Angst um die Integrität der eigenen infantilen Kulissenwelt verlieh der Empörung der düpierten Werbekonkurrenz die Stimme, rief den Zentralverband der deutschen Werbewirtschaft auf den Plan und ließ die Zentrale zur Bekämpfung unlauteren Wettbewerbs (erfolgreich) über das Frankfurter Landgericht intervenieren.

»Is it a flag or is it a painting?«

In ähnlicher Weise folgen viele unserer politischen Reflexe längst einer heimlichen, nur ästhetisch deutbaren Struktur, der etwa Paul Waczlawick, John Gall, Ernst von Glasersfeld u. a. im Bereich der allgemeinen psychologischen Verhaltensreflexe schon seit geraumer Zeit nachspüren: etwa dort, wo wir glauben, zweimal soviel sei auch doppelt so gut oder das Gegenteil des Schlechten sei schon das Gute. Und wenn's nun das noch Schlechtere wäre? Der Sozialismus als das »Gegenteil« des »schlechten« Kapitalismus verbürgte eben nicht automatisch schon das Gute, und umgekehrt gilt, selbstverständlich, das Nämliche.

Der ästhetische Blick verändert die einem politischen Problem zugrundeliegende Struktur, er verleitet dazu, politische Fragen als Fragen des Geschmacks zu behandeln; er verdunkelt dabei genau jenen Anteil des autonom Politischen an den Ereignissen, den wahrzunehmen für das politische Urteil unverzichtbar ist. Vielleicht ist das bleibend Große an Hannah Arendts Eichmann-Reportagen über die »Banalität des Bösen«, daß sie standhält und um jeden Preis begreifen will und somit auch an kaum einer Stelle der Versuchung zur ästhetischen Ausblendung erliegt. Wo gibt es zur Stunde Impulse aus Politik und Wissenschaft zur Anstrengung solchen Begreifens?

Die historischen Veränderungen des zurückliegenden Halbjahrzehnts sind vor allem als *Wahrnehmungsveränderungen* zu beschreiben: Daß der Westen plötzlich nicht mehr so finster und bedrohlich erschien, daß man ihm eine bis an die Zähne bewaffnete Weltanschauung entgegenschicken mußte – war dies nicht eine der unverzichtbaren Bedingungen für den

Aufstieg Gorbatschows und den Zerfall des Warschauer Paktes?

Viele der ästhetischen Revolutionen dieses Jahrhunderts haben mit den naturwissenschaftlichen Basisinnovationen gemeinsam, daß sie nicht nur die Eindeutigkeit der Sehweise auf die Dinge auflösen, sondern die Eindeutigkeit der Dinge selbst.

»Is it a flag or is it a painting?« Jasper Johns' gemalte Flaggenbilder provozieren nicht etwa bloß diese Frage, sie verkörpern sie. Sie sind gemalte Verunsicherungen, die kalkulierte Inszenierung eines Schwebezustands. Sie setzen – wie »große« Kunst aller Zeiten – immer aufs neue Interpretations- und Deutungszwänge. Sie sind nicht auszuloten, zu definieren, in ihrer Identität zweifelsfrei zu entschlüsseln. Und sie teilen diese mangelnde Distinktion gerade auch mit den theoretischen Avantgardeeinsichten der naturwissenschaftlichen Moderne seit Beginn dieses Jahrhunderts. Welle oder Korpuskel? Diese Frage ist – im Sinne des Satzes vom Widerspruch – nicht mehr »wahrheitsfähig«.

Vor diesem Hintergrund mag es fast scheinen, als ziehe das postmoderne Denken – jedenfalls das seriöse – nur die längst fälligen philosophischen Konsequenzen aus den theoretischen Grundeinsichten der wissenschaftlichen Moderne. Analogien zwischen den Metaphern und Beschreibungskategorien der arriviertesten theoretischen Grundlagenforschung auf der einen Seite und den Bildern und Deutungsfiguren einer kollisions- und irritationsbereiten »Philosophie der Mehrsprachigkeit« (Wolfgang Welsch) auf der anderen Seite sind nicht zu übersehen.

Kosellek und andere haben die Neuzeit als das Zeitalter der *Singularisierungen* beschrieben: aus den Freiheiten wurde die Freiheit, aus den Rechten das Recht, aus der Vielzahl der feudalen Bindungen und Verpflichtungen die konkurrenzlos eindeutige Loyalität des Staatsbürgers. Wenn nicht alles täuscht, dann ist das *Post*-Moderne an der Postmoderne die forcierte Rückübersetzung in den *Plural*: nicht nur »small is beautiful«, sondern auch »kunterbunt ist schön«.

Es sind vor allem unsere Gewißheits- und Eindeutigkeitsverluste, welche die Kompensationsstrategien auf den Plan rufen. Es gilt daher, innerhalb des ästhetischen Kompensationszusammenhangs zwischen den politisch aktivierenden und den politisch passivierenden Motiven des Ästhetischen zu unterscheiden. Alle große Kunst lebt aus Elementen der *Stimulanz*-Ästhetik, natürlich auch dort, wo sie wirkungspraktisch nicht in direktes soziales Engagement einmündet, sondern sich »nur« in einem gesteigerten Bewußtsein und einer geschärften Wahrnehmung niederschlägt. Was die Kulturkritik in der Tradition der Frankfurter Schule der Waren- und Konsumästhetik anlastet: die manipulative Scheinbefriedigung ästhetischer Bedürfnisse mit den Mitteln der Bewußtseins- und Kulturindustrie, dies trifft nicht eigentlich die Kunst (und war auch nur bei wenigen Autoren so gemeint), es betrifft die *Tranquilizer*-Ästhetik der Bildschirme und Supermärkte, der Plakatwände und der fashionablen Großinszenierungen in aller Welt.

Die forcierte Ästhetisierung ist vielfach ein Verlegenheitsmodus des Umgangs mit der Vieldeutigkeit. Mangels ethisch oder politisch zweifelsfrei orientierender Kriterien für gut oder böse, richtig oder falsch, notwendig oder überflüssig, eröffnet das Medium des ästhetischen Blicks gleichsam einen neuen Schauplatz für die Bereitstellung von Urteilen.

Wenn die Gefährdung des Politischen vor allem

vom drohenden Urteilsfähigkeitsverlust umschrieben würde, dann ergäbe die Ästhetisierung einen nur allzu handgreiflichen Sinn: aus der Not urteilspolitischer Verlegenheit wird die Tugend ästhetischer Distinktion.

Solche Ästhetisierung aber findet den Raum nicht, in welchem, einem Brennpunkt gleich, alles sich verdichten könnte: den Raum des Öffentlichen, die Politik. In die Flimmerwelt des »ästhetischen Scheins« werden auch die »ernsten Fragen des Lebens« (Rüdiger Bubner) einbezogen und dadurch ihrer ursprünglichen Bedeutung, der des Sozialen und Politischen, entfremdet.

In ihrem unvollendet gebliebenen Spätwerk »Vom Leben des Geistes« widmete sich Hannah Arendt – neben dem Wollen – vor allem der Frage nach dem politischen Urteilsvermögen des Individuums. Aus ihren Arbeitskonzepten und älteren Vorlesungstexten läßt sich rekonstruieren, daß sie im nicht mehr geschriebenen letzten Teil Kants Kritik der ästhetischen Urteilskraft für den politischen Bereich fruchtbar machen wollte: Für beide Formen des Urteils, das politische wie das ästhetische, existieren keine objektiven Kriterien, es bleibt nur der Weg der Bewährung vor der diskursiven Öffentlichkeit. Daher ist auch beiden, der Politik wie der Kunst, Öffentlichkeit ein unverzichtbares Medium. Nur über Verfahren weltlicher Kommunikation können beide auf Zustimmung hoffen. Es gibt, auch im Felde der Kunst, nur wenige Ausnahmen von der Regel des Öffentlichen.

Auch die geistige Fähigkeit des eigenverantwortlichen Urteils beim einzelnen Individuum wächst aus der Auseinander-Setzung, nämlich jenem »Zwei-in-einem« des stummen Zwiegesprächs, welches Sokrates als die Ursache des auf Verhaltensorientierung zielenden Denkens begriff. Und hier schließt sich auch wieder der Kreis zur ästhetischen Urteilskraft: So wie in der urteilenden Persönlichkeit ich und mein Gewissen einen Dialog führen, welcher Urteil »erschafft«, so auch der Künstler, der ja stets beides in einem ist: als Verfertiger des Kunstwerks immer auch sein erster Betrachter.

Das Ästhetische hat immer mit Anwesenheit zu tun, mit der unmittelbaren Präsenz. Es ist in den Menschen, den Dingen und ihren Konfigurationen gegenwärtig, die es verkörpern. Der Zeithorizont, den es erschließt, ist der des Eben-Jetzt, ist der flüchtige, aber in seiner Vergänglichkeit sich gerade der Gegenwart eröffnende Augenblick.

»EINE LANZE FÜR POLITIK« ODER
DIE »ENTÜBELUNG DES ÜBELS«

Die Verfallenheit an den Augenblick – sie setzt ein latentes Spannungsverhältnis zwischen dem Ästhetischen und dem Politischen, langfristig wahrscheinlich gar einen konflikträchtigen Widerspruch: In der Politik versuchen die Menschen, sich eine unabhängige und starke Instanz zu errichten, etwas, das die Affekte des Tages überdauert wie den Launen Fortunas standhält. Ganz ohne Zweifel gehört auch das Politische zu jenen menschheitsgeschichtlich noch recht jungen »anthropologischen Innovationen«, mit denen »der Mensch seinem ephemeren Dasein zu entkommen trachtete« (Gernot Böhme). Mit ihr errichtete er den Handlungsrahmen der Kontinuität und Berechenbarkeit, ohne den das Wagnis der Freiheit in Anarchie enden müßte. Und ganz ohne Zweifel begründet eben dieser Disziplinierungsvorgang, der uns zu berechenbaren Akteuren macht, diese Anstrengung, mit der alle Freiheit anhebt, auch den periodisch sich wiederholenden Aufstand gegen die Politik, die Reflexe des Überdrusses und des Unbehagens – ob wir nun an das Ende der attischen Demokratie denken, an die Bilder und Sehnsüchte der politischen Romantik, an Langbehn, Moeller van den Bruck und die Ideenwelt des heraufziehenden Nationalismus oder an aktuelle Anzeichen einer beginnenden Erosion des Politischen. Die Gegenbilder bezeugen fast immer die Befreiung von den Lasten und Nötigungen der politischen Freiheit, die archaische Lust einer Rückkehr ins Kollektiv, das »Glück des Wiederfindens«, ja das Einverständnis mit der ephemeren Existenz, die beständig zu leugnen uns die moderne Lebensform zwingt.

Man kann nicht über die politische Aktualität des Ästhetischen sprechen, ohne wenigstens anzudeuten, für welche Art von Politik Ästhetik »aktuell« sein soll. Hier geraten wir schnell in eine Verlegenheit, denn das, was mit der Ästhetik zusammengesehen werden soll, die Politik, steht in einem notorisch schlechten Ruf; keiner, der die Politik nicht von ganzem Herzen verabscheute: »... all diese lärmenden und unzusammenhängenden Versprechungen, die unmöglichen Forderungen, das Durcheinander unbegründeter Ideen und unrealisierbarer Pläne (...) den Opportunismus, der sich weder um die Wahrheit noch die Gerechtigkeit kümmert, die unrühmliche Jagd nach unverdientem Ruhm, die Entfesselung unkontrollierbarer Leidenschaften, die Ausbeutung der niedrigsten Instinkte, die Verzerrung der Tatsachen (...) all diesen fieberhaften und unfruchtbaren Quatsch ...« (The Times, 16.11.1961)

Für ihren miserablen Ruf ist die empirische Politik nur teilweise verantwortlich. Keine andere Wissenschaft ist über Jahrzehnte hinweg ähnlich rüde mit ihrem Gegenstand verfahren wie die Politische – weder die Medizin mit der Gesundheit, noch die Jurisprudenz mit dem Recht, weder die Ökonomie mit den knappen Gütern noch die Soziologie mit dem gesellschaftlichen Verhalten. Mit ihnen allen verbindet die Politische Wissenschaft allenfalls die relative Ahnungslosigkeit im Hinblick auf den jeweiligen eigenen Gegenstand, nicht aber dessen quasimasochistische Verketzerung. Nachdem das letzte Halbjahrzehnt so viele von uns so vieles neu und anders sehen gelehrt hat, gilt es vielleicht auch, wieder ein angemessenes Verständnis des Politischen zu gewinnen.

Eine der großen politisch-pädagogischen Aufgaben des nächsten Jahrzehnts im größer gewordenen Deutschland wird sein, ein gleichermaßen normativ zeitgemäßes wie empirisch gehaltvolles Konzept des Politischen zu entwickeln. Neben der Welt unserer Ästhetik ist die Welt unserer Politik das den Bürgerinnen und Bürgern der Neuländer am meisten Fremde. Weder hatten sie Gelegenheit, Politik zu erfahren, in die man sich relativ risikofrei einmischen kann; noch kannten sie Schönheit, die man gleichsam »im Kaufhaus« erwirbt. Während sie sich längst auf den Erkundungsgang durch die Welt der warenästhetischen Konsumofferten begeben haben, verhalten sie zögernd an der Schwelle zur Politik. Die anhaltenden Probleme, welche eine große Volkspartei wie die SPD noch immer hat, mit knappen 30 000 Parteimitgliedern in den neuen Bundesländern parteiorganisatorisch Fuß zu fassen, illustrieren dies.

Unsere theoretische wie pädagogische Bringschuld –

und nebenbei vielleicht auch das Stück eigener westlicher Vergangenheitsbewältigung, das wir uns selber schulden – heißt: »Entübelung des Übels« (Odo Marquard). Es gilt, Politik – unabhängig von der oft genug erbärmlichen »Tagesform« ihrer jeweiligen Sachwalter – als jene Art sozialer Tätigkeit auszuzeichnen, die der Aufrechterhaltung der Vielfalt einer Ordnung dient und der Sicherung des Zustandes geordneter Freiheit. Fritz Stern hat am Beispiel des »Rembrandtdeutschen« gezeigt, daß es kein besseres Mittel wider Politikverdrossenheit und ästhetisches Unbehagen an der Politik gibt als den sachlich und historisch überzeugenden Nachweis, welche Leistung es war, eine Ordnung zu ersinnen und einzurichten, die nicht auf Gewalt, sondern auf Freiheit und Teilhabe sich gründet. Für einen Autor wie Bernhard Crick, der seine »Lanze für die Politik« bereits in den 60er Jahren brach, war Politik entschieden mehr als nur das ominöse »kleinere Übel«; er verstand sie, unter Berufung auf Hannah Arendt, als jene »Wohltat, durch die allein eine Gesellschaft als eine freie zu existieren vermag«. Auch wenn das antipolemische Pathos gelegentlich befremden mag, so bleibt doch die Rehabilitierung der Politik als nüchterner Auftrag gerade der allernächsten Zukunft festzuhalten; ihre Anerkennung und Wiedereinsetzung als das, was sie auch noch in ihren defizienten Formen ist: eine keineswegs selbstverständliche, hochkulturelle Errungenschaft in der Evolution der Organisation – wie das Private, die Wissenschaftsfreiheit, das Recht oder der Sozialstaat.

DIE ERSETZUNG DES SUBJEKTS DURCH DEN BEOBACHTER

Auch wenn man gewiß sagen kann, wie die Antike dies tut, die Politik sei eine menschheitsgeschichtliche »Erfindung« aus Notwendigkeit, die jedoch um der Freiheit und um des guten Lebens (eu zaen) willen ihren Fortbestand habe, so bleibt in dieser Formel doch die konstitutionelle Unvermeidlichkeit ihrer *Abkunft aus Notwendigkeit* ein zentrales Motiv.

Mag die Politik auf ihrem – noch keineswegs ausgeschrittenen – Mäßigungs- und Bändigungsgang von den gewaltförmigen Anfängen zum demokratisch verfaßten Rechts- und Sozialstaat auch Bürgerfreiheit und Menschenwürde mehr und mehr ins Zentrum gerückt haben – sie bleibt unvermeidlich auch der aus Notwendigkeit nötigende Ärgernisgeber, auch dort, wo ihre Sachwalter uns mit dem Versprechen von Wohlgefallen und Lustgewinn zu ködern suchen.

Politik ist keine Veranstaltung, die zuallererst »gefallen« müßte. Zwar muß sie insgesamt Zustimmung finden – und dabei können Anmut und Schönheit gewiß hilfreich sein; doch das aus übergeordneter Einsicht gesprochene große Ja des Bürgers kann aus vielen kleinen, unter Umständen ästhetisch sehr degoutant gesprochenen Neins sich fügen.

Dominieren über einen längeren Zeitraum hinweg ästhetische Kriterien die Beurteilung des Politischen, so ist, unter der Bedingung des Parteienwettbewerbs um Zustimmung, die latente Verdrängung des Politischen und seine Ersetzung durch das Ästhetische gleichsam programmiert. Man hat, in anderem Zusammenhang einmal, von der »*galup*ierenden Schwindsucht« als einem typischen Auszehrungsphänomen im Zeitalter der repräsentativen Meinungsforschung gesprochen.

Hier liegt eines der Probleme einer forcierten Ästhetisierung: Die Erwartungen des Publikums können Psychologie, Darstellung und Konfliktdramaturgie des Politischen entscheidend verändern.

Spätestens seit der Französischen Revolution wissen wir, daß die Perzeption der Situation auch die Situation erschafft. Und so gilt auch, daß in der Wettbewerbsdemokratie die Mißverständnisse des Bürgers (als des politischen Beobachters) über das Wesen der Politik mit geringer Zeitverzögerung die Politik selber infizieren. Und dies gilt umso mehr, seit der Wähler-Souverän als der quasi verfassungsoffizielle Beobachter längst selbst beobachteter Beobachter ist. Nichts beeinträchtigt den möglichen Eigen-Sinn des Politischen, die Chancen seiner immerhin denkbaren Zeitgeistresistenz entscheidender als das immer engmaschigere Netz professioneller »Zweitbeobachtung«, von der Niklas Luhmann spricht.

Politik und Publikumserwartung vereinigen sich zu einem quasi selbstreferentiellen System der »organisierten Verantwortungslosigkeit«: Das aus der Sekundärbeobachtung gewonnene Bild der Publikumserwartung prägt die politische Reaktion, und diese wirkt – verstärkend – auf die Erwartungen und Gestimmtheiten des Publikums zurück – und keiner ist's am Ende gewesen!

Deshalb zielen auch die mit schöner Regelmäßigkeit wider die Parteiendemokratie in Stellung gebrachten Geschützlinien immer wieder »ins Leere«: Die Wahrheit ist einfach – wir haben nicht nur mäßige Politiker, Parteien und Parlamente; die Wahrheit ist – wir sind auch ein mäßiges Volk!

Leichter leben.
Das Lightmotiv als Leitmotiv

»... so kühl umstanden zu sein von lauter Dingen,
die geschehen.«
(Gottfried Benn, Gehirne)

»Ich möchte leben wie ein Armer – mit viel Geld.«
(Pablo Picasso)

Wir verlieren die Schwere, alles wird »unerträglich leicht«, weil wir unsere angestammten Orte verlieren: Wir tauschen Heimat gegen Welt, das Ur- gegen das Scheinvertraute.

Wo alles Simulation ist, wo alles begriffsloser und erfahrungsferner wird – warum sollten nicht auch bald der Lebenspartner und die Familiencrew aus jenem Stoff sein, den unsere jeweiligen Träume weben? Gerade so, wie im wirklichen Leben von bald der Hälfte der Großstadtmenschen in Berlin und Basel, in Zürich und in Paris heute schon der Lebenspartner dem Lebensabschnittspartner Platz gemacht hat, so könnte nach dem Vorbild der französischen Bildschirmtextvariante des »Minitel« mit seinen anonymen Erotikbotschaften bald auch schon der Liebhaber dem Bildschirmliebhaber und die Familie aus Fleisch und Blut den fluiden Wahlverwandtschaften der virtuellen

Wunschfamilie weichen: Barbiepuppenkids zu den Familienfesten und der Lieblingsonkel zum allabendlichen Monopoly.

Die »unerträgliche Leichtigkeit des Seins« behauptet sich flächendeckend und in allen Lebenslagen. Sogar noch unvernünftig sind wir auf moderat vernünftige Weise – wo wir sündigen, sündigen wir »light«: Zwölfzylinder – ja, aber bitte schadstoffarm! Die Wortkarriere dieser suggestiven Produktkennzeichnung – von der Filterzigarette bis zum Exotikdrink, vom Badeschaum bis zum Frühstückskaffee – verrät mehr über unser aller Seelenbefindlichkeit als viele aufwendige Befragungsaktionen der meinungsforschenden Zunft.

Die Leichtigkeit des Moral- und Problemgepäcks, von der die Designkultur kündet, kommt nicht von ungefähr. Wir rauchen nicht nur »Lights«, räkeln uns nicht bloß »light« im Schaumbad – wir leben leicht: Bloß keinen unnötigen Trouble, das Leben ist schon hart genug!

Proteus, der grenzenlos plastische Amöbengott, liefert das inspirierende Vorbild der Stunde: gestaltfähig, aber an keine bestimmte Gestalt dauerhaft gebunden. An vielen Orten gleichzeitig wird das neue Leitbild des nachgeschichtlichen Menschen modelliert, einer »multiphrenen« Persönlichkeit, die sich aus einem lockeren Verbund von Subpersönlichkeiten aufbaut. Diesem »wesenhaft nomadischen Menschen«, den schon Nietzsche heraufziehen sieht, ist alle »Schollenkleberei« fern, zunehmend eben auch jene Formen der psychologischen Seßhaftigkeit, welche sich aus dem Konzept der »autonomen Persönlichkeit« ableiten. Die Frage, die ihn antreibt, lautet nicht mehr: »Wer bin ich?«, sondern »Wer bin ich für wen?« (Vilém Flusser).

Exkurs: Kleines Lob der Mode

Wie helfen wir uns in diesen Identitätsnöten? Man hat die immer schnellere Abfolge der Moden für die »immer schneller werdende Kultur« (Douglas Coupland) verantwortlich gemacht. Dabei ist sie eher Symptom, denn Ursache der allgemeinen Beschleunigung. Was wir nämlich häufig übersehen: Beschleunigungsgesellschaften treiben vor allem einen rasch anwachsenden Bedarf an *Entschleunigung* hervor. Eine Gesellschaft, die im atemlosen Sturmlauf der Akzeleration mithalten will, muß, periodisch wiederkehrend, in Entschleunigung investieren. Das tut sie u.a. mit ihren Moden: In den Konformitätsregeln der Mode »entdeckt« die große Mehrheit der Gesellschaft »die Langsamkeit«.

Die Mode gibt der Welt – und uns – ein weniges der einstigen Schwere zurück. Sie setzt kurzzeitig die Kräfte der sozialen Gravitation wieder ins Recht, wo wir reizökonomisch allzu rücksichtslos »über die Verhältnisse leben«; sie reduziert und verlangsamt, wo wir mit den selbstinszenierten Welt- und Umweltveränderungen nicht mehr Schritt halten können, die uns vor allem als Beschleunigungs- und Vervielfachungseffekte begegnen.

Wenn's die Mode nicht gäbe – wir müßten sie schleunigst erfinden! Wer sonst informierte uns in diesen Zeiten der Unübersichtlichkeit zuverlässig darüber, was zu tun und was zu lassen ist? Die Mode ist der Kompaß der Beschleunigungsgesellschaft, einer Gesellschaft, deren Pole in Bewegung geraten sind und deren Magnetnadeln sich nach immer neuen Feldpunkten ausrichten. Sie gibt uns die zeitlich begrenzte

Gewißheit, richtig gewählt zu haben, dazuzugehören, und sie verschafft uns die Lizenz, ungestraft ins Verachtungsgelächter über jene einzustimmen, die hoffnungslos danebenliegen, die wieder einmal zu spät dran sind, über jene vom Leben selbst bestraften Fußkranken des Fortschritts.

Wäre etwas Anstrengenderes denkbar, als wenn wir uns fortwährend selbst mit guten Gründen für unser Verhalten ausstaffieren müßten? Zwar sollten die »guten Gründe«, welche der Genosse Trend uns liefert, nicht allzusehr nach Konfektion riechen, auch wenn alle Beteiligten es besser wissen. Die Modeaventure ist wie eine virtuelle Nordpolexpedition: mit Schneetreiben, Wolfsgeheul und wahlweiser Mitternachtssonne – aber ohne erfrorene Zehen! Die Profilierungschance eben zum Risikonulltarif. Die Modeprofessionellen kennen uns nun mal viel besser als wir uns selber – bis in die hintersten Winkel unseres gar nicht so schwer berechenbaren Innenlebens. Sie wissen z. B., daß wir beides haben: Abenteuer- und Routinebedarf und oft beide zugleich. Die Mode bedient treffsicher und paßgenau jene Gefühlsambivalenzen zwischen Routine und Risiko: jeder ein Trendsetter mit Anspruch auf den sozialen Pionierbonus – aber doch mit »fashionabler« Rückversicherung im Reisegepäck: Ich will der erste sein, aber bitte nicht ganz allein bleiben!

Jeder, der sich aufs Parkett des Modischen und Allzu-Modischen begibt, bezieht sein Prickeln aus dieser Ambivalenzerfahrung. Mode, die uns nicht noch ein weniges wenigstens vom Schein des Risikos beschert, ist nichts wert; aber auch umgekehrt gilt: Modische Entscheidungen leben ganz und gar aus dem Geist der *Trendgewißheit*. Keine Angst ist hier größer als die vor allzu großer Einsamkeit. Für den *homo elegantiarum* gilt im Zweifelsfall: Lieber ein wenig schizophren als ganz allein!

Im Auf- und Abstieg der Moden verteilen sich die zwiespältigen Erfahrungen zwischen Routine und Risiko auf unterschiedliche Personengruppen. Den Avantgardebonus kassieren jene, die eine Mode kreieren und bekannt machen: die »Innovatoren« und »Frühadopter«. Sie sind gewohnt, sich modisch zu exponieren, für sie ist die Mode noch ein Abenteuer mit einem moderaten Rest an Ungewißheit. Für die »frühe« und die »späte Mehrheit« und erst recht für die »Nachzügler«, welche die Innovationsforschung unterscheidet, bietet die Teilhabe an der Mode dagegen ein Stück wohlfeiler Selbstversicherung: In dieser Phase würde sich exponieren, wer es wagte, sich der durchgesetzten Mode zu verweigern.

Für die Modeavantgarde hat zwischenzeitlich die von der Mehrheit begriffene und ergriffene Mode längst ihren Reiz verloren; wenn das von ihr einst promovierte Neue beim trägen Heerwurm des modekonservativen Fußvolks angelangt ist, hat sie sich längst schon zu neuen Ufern aufgemacht.

Das Treibhausbiotop des Modischen beherbergt eine strenge Zweiklassengesellschaft: die Modekreativen und die Modekonformen. Obgleich sie psychologisch und funktionslogisch aufeinander angewiesen sind und zusammengehören wie Pat und Patachon, haben sie doch eigentlich kaum etwas gemeinsam. Die einen lieben die Freiheit und kosten sie bis an den Rand der exzentrischen Selbstinszenierung; die anderen huldigen der Sicherheit und dem Gruppenkonformismus bis hin zur Selbstpreisgabe. Die einen wollen um jeden, die anderen um keinen Preis auffallen. Und jede Gruppe verachtet von ganzem Herzen Habitus, Lebensstil und Psychologie der jeweils anderen!

In diesem Gegenüber von Modekreativen und Modekonformisten, von Avantgarde und Fußvolk spüren wir gleichsam die Nachbeben einer archetypischen Konfliktkonfiguration, die uns auf vielen sozialen Bühnen und mit wechselnder Besetzung immer wieder begegnet in jenem Stück, welches mit »Genese der modernen Gesellschaft« überschrieben ist.

Schon die früheste Neuzeit kennt diese zwei diametral entgegengesetzten Sozialtypen, die zwei vom Grundsätzlichen her unterscheidbare Reaktionen auf den Prozeß der »Modernisierung« und das beginnende Zeitalter der Freiheit und Vernunft markieren: den zukunftszugewandten, tatenstarken »uomo unico«, den Künder und Motor des Neuen, der sich in Kunst und Wissenschaft ebenso bewährt wie im Handel und Gewerbe, im Reich der Entdeckungen und der modernen Technik ebenso wie in den Gefilden der Philosophie und der Politik; und seinen widergängerischen Zwilling, das entwurzelte »Individuum wider Willen«, dem die Pflicht zur neuen Freiheit jenseits der ständisch-korporativen Gemeinschaftswelt um so vieles anstrengender wurde als die alten Gewohnheiten und Pflichten, die Platz, Rang und Rolle des einzelnen so präzise umschrieben.

Das moderne Europa gebar in den Zeiten von Renaissance und Humanismus vor über vierhundert Jahren nicht nur einen einzelnen Typus des »modernen Menschen«, sondern ein in seinen Fähigkeiten und Verhaltensbereitschaften diametral unterschiedliches Zwillingspaar: nicht nur das Individuum, sondern auch das »gescheiterte Individuum«, nicht nur den Beschleuniger, sondern auch den Entschleunigungsbedürftigen. »Und dieses ›gescheiterte Individuum‹ war«, in den Worten Michael Oakeshotts, »nicht ein Überrest aus einer vergangenen Zeit, sondern ein ›moderner‹ Typus, das Produkt derselben Auflösung kollektiver Bindungen, die das moderne europäische Individuum hervorgebracht hatte.«

Dieser urneuzeitliche Konflikt der feindlichen Zwillinge ist noch immer nicht beigelegt. Nur die Konfliktmuster sind andere, und die Konfliktverlaufslinien wurden neu gezogen: sie verlaufen nicht mehr nur zwischen den unterschiedlich beteiligten Sozialgruppen, sondern spalten häufig schon die Persönlichkeit, gehen mitten durch uns selber hindurch.

In den soziologischen Großbeschreibungen der postmodernen Gesellschaften (von »E« wie Erlebnis- bis »R« wie Risikogesellschaft) mit ihrer Betonung der Besonderungen und Individualisierungen äußert sich viel Wunschdenken. Das enge Wechselverhältnis zwischen dem Medialen und dem Mediokren ist wahrlich schwer zu übersehen, und die Zweifel wollen einen auch dort nicht mehr loslassen, wo mit der Inbrunst von Freizeitanimateuren jener »neue Sozialisationstyp« beschworen wird, der sich seine Identitäten und Biographien selber zusammenbastelt.

Manche der Herren Großsoziologen scheinen bei ihrer süffigen Frohbotschaft vom neuen allseitigen Individuum eine Kleinigkeit zu übersehen: daß nämlich auf die unablässig zur eigenen Identitätsanstrengung und zu immer neuen Wahlakten (»Was gefällt mir besser?«) aufgeforderten Not- und Neigungsautonomen der Stunde immer schon ein Schwarm von professionellen Wahlhelfern und hochspezialisierten Verbindlichkeitssimulanten wartet, die sich reger Nachfrage erfreuen.

Noch ist die Mode- und Werbebranche selbst realistischer als die Soziologie. Sie weiß, daß wenige machen, was viele anmacht, und wenige zu dem beitragen, was viele tragen. Noch gilt allenfalls das naivwohlmeinende »Jeder-ist-ein-Künstler«; gottlob aber noch nicht das unverzeihlich geschäftsschädigende »Jeder-ist-ein-Lagerfeld«!

In den Konformitätsregeln der Mode also »entdeckt« die große Mehrheit der Gesellschaft »die Langsamkeit«, jene Langsamkeit, die den wohl unvermeidlichen Inkubationspreis des Fortschritts bezeichnet. Eine solche Sicht mag verwundern. Die Modefolgen signalisieren uns gemeinhin das Gegenteil: Beschleunigung, Tempo, verwirrende Vielfalt. Und doch sind sie, der Sache wie der Wirkung nach, ein Phänomen kompensatorischer Entschleunigung.

Zunächst bedeuten die anerkannten Gültigkeitsregeln der Mode ja nichts anderes, als daß eine Gesellschaft über appellable Kriterien der Zugehörigkeit bzw. der Ausschließung verfügt. Es gilt nicht einfach alles mögliche als möglich, sondern einiges, aber vieles andere nicht. Was die Mode vollbringt, ist vor allem eine gigantische Reduktionsleistung: Sie zeigt Grenzlinien sozialer Geltung auf und schneidet die unermeßliche Komplexität des Möglichen auf handhabbare Größen zurück. Sie macht den Wandel faßbar, gibt ihm eine Form, nimmt ihm das Monströse; denn monströs ist stets das Grenzenlose, das Alles und Jederzeit. Mit einer Welt des permanenten Wandels und der unterschiedslosen Gleichgültigkeit könnten wir nicht leben. Sie hielte uns unablässig in Atem, beraubte uns aller Orientierung. Sie überforderte uns in sozialer ebenso wie in psychologischer Hinsicht.

Sehen wir von der kleinen Minderheit der wandlungskreativen Modeabenteurer und Trendpioniere einmal ab, dann interessiert die Mehrheit an den Moden nicht der Wandel, sondern die Tatsache, daß etwas bleibt und Gültigkeit beansprucht – und sei es auch für noch so kurze Zeit. Die große Mehrzahl der Modekonsumenten erfährt die Mode als eine Auszeit vom Zersetzungswerk des Wandels; sie begrüßt sie als Statthalterin des Bleibenden und Verpflichtenden, als Insel im Mare magnum der unablässigen Gezeitenwechsel. Für sie ist die Mode ein Halt auf Zeit, mit dem sie sich der Destruktion des Wandels entgegenstemmt. Wie ein erfahrener Pilot im tobenden Hurrikan das ruhige Auge des Sturms zu gewinnen sucht, so streben wir nach dem Wartesaal der Mode. Und wie der Pilot weiß, daß er, um die Turbulenzen zu vermeiden, mit dem Toben mitziehen muß, in exakt derselben Geschwindigkeit, so »weiß« auch der Modebewußte, daß es kein wirkliches Ausruhen gibt, daß er, wie in einer der »Spiegelwelten« in Lewis Carrolls »Alice in Wonderland«, schnell laufen muß, um an seinem Platz zu bleiben, weil alles um ihn in Bewegung ist und er »keinen festen Boden unter den Füßen hat«.

Dieses Bild zeigt, weshalb die Mode vor allem eine Angelegenheit der Jungen ist: Sie sind die besseren Läufer. Das bedeutet: Sie sind psychisch mobiler, auch nach den ersten Enttäuschungen noch illusionsfest und verstörungsimmun, noch glaubens- und bekenntnisbereit. Wer im Lauf seines Erdenwandelns den Minirock zum dritten Mal kommen und wieder gehen sah, den wird auch die Frage aller Hosenfragen: mit oder ohne Schlag?, nicht mehr in allzu fiebrige Erregung versetzen. Er zeigt, kurz gesagt, die unvermeidlichen seelischen Immunreaktionen wider das beschleunigungskompensatorische Antidot des Modischen.

Auch die Illusionsbereitschaft ist eben eine knappe Ressource. Sie nimmt altersbedingt dramatisch ab, weil die angesammelte Lebenserfahrung von vornherein jenem Anspruch auf Gültigkeit und Dauer widerstreitet, der stets mit einer neuen Modemode einhergeht.

Das System der Mode, in seiner aktuellen, hochgradig professionalisierten Erscheinungsform, ist keineswegs nur die kalte Brachialmaschinerie der permanenten Innovation, sondern auch ein intelligenter und effektiver Abwehrmechanismus wider die überfordernden Zudringlichkeiten der »Zuvielisation«. Die Mode errichtet eine Art Puffer- und Knautschzone um die menschliche Psyche, baut ihr einen »Zeitkokon«, in den wir uns zurückziehen, um uns vor dem Anprall der großen Info-Fluten zu schützen. Ihre größte Leistung ist die Selektivität. Mode ist vor allem Informationsverweigerung: Sie schottet ab, errichtet Dämme der Wahrnehmung, macht uns auf Zeit definitiv unerreichbar – wie der Walkman über den Ohren, der uns vor dem Sprachbabylon der Umwelt »bewahrt«.

Überall finden sich szenetypische Anzeichen und Hinweise neuartiger Temporärfundamentalismen. Wer sich ganz und gar einer Sache hingibt und einer einzigen Wahrnehmung verschreibt, muß sich zwangsläufig allen anderen verweigern. Die Selektivität der Mode, ihre Fähigkeit, inmitten der grenzenlosen Offenheit Zeitinseln zu schaffen, korrespondiert auf höchst bezeichnende Weise mit oft beschriebenen (und geforderten) Psychoeigenschaften der Postmoderne – allen voran denen der »*positiven Ignoranz*«. Positive Ignoranz bedeutet vor allem zu wissen, was wir nicht zu wissen brauchen, was wir daher guten Gewissens aussparen können, ohne »Informationsangst« (Heiko

Ernst) zu bekommen. Wie die Mode beschreiben auch die Psychotechniken der »*closed mindedness*« Überlebensstrategien gegen die Informationsüberflutung.

Unter den Bedingungen einer außer Rand und Band geratenen Reizökonomie einigermaßen verläßlich einzuschätzen, »wer ich für wen bin«, ist ohne die Identifikationshilfen der diversen modischen Erkenntnisdienste fast aussichtslos. Die Moden sind uns ein Stück demokratisierten, entmystifizierten Weltwissens, welches uns hilft, mit der Anforderung der dauernden Rollenwechsel zurechtzukommen, ohne krank zu werden.

Jeder, der die Geschichte der »Moden« dieses und der vergangenen Jahrhunderte studiert, macht an unverhoffter Stelle immer wieder wundersame Passungserfahrungen; eben die Entdeckung, daß Moden nichts Willkürliches und Beliebiges sind, daß es stets die heimliche Übereinkunft auch zwischen weit entfernten Feldern der sozialen Wirklichkeit gibt (wie etwa in unseren zeitlichen Breitengraden jene zwischen Lyrik und Architektur; oder jenen einst von Max Weber benannten »Schulterschluß« zwischen Konfession und Wirtschaftsethik; oder jene »frivole« Passung des historischen Rokoko zwischen der Modeerfindung der Schwebeschaukel und der Tatsache, daß die höfischen Damen jener Tage keine Unterwäsche trugen).

Spätestens seit Thorstein Veblens' soziologischem Bestseller »Theory of Leisure Class« wissen wir, welch hochkulturelle Formen der Wahrnehmung und der Distinktion sich mit dem Regiment der Moden verbinden. Wer dazugehört, entschlüsselt Details, erkennt Zusammenhänge, nimmt feinste Unterschiede wahr, kurz, er hat teil an einer facettenreichen Welt, die dem unkundigen Außenseiter verschlossen bleibt – er ahnt vielfach noch nicht einmal, daß sie existiert; geradeso, wie ein Großstädter, der zum ersten Mal den Wald betritt, überzeugt sein könnte, daß er das einzige Lebewesen weit und breit sei, obgleich sich dem kundigen Auge doch auf Schritt und Tritt Spuren einer überbordenen Fülle von Leben offenbaren. Die Moden sind, auch schon für den schlichten Modekonsumenten, durchaus vergleichbare Schulen der Wahrnehmung. Nur elitäre Arroganz läßt uns die sozialbedeutsamen Leistungen der Mode als Stimulus der Wahrnehmung so gering achten.

Für den erfolgreichen Modepionier kommen ein hohes Maß an disziplinierter Spekulation und ein einfühlsames Antizipationsvermögen hinzu, ohne welches die Mode als der große »Tigersprung in die Zukunft« (Walter Benjamin) eine Willkürkreation bleibt, ohne Aussicht auf Bestätigung durch Gefolgschaft. Wenn der Fortschritt vor allem als ein Fortschreiten in der Richtung immer genauerer Wahrnehmung und immer unbestechlicherer Beobachtung zu lesen ist, dann haben die Ein- und Ausschließungsregeln der Moden samt der von ihnen stimulierten Verfeinerung des gesellschaftlichen Wahrnehmungs- und Selektionsinstrumentariums unentbehrliche Schrittmacherdienste geleistet. Daß wir Moden erkennen, daß wir feinste Unterschiede beobachten und registrieren, bedeutet ja per se schon dazuzugehören, im inneren Kreis sich zu bewegen. Weil in diesem Felde – wie sonst vielleicht nur noch beim Entziffern von Hieroglyphen und dem Auswerten der Funkbilder eines Wettersatelliten – das geschulte Auge alles ist, gilt auch: Wer uns sieht, ist einer von uns. Wer sich auf die Welt der Mode einläßt, betritt Orte einer geheimnisvollen Ordnung, eines in vielem auch heute noch rätselhaften Sozialgeschehens:

nichts ist geschrieben, dekretiert, verfügt, in Vorschriften und Paragraphen gefaßt – und doch sind die Regeln sozialer Kontrolle und Sanktion nirgends schneidender als hier, wird auf Exklusivität nirgends strenger geachtet, werden die Vernachlässigungen feinster Besonderheiten unnachsichtiger geahndet.

Es ist alles andere als zufällig, daß uns die Hegemonie der Moden gerade in einer Zeit der großen Relativierungen und des Urteilsverfalls so stark beschäftigt: Sie bietet die Möglichkeit zweifelsfreier Zuordnung und bewahrt uns ein Stück unabdingbarer Orientierungsgewißheit auch in unübersichtlicher Zeit. Der milde Paternalismus der Mode ist uns alles andere als unwillkommen. Jeder baumelt an der Nabelschnur seiner Mode; jeder Zeitgenosse ist ein Stück weit modehörig und -tributpflichtig. Von »Modezwängen« und »Modedidakten« spricht nur, wer gegen die andere Mode (als die Mode der anderen!) polemisiert.

Soziologisch gesehen leistet die Mode etwas, was keineswegs selbstverständlich ist, so daß es auch ganz von alleine, ohne zusätzliche Anstrengung zustande käme: die Rückbindung des einzelnen an die Gesellschaft. Viele Zeugnisse der Geschichte lehren uns, welch prekäres Unterfangen diese Rückbindung stets war. Die so viel milderen, oft geradezu verspielten Formen, in denen uns die Mode heute auf die Einhaltung des Sozialkontrakts verpflichten will, sollten uns nicht täuschen: die Sache, um die es geht, ist todernst.

Was waren das noch für Zeiten, als wir auf der Vollversammlung beschließen konnten, die Gesellschaft zu ändern! Die Gebildeten unter ihren Verächtern ahnen heute immerhin, daß erst mal eine

Gesellschaft dasein muß, bevor wir sie verändern können.

Daß die Pflichten der Mode sich heute oft hinter ihren Listen verbergen, ändert hieran nichts: Die Moden sind die »Verzehrverbote« der modernen, anonymisierten Großgesellschaften. Bei vielen frühgeschichtlichen Jägerstämmen treffen wir auf diese Merkwürdigkeit: der Jäger darf – oft um den Preis des eigenen Hungertodes – das selbsterlegte Beutetier nicht essen. Erst solche rigorosen Verhaltenstabus binden den einzelnen unauflöslich an die soziale Gemeinschaft und ihre Regeln zurück. Offensichtlich kommen wir lediglich als sozialfähige Wesen auf die Welt. Um aber soziale und gar sozialvirtuose Wesen zu werden, müssen wir viel üben.

In eine der gar nicht mehr so zahlreichen Baustellen des Sozialen blicken wir auch, wenn wir ins Antlitz der Mode schauen. Gerade die Sterblichkeit der Mode zieht ihr den Giftstachel des Bevormundenden und über Gebühr Zudringlichen. Eine einzelne Mode, für sich genommen, kann uns geradezu als ein Zerrbild des Sozialen anmuten, wie etwa die Tournüre in der Mode des ausklingenden 19. Jahrhunderts, »die den Fettsteiß der Hottentottin imitierte« (Bernhard Rudofsky), uns Heutigen als groteske Verirrung, ja als mutwillige Entstellung des Frauenkörpers erscheint. Aus größerer Distanz betrachtet, ist es jedoch eben das Kommen und Gehen der Moden, ihr unablässiges Aufbau- und Zerstörungswerk, welches den sozialen Körper modelliert. In den Moden errichten wir die fluide Plastik des Sozialen, die ihre Stabilität über die Zeit einzig der Tatsache dankt, daß sie sich aus unzähligen, sich ständig überholenden Einzelbewegungen formt.

Und wir errichten sie mit ungefähr derselben ahnungslosen Emsigkeit wie die Ameise, die eine einzelne Tannennadel zum großen Ameisenhügel schleppt.

Vor diesem Hintergrund zeichnen sich Glanz und Elend der Mode in wünschenswerter Schärfe ab: Ihr Glanz läßt uns unser Elend immer wieder vergessen; doch ihr Elend schafft uns, wenn wir seiner ansichtig werden, keinen neuen Glanz.

BARBIE, TAMAGOTCHI & CO

Wer mit Publikum rechnen muß, wie Politiker, Kaufleute und Designer, tut gut daran, sich über dessen Mitspielbereitschaft Gedanken zu machen. »Zuvielisation« ist anstrengend: Wer viel hat, hat immer auch viel wegzuräumen! Längst gibt es den »Terror der Sachen«.

Schwer zu entscheiden, welcher Zwang auf Dauer als bedrückender empfunden wird: die rohe Nötigung des unverfügbar Notwendigen oder der beständige Zwang zur eigenen Entscheidung.

So muß es Robinson ergangen sein, als ihn der Passagierdampfer aus der Wildnis in die Zivilisation zurückbrachte: Eben noch in all seinen Lebensäußerungen ein Sklave von Gnaden der kargen Umwelt, Wetter und Boden ausgeliefert, vom Rhythmus der Jahreszeiten, vom Wechsel von Tag und Nacht abhängig; im nächsten Augenblick in die »zivilisierte« Umgebung des Schiffes versetzt, wo künstliches Licht die Nacht zum Tag macht, Kälte und Wetter einem nichts anhaben können, aber ein neuer Zwang, zwingender als die nötigende Zudringlichkeit der Natur, sein Haupt erhebt: der Überfluß, die Abundanz, die zur *Abundanz des Wählens* wird: zum beständigen Zwang, sich entscheiden zu müssen zwischen Lamm und Lachs, Kalb und Geflügel, Salat und Südfrüchten, Whiskey und Champagner, zwischen Lesen, Gespräch oder Tanz, zwischen Swimmingpool, Bordorchester oder einer Partie Bridge. »Warum«, so mag unser geretteter Inselheld schon bald angesichts dieses fragwürdigen Freiheitszugewinns stöhnen, »warum sagt mir denn niemand mehr, was ich zu tun habe? Warum ist alles im Fluß, steht nichts mehr fest?«

Die Freiheit des Wählens kann ganz schön stressig sein. An der antiautoritären Bielefelder Laborschule Hartmut von Hentigs schmunzelte man über den legendären Stoßseufzer wahlstreßgeplagter Schüler: »Müssen wir heute schon wieder machen, was wir wollen?!«

Wie zwingend und anstrengend jene Toyota-Welt des »Nichts-ist-unmöglich« sein kann, wie zudringlich und überwältigend sie erfahren werden kann, nimmt wohl nur der wahr, der bis gerade eben noch in der Gegenwelt des mangelgeschuldeten Zwangs zu Hause war – ein »geretteter« Robinson eben, ein Obdachloser, der den Haupttreffer im Lotto gezogen hat, ein quasiarchaisch existierender Dorfbewohner irgendwo in der Dritten Welt, den es in die Shopping Mall der Glitzermetropole verschlagen hat.

Natürlich ist auch die »Light-Welle«, von der oben die Rede war, nur eine Welle, bereit, mit dem Schaufelrad ihres weitkreisenden Armes aus dem dunklen Land des Möglichen das nächste Orientierungsparadigma ins Schaumkronenlicht unserer Aufmerksamkeit zu heben. Und vielleicht gilt: *Next wave, heavy wave!* Das Leichte und Allzuleichte, das Seichte und allzu Seichte, das Beliebige, das Unverbindliche – es könnte schon bald von gestern sein, die Folienwand, an welcher eine neue Generation von Überzeugungstätern und Verbindlichkeitsenthusiasten ihre Kriegserklärung annagelt. Noch rüstet alles für den großen Wagon-Track in den Cyber-Space, noch konzentrieren sich die fiebrigen Erwartungen der Laserstrahlgemeinde technophiler Frischwärtsgroupies und anonymitätsverliebter »Computerbuddhisten« allein auf die Möglichkeiten der Virtualisierung und der elektronischen Freiwahlexistenz im Netz. Doch es könnte auch alles ganz anders kommen. Noch ist es eine einsame Stimme, wenn Marc Slouka den Kollegen Minsky, Kelly, Barlow, Moravec und Morrow zuruft: »*I like my carbon-based body!*« Wenn die Anzeichen nicht trügen, könnte daraus ein mächtiger Chor werden. Die anämische Epoche der Künstlichkeit und des körperlosen Geistes könnte so plötzlich, wie sie ausgelobt wurde, an Faszination verlieren. Die Hinweise auf eine neue Vitalnachfrage sind mit Händen zu greifen – vom Bodybuilding als Modus schmerzhafter Selbstvergewisserung bis zum Piercing und Burning, jenen zeitgemäßen Varianten des klassischen Mensurenschlagens; eine neue *Gier auf Echtzeit* kündigt sich an, die demonstrative Privilegierung der Echtzeitphysik fester Körper, in denen, anders als bei Barbie, Tamagotchi & Co, das Blut zirkuliert und die Zellen altern. Für die neuen Selbstgewissen und Sinnaktiven, die am Horizont heraufziehen, sind Künstlichkeit und Simulation, die Kultveranstaltungen der Stunde, nur blutarme Pausenfüller. Sie werden nicht verstehen, wie die Kultkids der 90er es »oberaffengeil« finden konnten, sich »online« auf dem Oktoberfest zu tummeln oder ihre Pizza aufwendig übers Internet zu ordern.

Als neue Orientierungsmetapher könnte für sie eine programmatische Gedichtzeile Uwe Kolbes gelten: »Ich bin bereit zur Herrschaft über mich selbst.« Lassen wir uns von den sprachlichen Anklängen nicht irritieren: Der Wille zur Selbst*beherrschung* ist etwas unvergleichlich anderes als die blasse Sehnsucht nach Selbst*verwirklichung*!

So, wie uns Sten Nadolny in »Die Entdeckung der Langsamkeit« (1984) gezeigt hat, daß wir erst langsam werden müssen, wie sein bedächtiger Held John Franklin, um dann, wenn es darauf ankommt, schnell und ohne Verzögerung reagieren zu können – so gilt auch heute: *Wir müssen »schwer« werden, um »leicht« zu bleiben*, reaktionsfähig, wandlungsaktiv, innovativ. Wer sich – von außen – schwer machen läßt, wer sich dem Terror der Sachen: dem Zuviel an Geräten, Statussymbolen, Freizeitangeboten, Unterhaltungsofferten, den Datenhalden und Infolawinen anheimgibt und das Knöpfchen zum Abschalten und Neinsagen nicht kennt, wer sich einseitig dem ruinösen *Zwang des Habens* ausliefert und die neuen *Chancen des Seins* noch immer übersieht, der ist schon lange nicht mehr auf der Höhe der Zeit.

Um *leicht* zu bleiben, behende, Souveräne unserer selbst, um handlungs- und gestaltungsfähig zu sein, dürfen wir vor allem eins nicht: wir dürfen uns nicht von außen zupacken lassen. Wer sich zupacken läßt, kann selbst nicht mehr zupacken; er hat keine Hand mehr frei.

Wer aber im hier geltend gemachten Sinn »schwer« ist: wer über Sinnwissen verfügt, Urteilskraft und eigenes Unterscheidungsvermögen, wer weiß, was er braucht und was nicht, der wird sich leicht und geschmeidig bewegen, weil er sich mit überflüssigem Plunder erst gar nicht belastet.

David Riesman unterscheidet in seinem soziologischen Klassiker »Die einsame Masse« (1963) zwischen dem *innen-* und dem *außengeleiteten Menschen*; man könnte auch sagen: zwischen »schweren« und »leichten« Zeitgenossen; zwischen den Aktiven und den Passiven, den Machern und den Angemachten; zwischen dem selbständigen Individuum und dem rundum betreuungs- und zerstreuungsbedürftigen Sozialpatienten, also dem Anti-Individuum, dem *Individuum wider Willen;* zwischen dem, der sich nach seinen inneren Überzeugungen richtet, und dem, der am Signal- und Erwartungstropf seiner Umgebung hängt.

Es gibt einen *wachsenden Bedarf an Innenleitung*. Der Designer der Jahrtausendwende muß sich viel stärker an der Sinnfront engagieren. Wer nur das Leichtest- und Seichtestangebot vergrößert, könnte schon bald das Thema verfehlen.

Die »neuen Schweren«, die ich kommen sehe, stehen eben auch sinn- und symbolpolitisch auf eigenen Füßen: »Ich rufe nicht/ich folge nicht/Protest ist keines meiner Worte« (Uwe Kolbe). Auf die Allgegenwart von Zerstreuung und Dekonzentration antworten sie mit konzentrierter Anstrengung; statt Unterhaltung zu suchen, bewahren sie Haltung.

Wer künftig etwas verkaufen will, tut also gut daran zu registrieren, daß der Panzer der *positiven Ignoranz*, der Abschirmung von der Welt und ihren Wahl-Offerten, undurchdringlicher werden könnte, das Wissen um das, was ich brauche und was nicht, um vieles deutlicher und gewisser!

Die *New Frontier*, die Grenzregion der Jahrtausendwende, die es zu erobern gilt, liegt im Innern. Vielleicht kommt er schneller, als viele glauben: der *wehrhafte Verbraucher*, der reflexive, auf Sinnantworten beharrende Konsument, der die seit den 80er Jahren eingetretene Dominanz des Bildes über den Gedanken (und der Zeichen über den Körper) wieder rückgängig machen will.

Das »Light«-Motiv bezeichnet nur die *prozyklische* Orientierungsvariante; wer auch morgen noch schnell sein will, der wappne sich beizeiten *antizyklisch;* d. h., er überlege sich beizeiten, wo und wann er aufgerufen sein könnte, den Dingen und den Umständen wieder Schwere und Bestand zu geben. Sich allein der *Light-Welle* anzuvertrauen, ist leichtfertig. Gerade wer schnell und beweglich bleiben will, muß immer wieder, bewußt gegenläufig, in Langsamkeit und Gemächlichkeit investieren. Dafür sprechen schon die Gesetze der Wahrnehmung: Wer inmitten einer Menschenmenge, die zum Biergarten drängt, lauthals dazu auffordert, zum Biergarten zu gehen, schreit sich umsonst die Kehle heiser. Nur wer *nicht* im Mainstream mitschwimmt, wer die Chance des »gegenläufigen Rinnsals« nutzt, hat auch die Chance, dem Fluß ein neues Bett zu graben!

Jeder Großtrend bringt Hör- und Aufmerksamkeitschancen für Gegenläufiges. *Diese* sollten wir nutzen.

Die Macher und die Angemachten oder Die Enteignung von Wirklichkeit und Wahrnehmung.
Um die Wiedergewinnung der Urteilskraft

DÉJÀ-VU

Das Fernsehen ist, wie Wissenschaft und Technik, zu einer »ersten Lebensmacht« geworden. Nehmen wir die erst in Umrissen zu erahnenden Folgen der Mikroelektronik-, Computer-, Mail-box- und Internetrevolution hinzu, so wird hier mit den Mitteln der modernen Kommunikations- und Informationstechnik nicht weniger vorbereitet als ein »Angriff« auf das Wesen des Menschen, auf das Gesamt seiner Lebensäußerungen und seines Weltverhaltens.

Das ist im übrigen den ökonomischen Promotoren der neuen Informations- und Kommunikationstechnologien viel deutlicher bewußt als den eher kleinkrämerischen Chargen, die auf keiner deutschen Podiumsdiskussion zum Thema *Neue Medien* fehlen und die noch immer glauben, der Gipfelpunkt in Sachen zeitgemäßer Modernität und Progressivität bestünde darin, sich – wie weiland für Vernunft und Freiheit – nun für Bertelsmann und Bill Gates in die Bresche zu werfen. Während die »Trittbrettfahrer« immer noch meinen, beweisen zu müssen, wie wenig sich eigentlich, bei Lichte besehen, am technologischen Status quo verändere, werben die Medienmogule unverhohlen mit ihrer quasirevolutionären Sendung, soll heißen: sie sind sich sehr wohl bewußt, daß kein Stein des Sozial- und Umgangsgefüges auf dem anderen bleibt, wenn erst die medialen Schleusen sich geöffnet haben werden.

Es gibt längst keine medienfreie »Realität« mehr – genausowenig wie naturbelassene Nur-Natur, jedenfalls nicht in unseren Breitengraden. Von allen Arten lebt der Mensch in der »künstlichsten« aller Umwelten. Von allen Lebewesen ist er das einzige, welches sich in seinen eigenen Lebensbedingungen nahezu vollständig von den Lebensbedingungen aller anderen abgekoppelt hat. Überall stößt er auf die Spuren der eigenen Einwirkungen. Indem er sich selbst seine Lebensbedingungen schafft, schafft er sich, in einem sehr direkten Sinn, selbst; und er tut dies, gleichsam hinter seinem eigenen Rücken, ohne ein gültiges Bild seiner selbst und der ihm gemäßen Welt. Längst findet der Mensch – nach Herder der »erste Freigelassene der Natur« – sich allenthalben aufgefordert, nach der beispiellosen Welt- und Umweltveränderung nun vor dem zweiten Schritt nicht zurückzuschrecken und beherzt auch »Hand an sich selber« zu legen. Nicht allein das »Naturkapital«, längst auch das »Sozial«- und »Humankapital« sind bedroht! Mensch-Sein, in seiner individuellen wie in seiner sozialen Dimension, ist eine gefährdete Lebensform, »an endangered species«, wie es die amerikanische Artenschutzgesetzgebung formuliert. Die »Freizeitkatastrophe« in Gestalt einer lähmenden »Passivierungskatastrophe« durch exzessiven Fernseh- und Videokonsum sollte uns mindestens ebensosehr beunruhigen wie das Waldsterben. Das »Verschwinden der Kindheit« (Neil Postman) und die reservatsähnliche soziale Randständigkeit der Lebensformen des Alters sollten uns genauso »betreffen«, wie ein vom Durchgangsverkehr bedrohter Krötenzug.

Die verhaltensleitende Macht des Mediums der Medien ist mittlerweile für viele so allgegenwärtig, daß selbst die »fernsehfreie Woche« nur eine Chance hat, wenn das Fernsehen sie propagiert. Nur das Medium kann das Medium noch stoppen – jedenfalls für sieben Tage! Gegen alles, was uns darüber hinaus allzu abrupt zugemutet würde, und sei's vom Medium selbst, würde das »Medium in uns« rebellieren.

Die bedrohlichsten Gefahren sind jene, die wir nicht bemerken. Die Fernsehfalle ist eine »tödliche« Bedrohung, weil sie zuschnappt, ohne wehzutun; sie ist deshalb so gefährlich, weil sie uns völlig schmerzfrei so »zurichtet«, daß wir gar nicht mehr wahrnehmen, was mit uns und all den anderen wirklich geschieht. Es gibt keine technische Erfindung, keine Einrichtung des sozialen Lebens, keinen politischen Impuls, der in vergleichbarer Weise unsere Wahrnehmung und unser Wissen, unser Denken und unser Empfinden, unser Verhalten und unsere Vorstellungskraft verändert hätte! Weder Gott noch der Gartenarbeit, weder dem Skatspiel noch dem Staat, weder den Freunden noch dem Fußball bringen wir, über das ganze Leben hinweg, mit solcher Bereitwilligkeit vergleichbare Zeit- und Aufmerksamkeitsopfer.

Und gibt es irgend etwas auf dieser Welt und in unserem Leben, das wir nicht, vor allem anderen, zuerst vom Bildschirm kennen? Weder der Guerillakampf noch der Vulkanausbruch, weder die Kabinettssitzung noch der Bankraub – so vieles, mit dem wir uns wohlvertraut wähnen – ist uns im wirklichen Leben je begegnet. Mit dem milden, gleichwohl aber unerbittlichen Zwang seines unerschöpflichen Bildervorrats für alle nur denkbaren Lebenssituationen hält uns das Medium gefangen; mit seiner allgegenwärtigen Vorbildhaftigkeit raubt es uns die Unbefangenheit. Das *Apriori der Bilder* macht uns, gerade auch in der banalen Choreographie des Alltags, unentwegt zu Nachsagern und Nachlebern; es vernichtet uns als Subjekte mit Willen und singulärer Biographie. Die Medien liefern uns, auch auf ganz unprätentiöse Art, suggestive Vorbilder auf Vorrat, Verhaltensschemata für eine Fülle von Standardsituationen des täglichen Bedarfs: Wir haben so oft gesehen, wie man »böse« dreinschaut oder »cool«, wie man sich beim entsagungsvollen »Abschied für immer« verhält und was sich ein phantasiebegabter Verliebter so alles einfallen läßt, daß sich Persönlichkeit und Verhalten längst nach dem Vorbild der Vorbilder formen.

»Jeder Johnny küßt heute wie Clark Gable«, so hat Günther Anders einst unsere nachaufklärerischen Schwierigkeiten mit der Originalität auf den Begriff gebracht. Welcher Teeny hat heute nicht, lange vor dem ersten eigenen Kuß, schon tausendmal *via Bildschirm* geküßt, in allen Varianten und Gefühlslagen? Wer hat nicht schon tausendmal »auf Vorrat« gehaßt und geliebt, mit Pathos verzichtet und mit kalkuliert knapper Geste Verzeihung geübt? So viele Vorbilder – wer trägt da noch Persönlichkeit? Das universale *Déjà-vu* stempelt uns alle zu hoffnungslosen Nachahmungstätern und Simulanten. Wir können Gefühle und häufig auch Gefühls«ausbrüche« gar nicht mehr leben, wir müssen sie *inszenieren*. Die Video- und Zelluloidheraldik kennt keine Familienwappen.

Nicht die »Priesterherrschaft der Intellektuellen« (Helmut Schelsky) ist angesagt, sondern die barbarische Profanherrschaft der Lebens- und Erlebnissimulanten. Wir alle haben unsere Ersatztäter und Stellvertreterhelden, die für uns leben und lieben, siegen und untergehen. Wozu brauchen wir noch um die Traumfrau im wirklichen Leben zu werben, wozu eigentlich noch den Himalaya auf eigenen Füßen ohne Sauerstoffmaske zu erstürmen? Tom Cruise und Reinhold Messner können das im Zweifelsfall, jeder am jeweiligen Platz, zweifellos besser als wir!

Virtuelles Techtelmechtel mit dem Star

Noch problematischer aber sind die Ersatzhelden dort, wo sie zu virtuellen Dauerkonkurrenten werden, die uns auf Schritt und Tritt begleiten. Was bewirkt die Bildschirmübervölkerung mit besonders gelungenen Exemplaren unserer Gattung für Lebensgefühl und Lebenschancen des weniger üppig Ausgestatteten?

Wenn ein pickliger junger Mann sich mit seiner Traumeroberung beim ersten Date im Kino *Atemlos* mit Richard Gere ansieht – einen Film, der ganz und gar von der wahrhaft atemberaubenden körperlichen Präsenz seines männlichen Protagonisten lebt –, wird er nicht fast zwangsläufig während der zwei Kinostunden auf den naheliegenden Gedanken verfallen: Was, wenn sie mich nun mit *ihm* vergleicht? Und wer – Mann oder Frau – hat diesen Gedanken nicht schon einmal gehabt? Und wer hat seine Partnerin oder seinen Partner nicht tatsächlich schon einmal mit einem dieser ultimativen Gesichter und Figuren, samt der von ihnen »verkörperten« erotischen Laszivität oder ihrer flapsigen Liebenswürdigkeit, ihrer abgeklärten Coolness, ihrem ausgeflippten Charme usf., verglichen?

Was bedeutet es, auf Dauer gesehen, daß Paare sich

nicht mehr, wie in der Vergangenheit, in der Nische ihres beiderseitigen Attraktivitätsniveaus relativ unbehelligt einrichten können; daß sie der permanenten Verunsicherung durch *virtuelle Mitkonkurrenten* ausgesetzt sind, die sich in einer ganz anderen Gewichtsklasse bewegen?

Die Versuchung und Verunsicherung, die für die wirkliche Beziehungssituation durch das Auftauchen eines im Attraktivitätsniveau ein oder zwei Klassen höher einzustufenden Mitbewerbers eintreten kann, ist, via Film und Fernsehen, samt der vom Starkult dieser Medien bewußt geförderten Vertrautheitsillusionen beim Publikum, fast zum Normalfall geworden. Auch wo der psychologische Mechanismus gar nicht wirklich bewußt wird, geht ein erheblicher Teil der hier wie da grassierenden latenten Partnerunzufriedenheit auf das Konto dieses, den wirklichen Partner aus Fleisch und Blut unvermeidlich abwertenden und beschädigenden Vergleichs. Normalerweise wird im Attraktivitäts- und Sympathiewettbewerb nicht über die eigene oder die gerade noch erreichbare Niveaugruppe hinaus verglichen. Die mediale Allgegenwart der Jungen, Interessanten und strahlend Schönen, das tägliche Stelldichein der Stars und Sternchen in unseren Wohnstuben verändert, zunächst ebenso unmerklich wie unvermeidlich, die Musterungssituation samt den ihr zugrundeliegenden Maßstäben.

Jemand, der eigentlich ganz passabel Tennis spielt, kann nie wirklich Freude an seinem Spiel haben, wenn er sich stets mit Spielern der »Top ten« vergleicht. Kann jemand sich noch ganz unbefangen an sich und seinesgleichen erfreuen, wenn er in einer Art *virtuellen Dauertechtelmechtels* mit den allzu nah gerückten »unnahbar Schönen« lebt? Degradiert uns die alle Erfahrung verzerrende mediale Überrepräsentanz der realiter so raren Schönheit allesamt zu *Ersatzdarstellern* der zweiten und dritten Wahl? Und bedroht die unlebbare Schönheitsutopie damit nicht gerade auch die *Lebbarkeit* weniger vollkommener Attraktivitätskonstellationen, indem sie diese abwertet und jener Illusionen beraubt, die nötig sind, um ein gemeinsames Alltagsprogramm zu bestehen?

In ihrer von dem Spiegel-Journalisten Claudius Seidel aufgezeichneten Autobiographie beschreibt die legendäre APO-Schönheit Uschi Obermaier ihre erotische Erstbegegnung mit Mick Jagger von den *Rolling Stones* auf sehr aufschlußreiche Weise als die Unmöglichkeit privater Zweisamkeit und als eine Art unaufkündbarer Verpflichtung zum Stellvertreterhandeln: »Wir konnten uns gar nicht näherkommen – und trotzdem waren wir nicht allein. Er blieb, auch als er die Augen schloß und sein Atem immer schneller ging, der Popstar, den Millionen Mädchen haben wollten. Und ich spürte dieses Begehren im ganzen Körper, es floß durch mich hindurch, und es war, als hätte sich diese ungeheure Lust meine Haut und mein Fleisch bloß geliehen. Er trieb es nicht nur mit mir, er trieb es zugleich mit uns allen.«

Die allmächtigen schönen Vorbilder, die uns auf Schritt und Tritt begleiten, sind die selten explizit gemachten Stachel im Fleisch vieler Beziehungen. Befragungen und Interviews führen erst über verzwickte Prüfmethoden und aufwendige Frageschleifen dazu, wenigstens andeutungsweise bloßzulegen, was der Mehrzahl der Betroffenen gar nicht wirklich bewußt ist: Die mit Abstand häufigste Form des »Ehebruchs« ist längst das virtuelle Erotikstelldichein mit dem Star, übrigens eine Form der »Untreue«, die nur funktioniert, weil und solange die Wirklichkeit sich *nicht* der heimlichen Träume bemächtigt.

Und doch ist dies alles wohl erst der Anfang. Der Generalangriff auf Authentizität und Glaubwürdigkeit der in bewegten Bildern eingefangenen Schönheit wird erst mit der durch die Digitalisierung ermöglichten unbegrenzten Manipulierbarkeit der Bilder erfolgen. Dann wird – für den, der das mag – Marilyn Monroe auferstehen und ein James Dean beliebigen Lebensalters; dann wird es, dank interaktiver Programme, möglich sein, Claudia Schiffer eine Glatze zu schneiden und Brooke Shields den BH zu öffnen. Wenn alles *verfügbar* wird und das bewegte und unbewegte Bild jegliche Authentizität verliert, weil es sich der willkürlichen Interaktivität öffnet, dann könnte gerade diese alleräußerste Anstrengung der Abstraktion das *Gegenläufige* wieder ins Recht setzen: die Abwendung von den Verheißungen des synthetischen Paradieses, die Rückwendung zur unvollkommenen Wirklichkeit, in der das Blut zirkuliert und die Zellen »altern«.

Man mag spekulieren, was die sich abzeichnenden neumedialen »Zukünfte« für die angeschlagene Rollenpsychologie und die »ausgeloteten« sozialen Balancen der Schönheitshackordnung bringen werden. Wird die Kluft zur Wirklichkeit noch größer? Wird in den erstmals möglichen, vollsynthetisierten, rechnergenerierten Megaschönheiten von morgen, denen kein Schauspielerpendant aus Fleisch und Blut mehr entspricht, ein Kontrapunkt absichtsvoller Alltagsuntauglichkeit gesetzt, der, weil durchschaubar, nicht nur seine Bedrohlichkeit für das Leben verliert, sondern darüber hinaus wieder Lust auf »Echtzeit« und ungeschönte Roherfahrung macht?

Hofzeremoniell und Adelsprädikate

Unübersehbar aber gilt schon zum jetzigen Zeitpunkt: Das Fernsehen ist eine soziale Macht allerersten Ranges. Nichts ist, was nicht im Fernsehen ist. Die Medienpräsenz ist die Nagelprobe auf Prominenz und soziale Beachtung. Eine Person, eine Idee, eine Unternehmung hat die Bewährungsprobe erst bestanden, wenn »die Medien« sie registrieren.

Das Fernsehen bestimmt über nicht weniger als über Sein oder Nicht-Sein, über soziale Existenz oder Nichtbeachtung. Was in Herz und Hirn von Massen dringt, muß erst durchs Nadelöhr des Kameraobjektivs.

Das Fernsehen erschafft und läßt unerschaffen. Es entscheidet Geschichte und Kunstgeschichte – und nicht zuletzt, wann wir essen und wann wir schlafen gehen. Die Fernsehbeachtung ist eine Art »zweiter Geburt«: Mit ihr beginnt stets ein neues Kapitel der individuellen Biographie; ebenso aber auch ein neues Kapitel in der Wirkungsgeschichte eines Bildes, eines Buches oder eines Gedankens. Die Fernsehresonanz macht – anders zumeist als die Erwähnung in den Printmedien – aus einer privaten Existenz unwiderruflich eine öffentliche. Nur das Fernsehen stellt heute verbindlich Öffentlichkeit her in dem Sinne, daß es einer Person oder einem Ereignis endgültig Nachrichtenwert verleiht. Es hat die oberste Zuschreibungskompetenz, der sich keines der »nachgeordneten« Medien entziehen kann. Auf Personen- wie Ideen-Prominenz hat das Fernsehen ein kaum angefochtenes Monopol. Das zeitgenössische Adelspatent verleihen die Moderatoren der großen Publikumssendungen. Längst lassen wir, nach der Vertreibung der alten, eine neue

Aristokratie am Bildschirm hofhalten; und wir bewilligen dieser Medienschickeria Privilegien, welche den Geburtsbevorrechteten vergangener Tage die Schamröte ins Antlitz getrieben hätte.

Ist die neue Medienaristokratie nur ein verzeihlicher Anachronismus in der Epoche der Egalität? Die unverzeihlichste Form des Anachronismus ist der *aktive Anachronismus* – jene Form des sperrig Unzeitgemäßen, das nicht einfach aus vergangenen Zeiten störend ins Heute hineinragt, das wir uns vielmehr als Kukkucksei zur historischen Unzeit selbst ins eigene Nest legen. Erst das Fernsehen hat – im Zeichen der politischen Demokratie – den aktiven Anachronismus auf breiter Front »hoffähig« gemacht!

Wenn Stars hofhalten, bedeutet das fast immer, daß die Moderatoren der mittlerweile rund 50 (!) deutschsprachigen »Talk-Shows« sich gegenseitig, garniert mit ein paar unvermeidlichen »Zusatzsternchen«, in ihre Sendungen einladen und sich wechselweise mit ungehemmten Artigkeiten ihre Prominenz attestieren (»Deine Sendung ist ja ein großer Publikumserfolg«; »Du machst gerade wieder so viel«; »... eine Szene aus deinem neuen Film«; »Du hast ja eben eine Platte/ein Buch gemacht«; »... bin immer besonders gern in deiner Sendung, weil ...« etc. etc.). Beim ritualisierten Werbepingpong mit reziproker Schleimspur beglaubigt ein Star des anderen Stars Starstatus. Grandezza zum Risikonulltarif. Schiefgehen kann dabei gar nichts. Selbst die Frage, wer denn wann ein Star ist, beantwortet sich ganz unzweideutig: Wer dreimal innerhalb eines Vierteljahres in der Glotze war, avanciert verläßlich zum Star (mit eigener Sendung!), er lasse und tue ansonsten, was er wolle. Damit aber ist er gleichermaßen ladbar wie ladepflichtig.

Wer noch nicht wußte, wie ein »selbstreferentielles System« funktioniert, der möge die fashionable Mehrfachnutzung der ambulanten Talkeliten als Gastgeber *und* als Wandergäste einmal unter diesem Aspekt genauer mustern. Wo eine »moderate« Krähe der ebenso mäßigen anderen Augenlicht verschont, werden auch die Muster ohne Wert nicht mehr beizeiten ausgemustert. Der behauptete Wettbewerb zwischen Öffentlich-Rechtlichen und Privaten versandet einträglich-einträchtig im liebedienerischen Standeskonformismus der risikoscheuen Talkmedialen.

Wenn Stars hofhalten – die von »Wetten daß?« bis »Goldene Kamera«, die von »Bio« bis »Bla-bla« – dann mag das, wenn sie unter sich bleiben, noch angehen; unerträglich wird's erst, wenn sie sich volkstümlich geben, anbiederisch und dir und mir in Gestalt des jeweiligen »Saalkandidaten« aufmunternd herzlos auf die Schultern hauen: »Aufgeregt, Frau Meier?« Der »Saalkandidat«, jene einst so geheißene pflichtdemokratische Unsäglichkeit, führt uns in gnadenloser Konsequenz vor Augen, was passiert, wenn man vorwitzig die Fronten zwischen Prominenz und Publikum vertauscht: doppelt heimatlos, nicht mehr Publikum, aber deshalb noch lange nicht prominent. Der Souverän im Singular – er bleibt eben ein »Nullum«, sein Part die personifizierte Peinlichkeit inmitten der medial beglaubigten Statusprominenz. Verglichen mit ihm konnten einen beim Anblick des Schweinehirten, der sich ins Hofzeremoniell des Sonnenkönigs verirrte, geradezu basisdemokratische Gemütswallungen überkommen.

Das Fernsehen ist die imperiale Kulturmacht, die sich alles anverwandelt: vom Ritual der Papstbesuche bis zum Kinderspiel, von den Eßgepflogenheiten der

Durchschnittsfamilie bis zur Rhetorik und Dramaturgie von Bundestagsdebatten. Das Fernsehen macht Menschen und Themen, entscheidet über individuelle Lebens- und soziale Gestaltungschancen in einem historisch beispiellosen Maß.

»DIE BEDEUTENDSTEN DEUTSCHEN«

Und dennoch: Die Medien – allen voran das »imperiale Medium« des Fernsehens – haben ihren »repräsentativen Status« verloren und damit auch ihre einst so sehr gefürchtete Fähigkeit zur punktgenauen Manipulation. Aus dem meinungsbeeinflussenden Machtzentrum der Anfangsjahrzehnte ist ein *Polygon* der nötigenden Bild- und Vorbildgeber geworden, die wechselseitig mit- und gegeneinander um Aufmerksamkeit und Beachtung ringen und sich dabei nicht selten in ihrer Wirkung »neutralisieren«.

Das aber heißt gerade nicht, daß das Fernsehen insgesamt keinen Einfluß mehr auf uns ausübte. »In einem Land, in dem die massenmedial grundversorgte Nation Thomas Gottschalk, Harald Schmidt, Ulrich Wickert, Hans Meiser und Margarethe Schreinemakers zu den zehn bedeutendsten Deutschen zählt, muß sich das Fernsehen [um seine soziale und kulturelle Machtposition, B. G.] wenig Sorgen machen.« (R. D. Precht)

Zwar ist gewiß richtig, daß uns kein mit Namen und Vornamen benennbarer Manipulator nötigt, zwingt und mit seiner Meinung traktiert; doch das »System« der medialen Beeinflussung insgesamt sorgt dafür, daß die Welt, mit der wir uns vertraut und in der wir uns gelegentlich zu Hause wähnen, bedenklich viele und beängstigend große Löcher hat. Wird jemand, der Thomas Gottschalk für den wichtigsten Deutschen hält, noch bereit sein, für Forschung, Wissenschaft und Kultur finanzielle Opfer zu bringen (d. h. jene zu wählen, die ihm diese im wohlverstandenen eigenen Interesse zumuten)? Wie lange noch wird er mit seiner Stimme dazu beitragen, daß es kostengünstige Bücher und Zeitungen gibt, daß Künstler bezahlbare Ateliers finden und Studenten einen Studienplatz ihrer Wahl?

Wenn der Spaßklamauk bei »Wetten daß« oder in der »Harald-Schmidt-Show« die Maßeinheit für bundesdeutsche »Größe« abgibt, dann ist die Vermutung nicht abzuweisen, daß von dem, was die »stilleren Stars« in den Labors und am Katheder, auf der Bühne und am Schreibtisch, in der Wirtschaft und in der Politik leisten, in der Vorstellungskraft allzu vieler nicht mehr hinreichend präsent ist. Vielleicht muß man ja gar nicht bedauern, daß weder Alexander noch Karl, weder Katharina noch Friedrich, an der Wertschätzungselle der TV-Ära bemessen, heute noch auf den auszeichnenden magistralen Namenszusatz *der/die Große* hoffen könnten. Denn immerhin haben die beobachtbaren Mechanismen des Aufmerksamkeitswandels ja auch eine beruhigend »pazifistische« Komponente: Wer harmlose Späßchen macht und dadurch zum Star wird, daß er andere Stars ankündigen darf, der schießt nicht und schickt auch keinen aufs Schlachtfeld. Ein Schelm, wer trotzdem Schlechtes dabei denkt?

Nein, keinem werden die zeitgenössischen Adelsprädikate und die massenmedialen Namenserweiterungen – von »Supernase« bis »Otto der Große« – geneidet oder mißgönnt. Was beängstigend wirkt, ist etwas ganz anderes: nämlich das Paradox der ungeheuren Schrumpfung und Banalisierung des relevanten Welt*ausschnitts* in einer Zeit des explosionsartig anwachsenden' Welt*wissens*, auf dessen unvertretbare »Beherrschung« und »Tradierung« die wissensbasierten Lerngesellschaften auf Gedeih und Verderb angewiesen sind. Zu befürchten ist, daß ein Medien- und Meinungssystem, das aus vielen, sich zugleich verstärkenden *und* neutralisierenden Elementen der Selbstähnlichkeit zusammengefügt ist (*more of the same*), gegenüber dem eigentlichen »Star der Stars«, dem drohmächtigen Quotensouverän Massenpublikum, jegliche Zumutungskapazität verliert – wenn man einmal außer acht läßt, daß der »große Deutsche« Thomas Gottschalk zur milden Vorweihnachtszeit für des Deutschen liebsten Exkommunisten Gorbi, dessen Gattin und beider notleidender Rußlandstiftung via Bildschirm Seher-Gelder sammeln lassen kann.

Was sonst auch könnte man Ihrer mäßig interessierten Majestät, dem Zapper, noch zumuten? Das Quotenfernsehen nebst dem Anpassungswettlauf aller Sendeanstalten hat einst Mächtige »entmachtet«, dem neuen Souverän allerdings nur einen höchst fragwürdigen Machtzuwachs beschert: Müßte er doch erst wissen, was er *will*, oder noch besser: was er *braucht* und was ihm *guttut*, um wirklich bessergestellt zu sein. So dreht sich nur das Hamsterrad progressiver Selbstentmündigung: Die Programmanbieter lesen mit viel Marktforschungsaufwand angestrengt im Kaffeesatz des Publikumsgeschmacks, und die desillusionierten, sensationssatten Publikumsfragmente zappen sich frustriert und überfordert durch die nur noch mäßig amüsante Programm-»Vielfalt« der Anbieter. Mit ihr ergeht es den TV-Konsumenten wie mit den Windkanalprodukten der zeitgenössischen Autosilhouetten, die einander auch längst zum Verwechseln ähnlich sind.

Die Voraussetzung dafür, daß Pluralismus nicht krank macht, sondern bereichert, ist – *Urteilskompetenz*. Ob das, was das Fernsehen bringt, uns fördert oder überfordert und frustriert, hängt davon ab, wie es um unsere Urteilskraft bestellt ist, ob wir die Angebote sichten und gewichten können, kurz: ob wir eine Auswahl »mit Gründen« zu treffen imstande sind.

Wie das postmoderne Lebensgefühl ist auch das Fernsehen beides zugleich: Ausdruck der Krise und versuchter Ausweg; Ausdruck der Ratlosigkeit einer übergeschäftigen Welt, die, mangels verbindlicher Kriterien für nützlich und schädlich, unerheblich und bedeutsam, aus der Not der Unentscheidbarkeit flugs die Tugend des »Alles-und-Jederzeit« macht.

Die fortbestehende Macht dieses Mediums beruht darauf, daß sich in ihm die paradigmatische Macht unseres Zeitalters, die Macht der großen Zahl, mit der Macht suggestiver Bilder verbündet. Numerische und Bildermacht vereinen sich zu einem affirmativen Ganzen, dessen Kontrolle uns die schwerste aller Kontrolleistungen abverlangt: Selbstkontrolle. Wir können das Fernsehen nicht anders kritisieren denn in Akten schonungsloser *Selbst*kritik. Wohl deshalb wagt es keine Partei, den Großversuch im Abschalten zu fordern.

REGIEANWEISUNGEN FÜR MILLIONEN

Das Fernsehen ist der letzte verbliebene Zeitsouverän. Was sonst allenfalls der große Puls der Natur vermochte: der Rhythmus der Jahreszeiten, Hitze und

Kälte, Regen und Sonnenschein, Nacht und Tag – nämlich unser Verhalten zu dirigieren, das Was, Wie und Wann unserer Verrichtungen zu bestimmen, dies gelingt außer dem millionenfach verbindlichen sozialen Elementarereignis des täglichen Sendeangebots, zu Normalzeiten jedenfalls, keiner anderen gesellschaftlichen Institution. Die Programmzeitschrift enthält die tagtäglichen Regieanweisungen fürs wirkliche Leben von Millionen von uns. Die dort ausgedruckten Zeiten und Bilder bestimmen darüber, wann gegessen, wann geliebt und geschlafen wird, ob wir jemand besuchen oder zu Hause bleiben, wie wir Weihnachten feiern oder Geburtstag. Wirkte hinter den verhaltensprägenden Rhythmen der Natur eine nachvollziehbare Notwendigkeit, so steht hinter der Nötigung der Schau- und Zerstreuungszwänge nur noch das abstrakte Zeitdiktat eines langfristig organisierten Massenvorgangs.

Der audiovisuelle Medienkonsum bestimmt nicht nur unsere Zeiteinteilung, er verknappt auch die Menge der uns insgesamt zur Verfügung stehenden »Freizeit«. Im Konkurrieren um knappe Zeitressourcen haben diese Medien einen geradezu atemberaubenden Vorsprung gewonnen: Fast 200 Minuten, mehr als drei Stunden, lief 1997 der bundesdeutsche Durchschnittsfernseher am Tag. Der »Arbeitnehmer« wird zusätzlich zum »Freizeitnehmer«, d. h., er ruft per Knopfdruck ein von anderen vorproduziertes Stück »Freizeit« ab.

SIMULATION DES NICHT GELEBTEN LEBENS

Der Gefühls- und Gemütszustand von Rummelplatzbesuchern wird zur dauerhaften Stimmungsnorm. Oder ist etwa die Wirklichkeit der Southfork-Ranch wirklich lebensnäher als das Gruselinventar der Geisterbahn? Das Fernsehen hat uns, viele von uns, zu Abhängigen gemacht, süchtig nach dem Unerhörten – und sei es den neuen Kandidaten beim Glücksrad! In einer Welt der Kunstvogelstimmen und der Plastikbäume, der Ehe- und Entscheidungssimulation ist das Simulationsmedium Fernsehen kein isoliertes Zeitphänomen. Es ist das Flaggschiff einer ganzen Armada der »Entwirklichung«, der große Stichwortgeber beim allgemeinen »So-tun-als-ob«. Es übt Verhaltensstile und Gefühlsbereitschaften ein, deren Spuren sich überall in der Gesellschaft finden. Es potenziert den universalen Konsumenten in uns, jenen längst zum heimlichen Titelhelden der Epoche aufgerückten Sozialtypus, der seine Existenz vorwiegend im Plural fristet: als Kauf-, Schau- und Hörpublikum, oder, noch abstrakter, als »Nachfrage« oder »Einschaltquote«. Und es ist ein Hauptbestandteil jenes immer undurchdringlicheren Systems »sekundärer Wirklichkeit«, in der Scheinen und Dafür-gehalten-Werden alles gelten, Sein aber nichts; bis wir am Ende das eine nicht mehr verläßlich vom anderen zu trennen vermögen. Hand aufs Herz: Paktieren wir als Mitglieder der TV-Gemeinde nicht längst mit dem glatten, wendigen Schwätzer und reagieren ungeduldig bei jenen, die vielleicht etwas zu sagen hätten, ohne daß ihnen allerdings der polyglotte Mediensprech der Sound-bite-Gemeinde zuhanden wäre? Das Fernsehen gehört zur Welt des Papiergel-des und der Plastikbäume, der Scheinfirmen und der Ehen auf Probe, des Planspiels und der Flugsimulation, der Grenzwerte und des Geigerzählers. Wo Natur und Werte simuliert werden, Tätigkeiten und Partnerschaft, Fliegen und Entscheiden – ist es da nicht konsequent, daß wir, via Fernsehen, das Leben selbst simulieren, in Farbe und Schwarz-Weiß, die ganze Skala der Empfindungen, so lange, bis die Illusion die Leerstellen des Lebens füllt, und wir glauben, dazuzugehören – zur monegassischen Herrscherfamilie und vertraut zu sein mit Becker, Beckenbauer und Becquerel?

Olympia '96 in Atlanta hat, wohl endgültig, mit der Legende aufgeräumt, man müsse vor Ort dabeisein, um teilzuhaben. Die Formel fürs Dabeisein lautet: zu Hause bleiben und einschalten. Wer von den Hunderttausenden, die sich an den Ort des Geschehens begaben, hat von Olympia wirklich etwas mitbekommen – jedenfalls etwas, das sich mit der Voyeursherrlichkeit der Daheimgebliebenen messen kann? Uns dagegen, den Seßhaften am heimischen Bildschirm, entging nicht die kleinste Kleinigkeit: kein Tattoo am Oberarm, kein Ringlein in Nabel und Braue, keine Schweißperle und kein wunder Zeh in Farbe, Zeitlupe und Großaufnahme, von der Athleten Ausgelassenheit und Atemlosigkeit ganz zu schweigen. Alles, was wir uns kaum je zu erträumen wagten, hat die Kamera für uns begrapscht: Pos und Bäuche, Gesichter und Oberschenkel. Wem von denen, die dabeiwaren, gelangen schon solche Einblicke?

Und wo im wirklichen Leben ist der Blick in ein bemerkenswertes Gesicht, auf Fingernägel, Haaransatz und Dekolleté so ungeniert, so bequem und in dieser Bildqualität möglich wie am Fernseher? Geräuscheverstärkende Hochleistungsmikrophone liefern uns auch die privatesten Schniefer und Schluchzer, das intimste Gegluckse und Gekicher frei Haus, wir können sehen und hören, was vor Ort keiner hört und sieht.

Das Fern-sehen und -hören privilegiert die indiskreten und zudringlichen Formen der Wahrnehmung: Niemals könnte das blanke Auge des Betrachters sich dem Beobachteten auf solche Minimaldistanzen annähern, wie die Zoomkamera dies tut, wenn sie uns Ohrläppchen und Mundwinkel auf wenige Zentimeter dicht vor Augen holt; nie könnte es ihn so beharrlich mustern und so prüfend abtasten – dem Ebenmaß der Zahnreihen nachspüren, die Lineatur von Arm und Bein, Busen und Becken erforschen.

Erst das Fernsehen hat das »So-Tun-als-ob« zum beliebtesten der Gesellschaftsspiele gemacht, erst das Fernsehen hat den Ernstfall endgültig ausgeklammert. Die »Fernsehfamilie« ist das psycho-logische Pendant einer Gesellschaft mit begrenzter Gefühls- und Lebenshaftung, das Serienabenteuer, das sanfte, kalkulierbare Restrisiko, mit dem eine übersicherungskranke Welt ihren Angstbedarf deckt. Wirkliche Taten, wirkliches Leid und wirkliches Glück – alles Schall und Rauch, jedenfalls solange keine Kamera dabei ist!

Vom Sonnenuntergang bis zu schönen Frauenbeinen, vom spektakulären Frontalzusammenstoß bis zum Kamelritt in der Wüste, vom Flirt bis zur Naturkatastrophe ersetzt das Fernsehen unvollkommene Schwarz-Weiß-Wirklichkeit durch grellbunte Imagination: Das schweißtreibende Realerleben erscheint als überflüssig, wenn nicht gar als minderwertig aus Prinzip. Selbst dort, wo das Fernsehen »Lust auf Wirklichkeit« weckt, richtet es die Wirklichkeit zu, verengt es unsere Phantasie und borniert unsere Tatkraft. Das Spektrum reicht vom überaus erfolgreichen Fashion-, Song- und Product-Placement in Serien wie »Marienhof«, »Verbotene Liebe« oder »Gegen den Wind«, über den Glottertaltourismus zu Schwester Christa aus der »Schwarzwaldklinik« bis hin zu jenen wahrhaft mitleiderregenden Kreaturen, welche die Lottozahlen eines halben Jahrzehnts auswendig lernen, nur um in »Wetten daß?« dabei zu sein. Wo bleibt der Menschenschutz, wenn Moderatoren ihre Klientel dazu anhalten, Telefonbücher herunterzubeten und sich Sportergebnisse bis auf den Zentimeter und die Hundertstelsekunde genau einzurichten, sich vor laufender Kamera tränenfeucht zu versöhnen oder die Hand zum »Bund fürs Leben« zu reichen?

Die Television entwertet die Wirklichkeit – einmal, indem sie ihr, neben vitalen Energien, den unentbehrlichen Rohstoff *Zeit* entzieht; zum anderen aber, indem sie uns die »petites différences« zwischen Leben und Imagination immer wieder vergessen läßt: Wer Lust auf unverbrauchte Landschaft hat, soll halt ins Kino gehen! Wir gehen nicht nur deshalb weniger im Wald spazieren, weil uns das Fernsehen als der dreisteste aller modernen Zeitdiebe hierfür keinen Spielraum mehr läßt; wir halten diesen Gang obendrein für *überflüssig*, weil uns das Fernsehen ja u. a. immer wieder auch auf Wiesen und in Wälder entführt. Es ist zu vermuten, daß viele von uns mittlerweile bereits eine ganze Reihe von Bedürfnissen »kompensatorisch«, via Bildschirm, befriedigen: Bedürfnisse wie die nach Liebe und Freundschaft, nach Nähe und »intimer« Vertrautheit (deshalb ist das Fernsehen notorisch indiskret!), aber auch solche nach Nervenkitzel und Abenteuer, nach Erotik und Exotik.

Fernsehbilder sind immer »Lebenslügen«, je besser sie sind um so mehr! Der Ritt über den Hügelkamm, der Spaziergang im Wald, wie realistisch inszeniert, wie schön bebildert auch immer – sie werden unweigerlich zur »Lüge«, weil sie uns nie geben, was sie vorgeben: die Empfindungen des *wirklichen* Ritts und der *wirklichen* Wanderung im Wald. Diese Bilder sind Sabotage am gelebten Leben. Sie entziehen dem

Leben Lebenszeit und Lebenskraft. Es ist mehr als nur unpräzise zu sagen, wir konsumierten Fernsehbilder. Es ist genau umgekehrt, die Bilder konsumieren uns – unsere Zeit und unsere Tatkraft.

Diesem *Vampirismus der Bilder*, die nur leben, wenn jemand leblos vor ihnen sitzt und sich ihnen ausliefert, begegnen wir erst im Fernsehzeitalter. Viele von uns haben noch Erfahrung mit »unserem« Bild: einer archetypischen Konfiguration, einem Stilleben, einer Landschaft, die uns Lust aufs Leben gemacht, uns dem Leben zugeführt haben. Daß Bilder an die Stelle des Lebens selbst treten, daß sie es ersetzen, indem sie es besetzen – dies ist das Ergebnis des unaufhörlichen Bilderflusses im Fernsehen, der uns um die Gültigkeit des Einzelbildes gebracht und damit auch um den triftigen Rückverweis ans Leben betrogen hat. Die atemlose und unstrukturierte Abfolge von Bildern schafft am Ende nur noch *Verstehens-Illusionen*. Illusionen des Erkennens und Teilhabens an Wirklichkeit und Leben – wo man in Wahrheit doch nur vor einem ebenso gleichgültigen wie zugleich hochselektiven Apparat sitzt.

Die Vorlesung als Werbe(vor)wand

Wir leben, in vielfacher Hinsicht, in einer »Gesellschaft des Übergangs«. Einer dieser »Übergänge« ist der von der produktionszentrierten Arbeits- zur dienstleistungsorientierten Freizeitgesellschaft. Die hier vertretene These lautet: Freizeitkompetenz ist, immer deutlicher, als *Urteilskompetenz* zu beschreiben.

Für eine Gesellschaft, in welcher »Lasten« und »Pflichten« der Mußekultur wichtiger werden als jene der Arbeit, sind wir denkbar schlecht gerüstet. Wir erziehen und bilden gegenwärtig heranwachsende Menschen erkennbar nicht auf eine Gesellschaft hin aus, deren Mitglieder nur noch zwischen fünf und zehn Prozent ihrer gesamten Lebenszeit unmittelbar in der Erwerbsarbeit zubringen; die also zu mehr als neun Zehnteln ihrer Existenz ausschließlich als Menschen und Bürger aufgerufen sind, in anderen sozialen Rollen als jenen der Erwerbsarbeit: als Ehefrauen und Ehemänner, als Mütter und Väter, als Mediennutzer und Museumsbesucher, als Nachbarn und Naturverbraucher, als Käufer und Konsumenten und vieles andere mehr.

Unsere Gesellschaft leistet sich einerseits im kognitiven Bereich das aufwendigste Schul- und Bildungssystem in der Geschichte der Menschheit; sie setzt aber andererseits mit einer nur schwer begreiflichen Selbstverständlichkeit voraus, daß wir bei der Sozial- und Moralbildung, der Geschmacks- und Urteilsfindung ganz von alleine gut und böse, häßlich und schön, wichtig und überflüssig zu unterscheiden vermöchten. Warum übersehen wir nur so beharrlich, daß wir nicht bereits als perfekte Konsumentensouveräne, politisch mündige Bürger, urteilsfähige Zeitgenossen, sozialkompetente Nachbarn und ästhetisch sensible Kulturteilnehmer auf die Welt kommen?

Wir überlassen die für eine geglückte Lebensführung des einzelnen mehr den je erforderliche Urteils-, Geschmacks- und Bedürfnisbildung einfach dem »heimlichen Lehrplan« von Mode und Werbung, von Massen- und Konsummedien. Es sind vor allem die Werbebotschaften des Massenkonsums, die umstandslos in die pädagogischen Leerstellen einrücken. Dies ist durchaus wortwörtlich zu nehmen. Was Tschernobyl einst dem

»strahlenden Sommertag« zufügte, das könnte bald auch der Rede von der »Bildung« widerfahren, die wir uns »*erwerben*«: Sie hat gute Aussichten, ebenfalls zu einem Kalauer zu werden, über den man lacht, weil er plötzlich zur Wortwörtlichkeit durchgedrungen ist.

Das Tschernobyl der deutschen Bildungslandschaft heißt Dresden, an dessen Technischer Universität 1994 erstmals eine betriebswirtschaftliche Vorlesung mit über 500 Studenten »zur besten Sendezeit« für eine halbe Minute unterbrochen wurde, um Hirn und Projektionswand für die Einblendungen eines japanischen Camcorder-Herstellers zu öffnen, der für fünf solcher Spots bereit war, die Institutskasse um 5000 Mark aufzustocken. Der Dozent erklärte übrigens – da zager Vorbehalt seitens der Verwaltung (!) sich regte – *post festum* die ganze Aktion zu einer Performance, inszeniert, um eine Diskussion über Wirtschaftsethik in Gang zu setzen; schön clever – wie einer, der klaut, um die Debatte über die Moral von Ladendieben anzufachen.

Soll niemand sagen, er habe die Zeichen der Zeit nicht erkannt, unser Dozent. Und wie er hat! Hängt doch längst alles sponsorenhörig am Werbetropf: das Schleswig-Holstein-Musik-Festival und der Compaq-Grand-Slam-Cup, die Bundesliga und die Weltausstellung, die Ottonen und der Blaue Reiter. Journalisten, Leinwandidole, Tennisstars und Verlautbarungspolitiker – allesamt nur noch Pausenclowns zwischen den Werbeblöcken, die uns immer nur das eine soufflieren: »Bleiben Sie dran, wir sind gleich wieder da!«

Hält irgend etwas in dieser Gesellschaft der Werbung stand? Konsument und Produzent sind die einzigen Figuren von authentischem Rang, die auf der Bühne einer über Nacht feindbildlos gewordenen West-Welt verblieben sind. Deshalb sträubt sich nirgendwo mehr ein werbeimprägniertes Nackenhaar, wenn Bierbrauer uns Fußballspiele »präsentieren« und eine Ölgesellschaft die »Aida«, wenn die Deutsche Großbank für unser aller Zukunft nachlesbar vordenken läßt und die Zigarettenindustrie sich um unsere Kreativität besorgt zeigt. Werbung und Kommerz sind die Sache selbst geworden, an deren Nabelschnur die Nebensache baumelt: das Musical oder die Six Days, das Tennismatch oder die Talk-Show.

Deshalb ist ja, was wir aus der sächsischen Landeshauptstadt vernehmen, so atemberaubend zeitgemäß und zukunftsweisend: die Vorlesung als Wand und Vorwand für Werbung.

Gänsehaut und gute Gründe

Formten und orientierten sich im Gravitationsfeld der Arbeitsgesellschaft noch die wesentlichen Lebensentscheidungen am Maßstab vorausliegender Notwendigkeiten, so vervielfachen sich unter den Bedingungen der Freizeitgesellschaft die Gegenstände und Situationen, in die der einzelne, so er überhaupt von seiner Freiheit Gebrauch macht, sein Urteil legen und zu denen er sich eine entschiedene Meinung bilden kann.

Wer die gesellschaftlichen Anstrengungen, die sich auf die Erziehung und Formung des souveränen Konsumenten und des aktiven Freizeitbürgers konzentrieren, als Eingriff in das »freie Spiel der Kräfte« denunziert, setzt sich selbst dem Verdacht aus, an mehr Mündigkeit und Selbstbestimmung in der Freizeit sei ihm gar nicht gelegen. Der Grund für die Abwehr unwillkommener Pädagogisierung des Freizeitverhaltens liegt nur allzu deutlich zutage: Ein Großteil des aktuellen Waren- und Dienstleistungsangebotes – vom Teebecher bis zur Tischlampe, von der Urlaubsanimation bis zum Schnulzenschlager, von der Instantmilch bis zum Infotainment – wäre an den urteilsfähigen, geschmacks- und bedürfniskompetenten Konsumenten gar nicht zu verkaufen.

Die Menschen der kommenden Jahrzehnte könnten vor allem mit einem Problem an der »inneren Front« befaßt sein, welches bislang noch kaum richtig identifiziert ist: mit der universalen Gleichgültigkeit oder, anders gewendet, mit dem Verlust der Verbindlichkeit. Alle unsere Optionen entraten mangels zwingender Verbindlichkeit und entlastender Vorentschiedenheit zur mehr oder weniger milden Willkür: Wenn nichts mehr »zwingt«, wird ein Zwang allerdings unabweisbar – der Zwang, das Willkürliche in unserem Tun und Lassen vor uns und anderen zu verbergen.

Eine solche Situation schafft »zwangsläufig« Marktchancen für Botschaften und Dienstleistungen neuer Art: für Verdrängungshelfer und Verbindlichkeitssimulanten, die uns kompensatorisch mit Bewußtsein und Beweglichkeit, mit Motiven und Moral, mit Gänsehaut und guten Gründen ausstaffieren – die Image- und Persönlichkeitsstylisten, die Animateure und Corporate-Identity-Berater, die Unterhaltungsexperten und Zerstreuungsspezialisten, die aus dem Arbeitnehmer von gestern den Freizeitnehmer von heute formen, der sich per Knopfdruck sein Stück fremdfabrizierter Freizeit abruft. Doch auch mit ihrer vereinten Hilfe ist, so steht zu befürchten, der lebenslange Stellungskrieg wider Gleichgültigkeit und Langeweile nicht zu gewinnen. Wider Langeweile und Gleichgültigkeit gibt es nur ein dauerhaft wirksames Gegenmittel: die urteilskompetente Persönlichkeit.

Doch sind Politik und Gesellschaft an ihr wirklich ernsthaft interessiert? Welchen Beitrag zur urteilskompetenten, manipulationsresistenten, entscheidungsstarken Persönlichkeit könnten und sollten sie leisten? Erkennen sie diese Herausforderung überhaupt und nehmen sie sie an oder paktieren sie nicht auch längst, offen oder versteckt, mit dem »passiven Vielseher«? Hofieren sie nicht, wie all die anderen, die Entsprechendes verkaufen wollen, den unterhaltungsbedürftigen Zerstreuungspatienten? Vergessen wir nicht: *Unter*haltung ist immer auch *Unten*haltung! (Jürgen Lodemann) Dies gibt ihr im Rahmen der Vier-Fünftel-Gesellschaft (*ein* Fünftel ist beschäftigt für die *vier* Fünftel, die vor allem unterhalten sein wollen) geradezu gesellschaftsstrategischen Rang.

REALITÄTSVERLUST UND URTEILSVERFALL

Urteil, das zu begründetem Handeln befähigt, folgt vor allem aus Erfahrung, wirklicher Erfahrung in der Reaktion auf die natürliche und soziale Umwelt. Das Fernsehen zieht für zwei, drei und mehr Stunden unseres »wachen« Zustands unsere Aufmerksamkeit von der Welt und der Welt der anderen ab und entführt uns in eine *Bilder*welt des Scheins und der Simulation. Wie man es auch dreht und wendet: Ein Mehr an audiovisuellem Medienkonsum geht immer auf Kosten der »*Welthaftigkeit*« unserer Existenz und auf Kosten der direkten Kommunikations- und Begegnungschancen zwischen Personen.

Im selben Maße, in dem unsere passiven Unterhaltungschancen steigen, sinken unsere aktiven Teilhabechancen; was wir an Zerstreuungsanteilen hinzugewinnen, verlieren wir an Wirklichkeitsanteilen. Je besser wir über die Spice Girls und Michael Schumacher, über die Schicksale der Traumschiffpassagiere und der Marienhof-Bewohner Bescheid wissen, umso weniger wissen wir vom Nachbarn zwei Häuser weiter und von der Kellnerin im Lokal schräg gegenüber, ja von Vater und Mutter, Tochter und Sohn, Onkel und Tante. Es ist zu vermuten, daß viele von uns über die Herkunft ihrer Stars mehr wissen als über die eigene; daß sie die Ehe-, Familien- und Gesundheitsprobleme ihrer Vorbilder viel mehr beschäftigen als die der Eltern, Geschwister oder Freunde. Die *Tradition orale* der Familienüberlieferung, deren vitale Hermeneutik dem auf dem Lande lebenden Zeitgenossen gelegentlich noch begegnet, wird wohl endgültig verstummen.

FERNSTENLIEBE – DAS SOZIALE STRESSFREI

Die Begegnungen im Netz offerieren das Soziale streßfrei; ein Sozialgenuß garantiert ohne Reuenarben; das Sozialversprechen ohne die psychologische Lastenbilanz der sozialen Realbegegnung; das Sozialerlebnis *light* und *dosierbar* im Internet, statt *pur* an der Straßenbahnhaltestelle.

Nirgends geht es darum, sich selber mit Haut und Haaren einzubringen, es geht auch nicht um gleichberechtigte Teilhabe und die unermüdliche Auseinandersetzung mit Meinung und Absicht der anderen. Wenn die *Kommunikation im Internet* sich erfolgreich mit dem *partizipatorischen Gestus* schmückt, beruht das auf einer optischen Täuschung: In Wahrheit ist es nicht das Ziel, erfolgreich mit anderen zu kommunizieren und sich mit ihnen gemeinschaftlich zur Lösung von politischen Problemen zusammenzufinden. In den Light-Versionen demokratischer Teilhabe geht es vielmehr darum, Probleme, wie sie sich aus verantwortlicher politischer Einmischung und folgenreichen Sozialkontakten ergeben können, strikt zu vermeiden. Die Attraktivität der Netzbegegnung verdankt sich nicht der Erfahrung engagierter Teilhabe sondern der fast gegenteiligen Gewißheit, sich jederzeit wieder ausklinken zu können, wenn Schwierigkeiten auftreten, wenn es mühsam wird oder auch nur langweilig. In der Wirklichkeit muß man Menschen und Situationen aushalten; im Internet klickt man sich weiter, wenn es nicht mehr weiter geht.

Wer sich so mühelos, unverbindlich und verantwortungsentlastet ins Bildschirm-Thing der Weltdorfversammlungen einklinkt, kann sich auch jederzeit wieder ausklinken. Wer dagegen eine schlichte politische Versammlung oder eine Podiumsdiskussion besucht, beglaubigt seine auf die Gemeinschaft zielende Ernsthaftigkeit schon dadurch, daß er Sofa und heimischen Herd verläßt und sich physisch an den *gemeinsamen Ort* begibt. Allein der soziale Koordinationsaufwand dieser abgestimmten Bewegungen im Raum gibt allem, was danach gesagt und verhandelt wird, eine eigene Schwere und Bedeutung. Wer zu den anderen *geht* oder *fährt*, zeigt an, daß es ihm *ernst* ist. Dem partizipativen Bildschirmtechtelmechtel fehlt in jeder Phase diese beglaubigende Ernsthaftigkeit. Sich versuchsweise und spielerisch auf die Welt und Wirklichkeit einzulassen, ist eine Sache – und gewiß keine, die zu verurteilen oder zu verachten Grund wäre. Sie ersetzt aber keineswegs die Einmischung in die Wirklichkeit unter den Risikobedingungen des Ernstfalls.

Wer am Bildschirm nach Eingabe seiner körperbezogenen Daten virtuell neue Garderobe anprobiert und sich von den Vorzügen innovativer Fahrzeugtechnik überzeugen läßt, wer sich seine Kontoauszüge auf den heimischen PC zieht und auf dem elektronischen Wahlzettel seinen Abgeordneten wählt, dem wird, auf lange Sicht, etwas fehlen, das ihm nur jene Orte vermitteln konnten, die er früher gesondert aufsuchen mußte.

Nun sind ein mürrischer Kellner oder eine hoffnungslos überforderte Kassiererin gewiß keine sozialen Offenbarungen. Worauf es ankommt, ist etwas anderes: Die wirkliche Begegnung mit dem wirklichen Anderen ist für die Entwicklung des menschlichen Sozialwesens unabdingbar und nicht zu ersetzen. Wenn dieser Teil unserer Persönlichkeit nicht gefordert wird, droht er zu verkümmern. Auch der soziale Umgang will geübt sein. Es gibt eine Vielzahl von Hinweisen, daß bei Menschen, die sich zu Hause abschotten, die Aussicht, anderen leibhaftig zu begegnen, sich zu regelrechten Angstvisionen steigert. Sie sind der Welt vor der eigenen Tür nicht mehr gewachsen; sie suchen aufwendig und trickreich alles zu vermeiden, was ihnen den anderen – Freunde wie Feinde, Verwandte wie Bekannte – auf »Tuchfühlung« nahebringt. Sie suchen die Anonymität, an der sie zugleich leiden.

Psychiater berichten von Sozialphobien und neuartigen Formen der »Platzangst«, einer neuen Angst vor dem Draußen, der Welt jenseits von Wohnzimmer und Vorgarten. Erwachsene Menschen müssen wieder, mit Geduld und Einfallsreichtum, unter psychoprofessioneller Anleitung, Schritt für Schritt wie schulängstliche Pennäler am ersten Schultag, in die Teilnahme am sozialen Leben draußen vor der eigenen Haustür geleitet werden. Fast alles muß neu erlernt werden, auch der Mut, sich bei einem Fremden nach dem Weg zu erkunden. Allen anderslautenden Trendmeldungen zum Trotz: In den individuellen Begegnungen nimmt die Angst vor der Echtzeitphysik des anderen, seiner Körperlichkeit und Kreatürlichkeit, zu. Die Medien lassen uns vereinsamen, sie werfen uns auf uns selber zurück, verstärken latente Ängste, statt sie in der Erfahrung des anderen, der sich in einer ähnlichen Situation befindet, zu überwinden. Und neben den individuellen stehen neuartige *kollektive* Phobien, Anfälligkeiten für Verschwörungsängste aller denkbaren Schattierungen. »Das Netz« ist von regelrechten »Korridoren des Konspirativen« durchzogen: Millionen amerikanischer Cyberianer glauben an eine Verschwörung ihrer Regierung gegen das eigene Volk; Bill Clinton sei ein unehelicher Sohn Fidel Castros, seine Hillary eine eiskalte Mossad-Agentin.

Unsere soziale Intelligenz steht und fällt mit den Wahrnehmungs- und Teilhabechancen im sozialen Nahbereich; und der Realitätsgehalt unseres Urteils hängt unmittelbar ab von unserer Verankerung in der sinnlich erfahrbaren Wirklichkeit. Ein Urteil über die Welt und den Nächsten hat nur (und braucht nur), wer in der Welt lebt und sich mit anderen tagtäglich auseinandersetzt. Der Zerstreuungspatient unterzieht sich weder den Anstrengungen der eigenen Urteilsfindung, noch setzt er sich dem »Ärgernis« sozialer Kontrolle aus.

KALTER MYTHOS UND VERLETZTER NARZISS

Der Mythos bescherte dem Menschen das Bild einer Welt, die sich für ihn interessiert, die für ihn da ist – das Bild einer eigens um ihn herum gebauten Welt; dies erklärt für Kolakowski die fortdauernde »Aktualität des Mythos«, die Mythosbedürftigkeit gerade auch unserer mythosfernen Zeit. Der Mythos stiftet Vertrautheit, Berechenbarkeit und entlastet vom Zwang stets erneuter Annäherung und Entscheidung. Der Mythos ist einer jener verschlungenen Pfade, auf denen wir klammheimlich der Eigenliebe huldigen, mindestens aber unsere Wunden lecken und der Verzweiflung wehren.

Das Fernsehen bedient sich unserer Mythosbedürftigkeit, indem es sie bedient: Es schmeichelt unserer Selbstliebe, daß das Universum sich um uns kümmert, daß alle Stars und Sternchen sich in unserer Stube ein Stelldichein geben. Und wie intim wir sie kennen, mit Namen und Vornamen, mit Leben und Vorleben! Läßt sich heute noch ein Großfamilientreffen denken – aus Anlaß einer Hochzeit etwa oder eines Begräbnisses –, bei dem jeder jeden kennt, jeden Großonkel, jeden Vetter, jede Schwiegertante? Wo gibt es das noch, seit wir so hochmobil geworden sind und so weit auseinander wohnen? Das gibt es nur noch – beim großen Stelldichein der Fernsehfamilie! Man erinnere sich etwa der alljährlichen Starparade bei der Verleihung der *Goldenen Kamera*. Ist es Ihnen schon mal gelungen, ein fremdes Gesicht zu entdecken? Nein, alles uralte Bekannte; mit jedem Zoll ihres Mienenspiels stehen wir seit vielen Jahren auf Duzfuß; keine Eigenheit der Bewegung oder der Stimme, die uns nicht bestens vertraut wäre.

Doch wir lieben den Star nicht, weil die Gesamtheit seiner Eigenschaften ihn so zwingend liebenswert machte; wir lieben ihn, weil wir ihn so genau kennen, und weil diese Intimkenntnis wiederum unserem Selbstgefühl schmeichelt. Aller Starkult wurzelt im *Ich-Kult*: Die Fernsehstars sind, neben ihrer Existenz im Scheinwerferlicht, immer zugleich auch das heimliche Ensemble auf der Bühne der Selbstvergottung. Der Fernsehhimmel ist immer auch ein Stück Himmel für Narziß!

Das Fernsehen liefert uns den Stoff, den unsere narzistischen Träume atmen, die Mythen, die uns inmitten einer rastlosen und überkomplexen Welt eine Insel des Vertrauten und Beständigen suggerieren. Das Fernsehen als mythenstiftender Mythos hat allerdings subtile Tücken. Er »leistet« nämlich nur exakt die Hälfte dessen, was der Mythos gemeinhin vermag: Er bleibt ein *hermetischer* und damit ein »kalter« Mythos – ein Mythos, der nicht antwortet, sondern stumm bleibt und sich verweigert.

Mit Waldemar Hartmann und Boris Becker, mit Derrick und Schimanski sind wir mittlerweile weit besser vertraut als mit den allermeisten unserer Nachbarn. Doch wann machen wir uns, mit allen Konsequenzen für unser Selbstwertgefühl, klar, daß keine dieser Personen und keiner ihrer Darsteller, würden sie uns auf der Straße begegnen, uns ein Zeichen des eigenen Erkennens schenkten? John Lennons Mörder, seit vielen Jahren selbst mit der unbedeutendsten und privatesten Regung »seines« Stars vertraut, mußte erleben, wie dieser, als er ihm erstmals leibhaftig gegenüberstand, ihn keines einzigen Blickes würdigte. Am nächsten Tag besorgte er sich einen Revolver und schoß. Der gewaltsame Tod des Idols war auch der Mord am unerträglich kalten Mythos.

Niemand neigt mehr zur selbst- oder fremdaggressiven Verzweiflungstat als der verletzte Narziß. Der entlarvte Mythos, das Platzen der Vertrautheits-Illusion, kann ein Übermaß an Verzweiflung erzeugen, welches sich sowohl gegen den jetzt plötzlich fremden Statthalter des Mythos kehren kann als auch gegen das sich plötzlich seiner ganzen Erbärmlichkeit und Isoliertheit innewerdende »Ich«. Längst exponiert die Statistik den Wochenendsuizid u. a. auch als »Ernüchterungsreaktion« auf exzessiven Fernseh- und Videokonsum. Immer häufiger handelt es sich hierbei um Menschen, die regelrecht »abhängig« geworden sind und die das Medium »hängen«läßt, wenn es sich ausblendet. Jener Rentner, den man neben dem leeren Flimmerbild am Fensterkreuz erhängt fand, übertrug lediglich auf makaberste Weise diesen Befund ins Wortwörtliche.

Medialer »Matthäus-Effekt«

Doch auch dort, wo das Platzen solch zwiespältiger Vertrautheits- und Verstehensillusionen nicht in solchen Akten der Destruktion kulminiert, sind die Folgen nicht unbedenklich. Sehnsucht mündet in Lebensfrust, die private setzt sich in der politisch-sozialen Konsumentenmentalität fort, kurz: das Fernsehen erzeugt fortwährend selbst die Leiden, die es via Unterhaltung vergessen macht. Die Verführungskunst dieses Mediums beruht darauf, daß es *uno actu* krank macht *und* salviert, daß es uns unterhaltungsbedürftig macht *und* uns Unterhaltung bietet. Das Fernsehen ist die fragwürdige Stundentherapie wider Frust und Ohnmacht, die es fortlaufend selbst hervorbringt.

Man mache sich also nichts vor: Die No-future-Attitüde verdankt sich eher »Captain Future« und »Raumschiff Enterprise« als permissiver »linker« Erziehungsideologie! Auch den Großteil des Fernsehmassenpublikums darf man wohl getrost dem wachsenden Lager der »Postdesillusionisten« zurechnen: »Wir haben die Welt durchschaut, was brauchen wir sie noch zu verändern?«

Was sich hier abzeichnet, sind die Konturen einer neuen Klassenspaltung, gegen die jene von Karl Marx diagnostizierte vor allem deshalb vergleichsweise »harmlos« war, weil sie wenigstens die »Waffe der Kritik« nicht definitiv zum Verstummen brachte, die einzige – und eigentliche – »Stärke« des Schwachen, die sich in Überlegenheit verkehren läßt. Was sich abzeichnet, ist eine Teilung des Gesellschaftskörpers in die wenigen allgegenwärtigen Macher und die graue Masse der »Angemachten«; in die gehetzten Zeitnutzer und die amüsiersüchtigen, unentwegt zerstreuungsbedürftigen Zeittotschläger; in jene, die nie, und diese, die immer Zeit haben; in die Aktiven und die Passiven; in die wenigen mächtigen Wirklichkeitsproduzenten und die vielen Konsumenten dieser »Wirklichkeit aus zweiter Hand«.

Längst haben wir zwei Sorten von Zeitgenossen: diejenigen, denen hauptsächlich eines zu schaffen macht: daß sie immer und überall zu wenig Zeit haben, und jene, denen der Zeitüberfluß zum größten Lebensproblem und konsequenterweise das »Zeit-Totschlagen« zur einzigen Lebensherausforderung wird. Die einen trifft man auf Konferenzen und Interkontinentalflügen, die anderen beim Fernsehen und Flippern. Und vielfach sind die Gehetzten gerade für die Zerstreuungspatienten unterwegs: Sportler und Showstars, Politiker und Filmemacher. Und so sorgen am Ende die Gesetze von Angebot und Nachfrage doch noch für den allfälligen Lastenausgleich zwischen den »Medialen« und den »Mediokren«.

Internet und »neue Medien« werden den heute schon sichtbaren medialen »Matthäus-Effekt« (Klaus Hansen) erst voll zur Entfaltung bringen: »Wer da hat, dem soll gegeben werden, und wer da nicht hat, dem soll genommen werden.« Nur die souveräne Distanz zum Medium schafft echte Sichtchancen; wer dem Bildschirm verfallen ist, dem fallen keine neuen Erkenntnisse, sondern allenfalls – so das Schicksal gnädig ist – die Augen zu. Nur dem medienimmunen, hochselektiven »Gelegenheitstäter«, der sich schon urteilsfähig und kompetent ans Gerät begibt, wird die Mattscheibe möglicherweise zum Muntermacher. Der Bildschirm vermag nur den (zusätzlich) ins Bild zu setzen, der schon im Bilde ist; Computer und Internet informieren nur den, der genau weiß, was er sucht und wofür er, was er findet, brauchen wird.

»Bei mir bucht man Publikum« (H. Thoma, RTL)

So ist zu befürchten, daß der Wettkampf um Quoten und Märkte uns in die seichtesten Gewässer verschlagen wird. Der Programmanteil der Unterhaltung wächst, und die Unterhaltung wird immer anspruchsloser und dürftiger. In einem wahren Übersoll an vorauseilendem Gehorsam stimmen die öffentlich-rechtlichen Anstalten sich auf das Niveau der kommerziellen Mitbieter ein.

Die neuen Programm-Macher sind eigentlich keine Medienleute mehr, sondern – in einem sehr präzisen

Sinn – *Menschenhändler*: Die Unterhaltung, die sie an Frau und Mann bringen, ist ihnen nur Mittel zum Zweck. Sie ist der Fangstrick, an dem man der Werbeindustrie die Ware Publikum zuführt! RTL-Boß Thoma verkauft, wie er es selbst beschreibt, sein Publikum: »Bei mir bucht man Publikum.«

Man kann es gar nicht deutlich genug sagen: Es geht den Privaten nicht um Demokratie und das »Recht der Mehrheit auf ihren Geschmack«, sondern einzig darum, potenten Werbern bewerbbare Sehherden wie Schlachtvieh zu offerieren. Dabei ist alles erlaubt, was vor die Glotze lockt und dort so lange festhält, bis abgerechnet ist.

Man hat auch nichts gegen pädagogische Ideale an sich. Wenn sich damit mehr Geld verdienen ließe als mit der Ausstrahlung von Seichtestserien, würden RTL und Co nicht zögern, programmpolitisch auf Sonntagsschule umzustellen – ganz nach dem Motto Herrn Thomas: »Wenn Bosnien den Bedarf an Action deckt, brauchen wir in den Serien mehr Gefühl als Gewalt.«

Man sieht: Herr Thoma ist kein Unmensch. Er wird nur dafür bezahlt, daß er keinerlei Skrupel hat – und keine störenden Prinzipien. Er ist kein Unmensch, er ist bloß Zyniker – und Zyniker sind immer ehrlich. Ihre schonungslose Aufrichtigkeit ist ihr Markenzeichen. »Wir sind ein Transportunternehmen«, sagte er im SPIEGEL über RTL. »Wir bieten Transportkapazität vom Werbetreibenden zum Zuschauer.«

Und zu solchen »Transportunternehmen« werden sie nun längst alle immer mehr, die einst zu unser aller »Meinungsvielfalt« beitragen sollten und jedem Zuschauer spätestens im Jahr 2000 600 000 Stunden Fernsehprogramm verheißen für ein Jahr, daß 8 700 Stunden hat.

Doch ist »mehr vom gleichen« Vielfalt oder nicht doch nur Einfalt im bunten Tarngewand? Was zählt, ist, nahezu flächendeckend, der Unterhaltungswert, meßbar an der Einschaltquote. Jeder, der wollte, konnte es wissen: daß die Gesetze des Marktes die Weichen in Richtung Seichtestwettbewerb stellen würden. Oder gab's da wirklich jemand unter den Medienexperten, der glaubte, SAT 1, RTL und ProSieben würden uns mit Klassikerprogrammen traktieren und mit dem Kirchenkalender durchs Jahr geleiten?

Manchem von den Zauberlehrlingen der Union wird heute bang vor den Geistern, die man gestern rief. Vielleicht sollte man immer mal wieder darauf verweisen, wie es eigentlich zu der gegenwärtigen Einheitssauce des ja fast nur noch euphemistisch so geheißenen »Dualen Systems« kam. Man erinnere sich: 1976, Bundestagswahl, Helmut Schmidt gegen Helmut Kohl, letzterer verliert, weil, wie die Pythia aus Allensbach soufflirt, der Rotfunk wieder einmal »ganze Arbeit« geleistet habe, sprich: den Pfälzer Bewerber nur aus höchst unglücklichen Kameraperspektiven – von unten, in die Nasenlöcher und zwischen die Hamsterbacken – »gebracht« habe und das alles in finsterster Absicht ... Jedenfalls – neue Medien mußten her, private, die endlich der Vielfalt: der Meinungs-, Darstellungs- und Programmvielfalt, zum Durchbruch verhelfen sollten. Die haben wir ja nun mittlerweile – und mit ihnen die neue, ganz unheilige Einfalt, die sich auch in die als unabhängig konzipierten Hör- und Sehprogramme eingeschlichen hat – über einen unheimlichen Wirtsvirus, nämlich die schon mehrfach genannte Einschaltquote: Was nicht auf Anhieb anspricht, wird abgesetzt oder aufs »Abstellgleis der Geisterstunden« (Jürgen Lodemann) verschoben.

Auch die Öffentlich-Rechtlichen, auch die »alten Medien« treten längst mit im immer schneller sich drehenden Hamsterrad des Buhlens um die Publikumsgunst. Auch diejenigen, die sich vormals in einem Freiraum jenseits von Markt und Geschäft satzungsgemäß um Qualität und nichts sonst im Zieldreieck von Bildung, Information und Unterhaltung zu kümmern hatten – auch sie mutierten längst an Haupt und Gliedern, und ihre Programmangebote muten bereits an wie geklonte Softversionen der Kommerzkonkurrenz. Die Markthörigkeit ist inzwischen so perfekt, daß Programmberater erfolgreiche »Programmprofile« regelrecht errechnen – so scharf umrissen, wie die Stromlinienform eines marktgängigen Automobils. Und bekanntlich werden sich ja auch deren Silhouetten immer ähnlicher ...

In der Ära des Geschäftsfunkens und -sendens dominieren die Hitparaden des Verkäuflichen, es gibt nur noch ein Programm: das »junge, freche, locker gemachte« (Jürgen Lodemann).

COMMUNICO, ERGO SUM

Der Siegeszug der Kommunikation ist der Siegeszug des Unverbindlichen: Man spricht nicht mehr miteinander über etwas, man kommuniziert. Das gute alte Gespräch lebte von der Gemeinsamkeit des – wie immer umstrittenen – Gegenstandes. Die Kommunikation kennt nur noch die *Gemeinsamkeit des Mediums*. Ihr Ziel ist nicht, jemanden zu überzeugen, sich mit jemandem in einem strittigen Punkt zu verständigen – ihr Ziel ist der Kontakt als solcher. Die Themen sind bloßer Gesprächsstoff, der es ermöglicht, in Verbindung zu treten und in Verbindung zu bleiben. Sinn und Zweck von Kommunikation ist Kommunikation. Kommunikation ist die Verbindung über Unverbindliches zwischen Unverbundenen; die Entschlossenheit, sich nur medial auszutauschen, keinesfalls aber in der Sache mit sich reden zu lassen.

Communico, ergo sum! Klingt das nicht unvergleichlich sympathischer als die egozentrische Selbstversicherungsformel Descartes, des Ahnvaters an der Schwelle zur Moderne, der uns barsch auf den eigenen Denkakt verwies: »Cogito, ergo sum« – »ich denke, also bin ich«? Kommunikation – das ist Human Touch auf High-Tech-Niveau. Hören wir bei der »Kommunikation« und bei den ihr zugehörigen »Technologien« nicht förmlich jenes Credo des erdumspannend-völkerverbindenden »Come together«, mit welchem die zur Menschheit gereifte Konsumgemeinde endgültig die exotischen Duftmarken der »großen weiten Welt« hinter sich läßt? Wenn Kommunikation alles ist und alles Kommunikation, dann ist es gleichgültig, wer mit wem worüber kommuniziert. Und so bekommen wir auch den Diskurs, der uns zukommt: War Hannibal ein Elefant? Gegen die Seriosität dieser Frage spricht schließlich auch nicht mehr als gegen jene der berühmten Streitfrage spätscholastischer Angelologen, wie viele Engel wohl auf einer Nadelspitze Platz finden.

Videoten und Zerstreuungspatienten:
Kann die Leistungsgesellschaft sich das Fernsehen leisten?

Stellen wir uns für einen Moment vor, wir hätten uns in unserer Kulturgeschichte stets am Niveau von Einschaltquoten orientiert – es gäbe keine Kathedrale von

Reims, keine Stanzen Polizianos und keine Gemälde Botticellis, aber auch keine U-Bahn, kein Wasserklosett und gewiß auch kein Fernsehen! Kann eine Gesellschaft, die auf Leistung setzt, sich das Fernsehen leisten? Drei bis vier Stunden täglich vor dem Fernseher, das ist millionenfach Gesprächsvielfalt, die nicht gesprochen, Gedankenvielfalt, die nicht gedacht wird, das sind Spiele, die keiner spielt, Bücher, die nicht gelesen werden, Erfindungen, die keiner ans Licht holt. Können wir uns diesen Aderlaß an Aktivität leisten?

Wer süchtig ist nach den Sensationen und Fiktionen der Bildschirmwelt, ist für die Probleme der wirklichen Welt verloren. Wer den aktiven Bürger fordert, den aufgeschlossenen, verantwortungsfähigen Zeitgenossen, wer will, daß junge Menschen sich engagieren, daß sie sich Ziele setzen, daß sie hart an sich arbeiten, daß sie sich selbst ernst nehmen, weil sie nur so auch die anderen achten und ernst nehmen lernen – wer all das will, der ist nur glaubwürdig, wenn er auch mit aller Konsequenz bekämpft, was der Ausbildung dieser Einstellungen und Fähigkeiten am meisten entgegensteht: die psychologische und kulturelle Hegemonie des Fernsehens.

Erstmals nimmt eine Vielzahl von Menschen statt der Welt ihr Abbild beim Wort: »Wir bilden unsere Welt den Bildern der Welt nach« (Günter Anders). Und deshalb muß vielleicht auch der Impuls für den entscheidenden Schritt übers Medium hinaus vom Medium selbst ausgehen. Nur im Bunde *mit* dem Fernsehen und wohl auch nur *im* Fernsehen selbst läßt sich ein gesellschaftlich folgenreicher Diskurs *über* das Fernsehen führen. Ansätze hierfür sind rar. Doch so, wie die innere und äußere »Machtlage« nun einmal ist, kommt niemand am Fernsehen vorbei.

Es geht nicht darum, dieses Medium zu dämonisieren. Da wir es nicht wegerfinden können, müssen wir lernen, mit ihm zu leben. Wenn nicht alles täuscht, sind wir von einem sozial unbedenklichen Umgang mit dem Fernsehen noch mindestens ebenso weit entfernt wie vom sozial unbedenklichen Umgang mit der Kraft des Atoms. »Mit dem Fernsehen leben!« kann nicht heißen, daß alles bleiben darf, wie es ist. »Mit dem Fernsehen leben« ist, wenn sich nichts ändert, sozial ebensowenig bekömmlich und auf Dauer ebensowenig durchhaltbar wie das psychologische Unprogramm der atomaren Wechseldrohung, das uns zwingt, »mit der Bombe (zu) leben«. Vorderhand kann »mit dem Fernsehen leben« nur heißen, seinen Schaden zu begrenzen und allmählich die Voraussetzungen dafür zu entwikkeln, daß es für viele Nutzen bringen kann.

Martin Heidegger spricht in einem seiner späten Texte (»Gelassenheit«) von der Gedankenlosigkeit als einem »unheimlichen Gast«, der in der heutigen Welt aus- und eingehe: »Denn man nimmt heute alles und jedes auf dem schnellsten und billigsten Weg zur Kenntnis und hat es im selben Augenblick ebenso rasch vergessen. So jagt ... eine Veranstaltung die andere.« Die »Flucht vor dem Denken« ist ebenso allgemein wie die Flucht vor dem Handeln.

Hier liegt wohl eine der Wurzeln für das Verständnis des sozialen Phänomens Fernsehen. Selbst- und Welterfahrung, Denken und Handeln sind die beiden anstrengendsten Tätigkeiten, welche uns das Leben zumutet. Fernsehen ist, unabhängig vom Was und Wie, deshalb so attraktiv, weil es uns weder Körper- noch Kopfarbeit abverlangt. Weder brauchen wir uns zu bewegen, noch müssen wir, wie etwa beim Lesen, Zeichen zu Bildern formen. Beides strengt an. Beides leistet das bewegte Bild an unserer Stelle: Es nährt unsere Vorstellung und beschert uns rasanteste Bilderfahrten – grad wie im wirklichen Leben, bloß in Farbe, mit Logenplatz und ohne die langen Pausen der schnöden Realität, die mit fernen Ländern und aufregenden Frauen, mit Abenteuern und Autojagden, mit Monstern und Mördern allzusehr geizt. Kurzum: Fernsehen ist kinderleicht, Fernsehen (und Video) gibt's überall und jederzeit, und was in der »übersicherungskranken« Restrisiko-Welt vor allem zählt: Fernsehen gewährt die Teilhabe am Abenteuer zum Risiko-Nulltarif.

An die Adresse der Privaten vor allem sei's gesagt – es könnte ihnen eines Tages gehen, wie den Zigarettenherstellern: Der Bundesbildungsminister: »Fernsehen lähmt Ihre Phantasie und Tatkraft; Fernsehen verstümmelt Ihre Kreativität, macht abhängig, apathisch und dumm. Wenn Sie all das wollen, dann drücken Sie den Knopf – jetzt!« Schwer vorstellbar, daß eine Gesellschaft sich auf Dauer bieten lassen kann, daß all das, was sie heranwachsenden jungen Menschen zwischen 6 und 18 Jahren vormittags mit hohem didaktischen und einigem pädagogischen Aufwand beizubringen sucht, am Nachmittag und abends von Geschäftemachern systematisch wieder ausgetrieben wird. Wer mit Sonder- und Grundschullehrern in Neukölln, Marzahn und anderswo spricht, dem wird schwerlich entgehen, daß die Seelen- und Traumwelten dieser Kinder ungefähr so aussehen wie unsere überdüngten Böden: Da wächst nichts mehr, außer dem einen, was die medialen »Menschenhändler« bestellten.

Nicht von »Gleichmachern« und »Systemveränderern« ist die Leistungsgesellschaft bedroht. Nichts unterminiert unseren Leistungswillen und unsere Tatkraft, unsere Neugier und unseren Unternehmungsdrang mehr als die mediengeschürte Unterhaltungssucht. Während auf der einen Seite alles getan wird, um die Nation in den Geistes- und Gemütszustand von Rummelplatzbesuchern zu versetzen, wird auf der anderen Seite lautstark Klage geführt, wir brächten zu wenig Nobelpreisträger hervor. Eines kann nur richtig sein: Man kann nicht die Republik verkabeln und gleichzeitig »per aspera ad astra« reimen.

»Baguette und Telespiele«

Es ist aufschlußreich, sich ins Gedächtnis zu rufen, wie wenige Menschen mit welch begrenzten Mitteln den kulturellen Reichtum vergangener Epochen geschaffen haben. Was hat sie zu Leistungen befähigt, denen wir bis heute kaum Ebenbürtiges zur Seite zu stellen haben? Hatte dieser Reichtum am Ende seine Ursachen nicht auch im weitgehenden Fehlen einer organisierten Zerstreuungsindustrie? Gibt es am Ende nicht nur die »Kulturfunktion der Daseinsvorsorge« (Werner Sombart) als Vorsorge für Brot und Bett, sondern auch die »Kulturfunktion« einer eigenverantwortlichen »Vorsorge« für Stimmung und Spannung, Unterhaltung und Zerstreuung? »Brot und Spiele« waren stets Indikatoren des Niedergangs. Auch der Fortschritt von »panem et circenses« zu »Baguette und Telespielen« wird hieran nichts ändern.

Merkwürdigerweise sind dieselben Leute, die lautstark vor den Folgen der sozialstaatlichen »Alimentierung der Faulheit« warnen, stumm wie die Frösche im Winter, wo es gälte, mindestens ebenso rückhaltlos auf die sozialen Fragen der medial geförderten Unterhaltungssucht, auf die Folgen einer systematischen Infantilisierung und Passivisierung eines Massenpublikums durch exzessiven Video- und Fernsehkonsum hinzuweisen.

Wir machen uns viel zu selten klar, welche gesellschaftliche Kraftanstrengung erforderlich ist, auch nur das aktuell vorhandene Wissen in Chemie und Physik, in Biologie und Medizin, in Technik und Philosophie, in Literatur und Geschichte an die nächste Generation weiterzugeben. Wenn auch nur jeder vierte eines Altersjahrgangs sich dieser gemeinsamen Kraftanstrengung versagt, ist zweifelhaft, ob es gelingen kann, den immer gewaltigeren Berg aus Grundlagen-, Anwendungs- und Reflexionswissen weiterzuwälzen.

Die modernen Kommunikationsmedien ebnen den Unterschied nach Raum und Zeit immer mehr ein, indem sie das weit Entfernte hautnah »erlebbar« und das Ungleichzeitige gleichzeitig machen. Die Welt wird, wie Herbert Marshall McLuhan dies ausdrückte, im Blick auf die Simulierbarkeit zeitlicher und räumlicher Teilhaberschaft immer mehr zum »Dorf« (»global village«), in welchem sämtliche Informationen, Bilder und Ereignisse ohne nennenswerte Zeitverzögerung unmittelbar »konsumierbar« sind. Identität und Gemeinsinn erwachsen hieraus jedoch nicht. Das Fernsehen hat zwar die großen »Einheitsstifter« von gestern und vorgestern beerbt – Religion und Geschichte, Herrschaft und Kultur –, doch es ist selbst keine elementare Kraft der Gesellschaftsbildung; ihm eignet kein *aggregatives* Vermögen, welches die Gesellschaft dauerhaft vor dem Auseinanderbrechen, der Dissoziation, zu bewahren vermöchte.

Gemeinsinn und Verantwortung zählen zu den elementaren motivationspsychologischen Garanten sozialer Kontinuierung. Ist die Befürchtung wirklich so abwegig, daß wir als Kinder einer unbegrenzten Fernsehfreiheit nicht nur uns selber, sondern auch »die anderen« gefährden? Daß wir nicht nur bei der Gestaltung des eigenen Lebens, sondern auch vor den Kontinuitätsforderungen des Sozialverbandes versagen? Daß Tradierungswille und Zukunftsbereitschaft der Gesellschaft im ganzen schwinden und ihr mit der Fähigkeit zur Verantwortung, zur Selbstbeherrschung und zum Lustaufschub das psychologische Reaktionspotential abhanden kommt, dessen sie zur Aufrechterhaltung und Weiterentwicklung ihrer komplexen Strukturen in Wirtschaft, Wissenschaft und Technik bedarf?

Die Mattscheibenzwänge gefährden die psychologische Reproduktionsbereitschaft und damit eben jenen Kultur- und Zivilisationsentwurf, der sie selbst hervorgebracht hat. Mühen und Härte sind nun mal im Tugendrepertoire der fernversorgten Amüsiergesellschaft nicht vorgesehen. Die Promotoren der Massenprogramme paktieren ganz offen mit den niedersten unserer Neigungen: mit unserer Faulheit und Verführbarkeit. Kann man sich denn wirklich über die Zunahme der Gewaltkriminalität entsetzt zeigen und zugleich nichts dabei finden, daß wir, vom Säuglingsalter aufwärts, die nachwachsende Generation systematisch auf eine Welt einstimmen, in der Mord und Totschlag als Hauptattraktionen figurieren?

Wer vierzehn Jahre alt geworden ist, hat rund 12000mal Mord und Totschlag am Bildschirm erlebt. Nichts, was es in diesem Felde gibt – und sei's in der Phantasie der Drehbuchschreiber –, ist dem Vierzehnjährigen verborgen geblieben. Warum nur sagt ihm das andere keiner mehr: daß man *nicht* töten darf, daß Mord und Totschlag keine selbstverständlichen Verhaltensmuster sind, sondern krankhaftes und kriminelles Fehlverhalten?

Heidegger und das Knöpfchen zum Abschalten

Es gibt keinen hungrigeren Erlebnisfresser als den TV-Bildschirm, es gibt kein beißenderes Zerrbild der Familie als die in Juxta-Position vis-à-vis des Bildschirms versammelte Sehfamilie des bundesdeutschen Durchschnittshaushalts. Nichts sonst gefährdet Familie und Freundschaft, Vielfalt und Besonderung in vergleichbarem Maße, nichts hindert uns mehr am gründlichen Durchdenken und Erörtern von Sachverhalten als die fade Unterhaltungshektik der Bildmedien.

Ist die komfortable, freiwillige Unfreiheit unser unausweichliches Schicksal? Amüsieren wir uns »zu Tode«, wie Neil Postman, der Kritiker der amerikanischen Mediengesellschaft, befürchtet? Gewiß scheint nur, daß die Gefahr groß und der Ausgang ungewiß ist. Das Fernsehen ist ein irreversibler Bestandteil unserer Lebenswelt. Wird es uns gelingen, mit ihm zu leben, ohne seelisch und geistig, ohne kulturell und sozial irreparabel Schaden zu nehmen?

Hoffnung begründen könnte vielleicht am ehesten das, was Heidegger uns gegenüber der »unheimlichen Veränderung der Welt« durch die Technik insgesamt anempfiehlt: Gelassenheit. Damit sie am Ende nicht uns selbst so sehr verändere, daß wir uns auf immer unnahbar fremd werden, rät er uns zu einer Haltung der kritischen Halbdistanz, der produktiven Verweigerung. Wir müssen wieder lernen, die Dinge auf sich beruhen zu lassen als etwas, das uns im Innersten und Eigentlichen nicht angeht: »Wir können ›ja‹ sagen zur unumgänglichen Benützung der technischen Gegenstände, und wir können zugleich ›nein‹ sagen, insofern wir ihnen verwehren, daß sie uns ausschließlich beanspruchen und so unser Wesen verbiegen, verwirren und zuletzt veröden (...) Ich möchte diese Haltung des gleichzeitigen Ja und Nein zur technischen Welt mit einem alten Wort nennen: die Gelassenheit zu den Dingen.« Wer seine Fähigkeit zur Gelassenheit testen will, dem sei als Probe aufs Exempel immer wieder mal ein mehrtägiges Fernsehfasten empfohlen.

Das Unterhaltungsmedium Fernsehen ist nur ein sterblicher Gott. Es ist gar nicht mächtig aus eigener Machtvollkommenheit; es *scheint* so mächtig, weil unser Alltag, der Alltag von vielen, so öde und trostlos ist. Wir brauchten nur zu entdecken, daß Selber-Diskutieren mit Freunden und Nachbarn unendlich viel spannender, fordernder und fördernder sein kann als die Krakeelerei um den »Heißen Stuhl«, daß Selber-Flirten und Liebe-Machen so viel weniger frustrationsträchtig ist als die Augenzeugerei beim mitternächtlichen Erotikgetriebe am Bildschirm; entdecken wir dies wieder, dann ist der lähmende Medienbann über unserem Alltag gebrochen.

Doch was wäre schwerer, als aus eigener Kraft sein Leben zu ändern?

Die Aktualität von Kunst und Spiel.
Um die Wiedergewinnung
der Vorstellungskraft

DIE HERRSCHAFT DES NÜTZLICHEN

Warum ist das, was wir täglich an »Nützlichem« tun: Arbeiten, Produzieren und Konsumieren, nicht schon alles? Warum braucht unsere moderne, von Wissenschaft und Technik bestimmte Gesellschaft *Kunst?* Und was wäre, wenn's plötzlich keine Kunst mehr gäbe: keine Musik, kein Theater, keine Gedichte, keine Bilder?

Was vergangene Generationen über die Jahrhunderte hinweg erträumten: einen Zustand größtmöglicher Feiheit vom Kampf ums Überleben, einen Zustand des Freigestelltseins vom Naturzwang der Arbeit – das haben wir heute, im »entwickelten« Teil der Welt, annähernd erreicht. Und nun geht es uns wie dem Prinzen im Märchen: Als endlich sein langgehegter, sehnlichster Wunsch sich erfüllt, hat er sich zwischenzeitlich selbst so gründlich verändert, daß er mit dieser unverhofften Morgengabe des Schicksals nichts mehr anzufangen weiß, sie ihn gar beklommen und unglücklich macht.

Jahrhundertelang haben Menschen davon geträumt, einmal weniger arbeiten zu müssen und Muße zu haben fürs »Unnütze«, »Zweckfreie«, aber Eigentliche der menschlichen Kraftentfaltung, jenseits der Scheidelinie bloßer Bedürftigkeit; für die ebenso »überflüssigen« wie schönen und angenehmen *kulturellen* Hervorbringungen in Literatur und Kunst, Musik und Spiel, Philosophie und Religion. Wir, die wir heute – auf breiter gesellschaftlicher Basis –, mehr als jede Generation vor uns, diese Träume Realität werden lassen könnten, haben unter dem universalen Nützlichkeitsdiktat der Arbeitsgesellschaft das Träumen verlernt. Wir sind so gründlich durch die »Schule der Arbeit« gegangen, daß wir für die Muße, das Arbeitsjenseitige, kein Sensorium mehr haben.

Wir sind, ohne daß uns dies im Einzelfall bewußt wäre, bis in die Alltagskategorien unserer Selbst- und Weltdeutung hinein von der Arbeit und ihren Erfordernissen geprägt. Schon die kindliche Phantasie »arbeitet« höchst selektiv. Sie ist vielfach durch eine geradezu erschreckende Schlagseite zugunsten des »Nützlichen« gekennzeichnet – Kehrseite der allgegenwärtigen Verketzerung des »bloß« Schönen, Leichten und Spielerischen.

Der unkindliche Ernst und das völlige Fehlen einer eigenständigen Phantasiewelt des Kindes spiegeln sich besonders kraß in den Standardantworten auf die Allerweltsfrage: »Was willst du einmal werden?« Wer hat je die Vierjährige getroffen, die eine Schneekönigin sein möchte, immer in weiße Tücher gekleidet und mit Eiskristallen geschmückt? Wer den Dreikäsehoch, der es mit den Mäusekobolden, den Gauklern oder dem Geschichtenerzähler hielte? Die »harten« Antworten: Stewardeß, Lokomotivführer, Pilot und Feuerwehrhauptmann kommen wie aus der Pistole geschossen.

Die Phantasie- und Denkverbote der Arbeitsgesellschaft greifen schon früh. Von der trockenzulegenden Pinkelpuppe über den aseptischen Erste-Hilfe-Koffer bis zum Führerhaus im ferngelenkten Bagger – die »Ernstzeugwelt« unserer Kinder ist nur der Abklatsch der einseitig zugerüsteten Erwachsenenwelt, Spielen nur die Sandkastenvariante des Arbeitens und Konsumierens.

Wir haben, ganz und gar aufs Nützliche festgelegt, den Sinn für die adaptive Qualität des Spielerischen und der freien Phantasie fast völlig verloren. Was passiert mit einer Gesellschaft, die das Spielen verlernt hat, die aber auch nicht mehr weiterarbeiten kann wie bisher?

Wahrnehmung und Welterschaffung

Was verdanken wir in diesem Zusammenhang der Kunst, welche Rolle vermag sie hier zu spielen? Die Kunst und die ihr zuzurechnende Urteils- und Wahrnehmungsfähigkeit gehören zu jenen »infrastrukturellen« Vorleistungen des Geistes, welche Staat und Politik nicht selber erzeugen, auf die sie aber als nachmetaphysische und nachautoritäre Einrichtungen nicht verzichten können.

Es ist kein Zufall, daß dem politischen System-Zusammenbruch des DDR-Regimes ein beispielloser Künstler-Exodus voranging. Kann ein System, dem die Dichter, Maler und Philosophen weglaufen oder verstummen, politisch überleben?

Was ist, genauer besehen, jene Leistung, welche Künstler, Kunstwissenschaftler und das engagierte Kunstpublikum für die Politik und den sozialen Zusammenhalt erbringen, gewiß natürlich ohne dies selbst zu intendieren?

Eine Stelle bei Friedrich Engels im »Anti-Dühring« mag uns einen ersten Hinweis geben. Er kennzeichnet die Funktion der gesellschaftlich privilegierten Elite der älteren, vorindustriellen Welt mit der Kategorie der »unbewußten Delegation«: Jede Gesellschaft bedarf, um sich Adaptivität zu bewahren und sich für eine unabsehbare Zukunft entwicklungs- und überlebensfähig zu halten, einer Minderheit von Menschen, die, kraft welcher Vermögen oder Eigenschaften auch immer, sich von den Zwängen ihrer jeweiligen sozialen Realität freimachen und, gleichsam spielerisch-unbewußt, stellvertretend für die vielen, neue Möglichkeiten erproben.

Wer, wenn nicht Kunst und Künstler, könnte uns heute wider die Denkbefangenheiten und Phantasieverdikte der Arbeitsgesellschaft wappnen? Gerade ihre Distanz zur produktiven Sphäre prädestiniert sie als Mutationspotential des Neuen.

Die Politik »lebt« aus einer Vielzahl vorpolitischer Gegebenheiten, gesellschaftlicher Eigenschaften und Vermögen. Hierzu gehören mit an vorderster Stelle Spielfähigkeit, Kreativität und experimenteller Geist, die ihrerseits dazu beitragen können, daß der Politik insgesamt jene Kompetenz zuwächst, welche Bertrand de Jouvenel ihr als ihren wesentlichen Beitrag abverlangt: Politik als *Kunst der Vorausschau*.

In dieser Bestimmung liegt – nicht nur rhetorisch – eine große Nähe zur Kunst: Der Künstler ist, unabhängig vom einzelnen Werk, immer zuerst ein Meister im Entwerfen. Er schafft das noch Unerschaffene, zeigt das Ungeschaute.

Dort, wo die Politik sich dem freien Raum öffnet, wo sie, ein weniges zumindest, dem Zwange des Notwendigen entkommen kann, zeigt sich ihre Verwandtschaft zur Kunst; dort also, wo sie die *Gestaltbarkeit* wiederentdeckt. Und wer wollte bezweifeln, daß dies eine zeitgemäße Bestimmung des Politischen sei: die Entdeckung der Gestaltbarkeit – nicht zuletzt, um für das langfristig (Über-)Lebensnotwendige gewappnet zu sein?

Wie neu zu entdecken sein wird, was die Politik der Religion verdankt, so gilt es wohl auch neu zu entdecken und zu beschreiben, was das Ästhetische der Politik zu geben hat.

Am offenkundigsten scheint wohl die Erkenntnis, daß Wahrnehmung (»*aisthesis*« – aus der Wort und Sache der »Ästhetik« sich herleiten) die Wirklichkeit verändert. Wahrscheinlich machen wir uns zu selten klar, daß das, was uns an den Dingen attraktiert, wodurch wir uns angezogen fühlen, was unsere Phantasie dazu bringt, mit ihnen zu spielen oder sie sich einzuverleiben, nicht nur in den Dingen selbst liegt, in ihren Eigenschaften, ihrer Form und Farbe, sondern vor allem in den jeweiligen »Kontexten«: Tag und Nacht, Regen und Sonnenschein, der Jahreszeit und der eigenen Stimmung. Nicht das »Ding für sich«, sondern das »Ding für mich«, das »Ding« in seiner jeweiligen Position in Raum und Zeit, ist für unsere Wahrnehmung entscheidend. Hierin nicht zuletzt wird jene selbst nicht sichtbare »Totalität« hinter den Einzeldingen erahnbar, das stete Berührt-Sein und Gefärbt-Sein durch alles andere, die Eingebundenheit ins Ganze, die Verbundenheit des einen mit allem. »Man könnte vielleicht von einer singulären oder holographischen Einheit der Welt reden. Dergleichen hat wohl Proust beim Essen der Madeleines seiner Tante gekostet oder gespürt beim Wippen auf der Bodenplatte im Baptisterium von San Marco« (Gernot

Böhme). Die Präsenz des einzelnen erweist sich hier als verdichtete Präsenz des Ganzen.

Was insbesondere für die »abstrakte Kunst« gilt, daß nämlich jedes Bild und jedes Kunstobjekt ein anderes wird, wenn man es anders plaziert: an einer anderen Wand, vor einem anderen Hintergrund, in der Nachbarschaft anderer Kunstwerke – das gilt für jeden Gegenstand, gilt auch für jeden Menschen, der sein soziales Bezugsfeld wechselt: Ein Tuareg-Führer, in der Sahara eine gebieterische, stolze Erscheinung, Herr über Leben und Tod, wirkt im Umfeld einer New Yorker Cocktail-Party wie eine abgetakelte Operettenfigur. Ein blattloser Zweig neben einem Totenschädel entfaltet gänzlich andere Anmutungsqualitäten, als wenn wir ihn mit einem Halbdutzend hochhackiger Pumps kombinieren. Wenn wir von etwas sagen, es wirke »deplaziert«, dann drücken wir damit aus, daß sich unsere mitgeführten Wahrnehmungserfahrungen mit der aktuellen Wahrnehmung nicht vertragen: der um den Bauch oder das Handgelenk gebundene Schlips befindet sich offensichtlich nicht an dem durch vielfache Gewöhnung beglaubigten, ihm gemäßen Platz – und »Wir« (die meisten von uns) wehren uns. Wahrnehmungswiderstände resultieren aus enttäuschter Hör- und Sehgewohnheit. Um zu neuen Horizonten der Wahrnehmung vorzustoßen, müssen wir oft durch solche Enttäuschungserfahrungen hindurch. Die Täuschung, der wir aufgrund langer Gewöhnung erliegen, ist fast immer die mit dem Begriff der »Betriebsblindheit« umschriebene Verengung unserer Wahrnehmung auf die eine bekannte und geläufige Möglichkeit und die vorurteilsbewehrte Verweigerung gegenüber allen anderen. Erst die Erfahrung der Ent-Täuschung, welche die Täuschung aufdeckt und durchbricht, schließt uns für neue Möglichkeiten auf, macht uns also »aufgeschlossen« für das andere, bisher Vernachlässigte, Übersehene, Verachtete.

Von den frühesten Spuren künstlerischer Weltgestaltung durch Beeinflussung der Wahrnehmung, der Höhlenmalerei als einer Art Zweckkunst für den jagenden Stamm, die bildhaft den Jagderfolg beschwor und ihn damit gewissermaßen organisatorisch gestaltete, bis zu den immateriellen Werken der Concept Art unserer Tage hat Kunst der politisch-administrativen Gestaltung der Gesellschaft mal eher direkt, mal eher indirekt vorgearbeitet. Es wäre höchst aufschlußreich zu zeigen, wie viele der geschichtlichen Optionen zuerst in bildnerischer oder literarischer Eingewandung auftraten, bevor sie als politische Optionen begriffen wurden.

UTOPIE NACH VOR- UND RÜCKWÄRTS

Hier wächst der Kunst eine in dieser Dringlichkeit historisch ganz und gar vorbildlose Aufgabe zu: die des Festhaltens, des Erinnerns, daß diese Welt nicht die einzig denkbare ist; daß sie zwar kein x-beliebiges, aber doch *ein* Projekt unter *anderen möglichen* ist; daß jeder verwirklichten Möglichkeit tausend verworfene Möglichkeiten entsprechen. Die Kunst als Utopie nach vorn wie nach rückwärts kann, ja muß verhindern, daß das, wofür wir uns jeweils *nicht* entschieden haben, einfach dem Vergessen anheimfällt. Wie sähe eine Welt aus, in der das Auto nicht vorkäme, in der wir nicht auf der Erde, sondern in Bäumen und unter der Erde wohnten, nicht in Stein- sondern in lebenden Pflanzenhäusern (worüber Friedensreich Hundertwasser in seinen spekulativen Wohn- und Ökoutopien bildnerisch philosophiert)? Wie wäre eine menschliche Zivilisation beschaffen, die nicht die Natur und die Erde zur beliebig ausbeutbaren Schatzkammer versimpelte, nicht dem Erdinnern gedankenlos seine Rätsel wie seine Reichtümer entrisse? Dies etwa war das faszinierende Thema der zivilisationskritischen Kunstaktionen des New Yorkers Walter de Maria beim Documenta-Skandolon des »Vertikalen Erdkilometers« wie bei seinem Münchener-Olympia-Projekt – der Versuch nämlich, Menschen- und Erdgeschichte miteinander zu verbinden und zu versöhnen; der Versuch, sich vorzustellen, wie es wäre, wenn der Mensch, als das zuletzt gekommene Lebewesen der »Parvenü der Biosphäre« (Bertrand de Jouvenel), nicht als Eroberer und Kolonisator, sondern als »Kulturwesen« auf der Erde wandelte, als Heger und Pfleger. »Kultur« kommt vom lateinischen »colere« – pflegen, schützen, hüten, ja »schonen«; »Wohnen heißt Schonen« – so hat Heidegger in seiner Schrift »Die Kunst und der Raum« diese Utopie der sanften Weltbehausung einst auf den Begriff gebracht.

Was die Künstler der Gesellschaft geben, ist nicht weniger, als was der Arzt und der Architekt, der Industrielle und der Ingenieur, der Erfinder und der EDV-Experte zu geben haben. Übertriebene Bescheidenheit ist also fehl am Platz!

Soll die auf Innovations- und Wandlungsfähigkeit angewiesene moderne Zivilisation nicht an der eigenen Unbeweglichkeit scheitern, dann darf sie im Notwendigen und Nützlichen nicht vollständig aufgehen. Kreativität aber ist nicht willkürlich teilbar: Wer die wissenschaftliche und technologische Innovation will, darf die künstlerische Vorstellungskraft nicht als Spinnerei abtun. Der allzu straffe Zügel gesellschaftlicher »Relevanz« verhindert heute möglicherweise gerade diejenigen Fragen, deren Beantwortung wir morgen so dringend bedürften. Eine Gesellschaft, welche das »Curiositas«-Potential der Kunst: das Neugier- und Frageverhalten von Künstlern, nicht ermutigt und nutzbar macht, unterläßt Entscheidendes für die eigene Daseinsvorsorge.

Man könnte also die Autonomie der künstlerischen Sphäre, den Wider-Sinn artistischer »Rationalität« gar noch funktionalistisch begründen – etwa in der Art, mit der jedes zukunftsträchtige Unternehmen seine »Grundlagenforschung« bilanziert: Der völlige Verlust eines unmittelbarer »Relevanz« entlasteten Denk- und Tätigkeitsfeldes, einer Dimension zweckfreien Handelns, folgenentlasteter Irrtümer und Fehler würde die technisch hochgerüstete Industriegesellschaft tödlich treffen – beraubte er sie doch ihres Potentials an Kontrast und Kritik für die Zukunft, das immer aus Verstörung und Verunsicherung in der Gegenwart erwächst. Der Künstler – »Hofnarr« (Ralf Dahrendorf) der Gegenwart – würde damit zum Hoflieferanten utopischer Gegenentwürfe, zum unverzichtbaren Experten für die permanente Infragestellung des allzu Routinierten und Rationalen, des Gewissen und Geläufigen.

Und doch sollte eine solche Begründung nicht allzusehr in den Vordergrund drängen; denn eine solche Legitimation der Kunst würde ihre *ratio* verfehlen: Sie würde die Künstler gleichzeitig *über-* und *unterfordern*.

Wir wollen Kunst und Künstler nicht überfordern. Es reicht schon, daß die Kunst »Denkzwischenfälle« stiftet, daß sie wider die Macht des Wirklichen das

Banner des verkannten oder verworfenen »Möglichen« hochhält; daß sie, wo immer wir uns stoßen in diesem »ehernen Gehäuse der Hörigkeit« (Max Weber), wo immer uns die Luft zu eng und zu stickig wird im Mausoleum der Moderne, diesem unvollendet altgewordenen Projekt, – daß uns dort die Kunst – wenn wir denn selbst nicht oder noch nicht ausbrechen können oder mögen – wenigstens *Denkausbrüche* gestattet, wenigstens ästhetisch inszenierte *Abenteuer der Wahrnehmung* verschafft, wo das Abenteuer des Alltags in einer übersicherungskranken Risiko-Welt ausgerottet ist.

Kunst als Leben und Leben als Kunst:
Die Tücken der Simulation

Kunst als Ersatz *für* und als Simulation *von* Wirklichkeit: Hier ist zugleich eine für die Gesellschaft wie für die Kunst selbst höchst problematische Grenze erreicht, wie sich vielleicht am deutlichsten am Beispiel von Duchamp und Warhol zeigen läßt. Beide Künstler haben das So-tun-als-ob, die Simulation, auf die Spitze getrieben: »Sie haben das banale und beliebige Ding, also einen Flaschentrockner oder eine Verpackungskiste, als Kunstwerk exponiert. Sie haben damit jenen absoluten Punkt erreicht, wo ununterscheidbar Kunst Wirklichkeit und Wirklichkeit Kunst wird.

Aber es gibt nur diesen einzigen Punkt und diesen einzigen Moment der Identität und der Verwirklichung dieser großen romantischen Utopie. Nur die geringste Zutat oder die geringste Verrückung des exponierten Gegenstandes, schließlich nur eine einzige Regung der Reflexion, und schon zerfällt die Illusion, und Flaschentrockner und Verpackungskiste erscheinen, je nach Optik, als absolutes Kunstgebilde oder als absolute Negation von Kunst. Daher hüllten sich diese Künstler in Schweigen, sie verweigerten den Kommentar.« (Eduard Beaucamp)

Das So-tun-als-ob hat für Kunst und Künstler seine Tücken. Lebensgefährlich indes ist es nicht. Im schlimmsten Fall bleiben Galeristen und Publikum weg. Um Kopf und Kragen geht's dagegen einer Gesellschaft, der das Simulieren mangels echter Gefühle, wirklicher Reize und unter Erwartungsdruck von außen gleichsam zur zweiten Natur geworden ist.

In einer Welt der Simulanten hat's die Kunst schwer, ganz schwer, bei der eigenen Wahrheit zu bleiben. Umso verständlicher ihr geradezu aufrührerischer Drang (in den zwanziger und wieder in den moralischen sechziger Jahren) nach Unmittelbarkeit, Authentizität, Leben, Spontaneität und »wirklicher« Wirklichkeit.

In einer verkehrten und verlogenen Simulantenwelt muß die Wahrheit eben manchmal auf dem Kopf einherschreiten! Und so simuliert die Kunst, aus lauter Drang nach Ehrlichkeit, kräftig, manchmal allzu kräftig mit.

War Dada noch wesentlich kulturelle Zertrümmerungs- und Entwertungsavantgarde, so ist die Avantgarde der achtziger und neunziger Jahre eher als *Wiederaufbereitungsavantgarde* zu beschreiben. Es gehört zum Avantgardismus, daß mit der immer schnelleren Veralterung auch zunehmend die Möglichkeit der Veralterung selbst veraltet: je allgemeiner die Verunsicherung, umso weiter das vom Künstler zu bestellende Feld des Möglichen, umso größer die Beliebigkeit, aber eben darum auch die Verantwortung des ästhetischen Unternehmens!

Hier wird eine weitere Gefahr für die Kunst sichtbar, eine Gefahr »von innen«, die ebenfalls zu tun hat mit der Selbsttäuschung der Künstler über Funktion und Rolle der Kunst, ihre Reichweite und ihr Vermögen: die leichtfertige Kapitulation der Kunst dort, wo sie sich einem eindeutigen gesellschaftlichen »Zweck« ausliefert, dort, wo sie als »politische Kunst« sich an die Stelle der Politik selbst setzt. Fast immer fällt dabei mit der inhaltlichen auch die ästhetische Verbindlichkeit; an der faschistischen Imponier- und Herrenmenschenkunst ebenso wie an den Stachanowschen Heldder-Arbeit-Posen des sozialistischen Realismus läßt sich zeigen, daß die falschen, reakti̇onären, platt realistischen Mal- und Darstellungsmittel auch das Thema disqualifizieren. Und auch von einem Klaus Staeck durfte man sich doch um Himmelswillen nichts anderes erwarten als mehr oder weniger gekonnte Agitation und politische Moritatenschau. Wenn ein Alvermann, durch sein gerichtsnotorisches »Notstandsschwein« einst zu bundesweiter Künstlerprominenz gelangt, als gültiges Kunstobjekt einzig noch die Buchausgabe des »Kommunistischen Manifestes« von Karl Marx zulassen will, oder wenn ein Ästhet wie Kitaj seine Bildmontagen auf die Wiedergabe von Titeln politischer oder philosophischer Bücher reduziert, dann sind das eher rührende denn politisch folgenreiche Gesten, die einen gewissen Endpunkt der Kunst, der je eigenen jedenfalls, bezeugen, aber noch längst nicht die Morgenröte einer neuen Politik.

Daß das Politische Ende der sechziger Jahre so machtvoll in die Kunst drängte, war nur ein »Teilaspekt des neuen Realismus. Die Abkehr von der Abstraktion, die Aufhebung eines beziehungslos gewordenen Individualismus führte auch zu einer politischen

Bewußtwerdung der Künstler.« Einige, wie etwa der unermüdliche Vostell, verrannten sich dabei in die unergiebige Wiederholung beliebig austauschbarer theatralischer Gesten. Andere gingen, wieder einmal, daran, die Kunst, die so oft totgesagte, nun endgültig und offiziell zu Grabe zu tragen. Die rituellen Befreiungsakte, die Kampfansagen an Kunst und Kunstgeschichte und »das Verbrennen der eigenen Schiffe« (Eduard Beaucamp) warf diese Künstler noch nicht an die Gestade einer besseren Gesellschaft, sondern nur aufs offene Meer der politischen Schaumträume. Da schwimmen sie nun, die wenigen jedenfalls von einst, die sich noch über Wasser halten.

Dies das – vorläufige – Ende also eines verzweifelten Ausgriffs auf politische und gesellschaftliche »Realität«, der in falscher Unmittelbarkeit das Symbol mit der Wirklichkeit verwechselte. Kunst, die ihren Wider-Sinn an Kriterien politischer Funktionalität oder gar aktivistischer Mobilisierung preisgibt, wird dabei unweigerlich ihren politischen, ihren Aufklärungsgehalt verlieren. Kunst kann aufklären, doch ist sie dann Aufklärung im Andern der Aufklärung – Brechts »Galilei« nicht weniger als Ionescos »Nashörner«; Kunst kann politisch auf die Welt wirken, aber nur dort, wo sie – in ihrer Zerrissenheit (Beckett), ihrem Freiheitswillen (Sartre) oder ihrer Ergebenheit (Claudel) – bei *sich* ist.

Was uns fehlt, wenn wir alles haben

Kunst ist etwas weitgehend Eigensinniges, sowohl was die Produktion als auch was die Aneignung durch die Kunstkonsumenten angeht. Staatliche Kunstpolitik kann beides nicht hervorzwingen. »Kunst« ist zunächst eine höchst private Art, *anders* auf Vorgefundenes zu reagieren: Der Künstler reagiert anders auf bestimmte Situationen als der Normalbürger. 98 Prozent von uns greifen beim Anblick eines tropfenden Wasserhahns zur Rohrzange, oder zum Staubwedel, wenn sie ein Spinnennetz entdecken. Es sind nur verschwindend wenige, die solche und ähnliche assoziationsträchtige Ereignisse kontemplativ »nutzen« oder ästhetisch »erfahren« können. Doch vielleicht sind sie die einzigen, die dem Schicksal allgemeiner »Verhausschweinung des Menschen« (Konrad Lorenz) wehren oder dieses wenigstens aufhalten können, und zwar weil sie die einzigen sind, die immer wieder Bilder von jener Welt aufleben lassen, die *auch* sein könnte.

Wenn man einem in der Mastfabrik feist dem Ende entgegendämmernden Hausschwein die Vorzüge des Lebens in der freien Wildbahn, samt Suhlen im kalten Bachbett, preisen würde, dann, so ist zu vermuten, würde es empört aufstöhnen: »Wassertreten? Nein danke! Ich will gefälligst meine Infrarotbestrahlung und mein computerberechnetes Pillenmenü!«

Haben wir nicht auch längst vergessen und verdrängt, was uns der Zivilisationsprozeß alles an existentiellen Erfahrungsmöglichkeiten genommen hat und welchen Tribut wir ihm täglich zollen: wieviel Verengung der Phantasie, wieviel Versteppung unserer Gefühle, wieviel Hornhaut auf unserer Seele auf sein Konto gehen – bis wir am Ende nicht einmal mehr wahrnehmen, was uns alles fehlt, wenn wir alles haben.

Dies ist eine der Pflichten der Kunst und ihre wichtigste Bringschuld heute: uns immer wieder vor Augen zu führen, was uns fehlt, wenn wir alles haben. Mit dieser historisch neuen Dimension künstlerischer Verantwortung hängt vielleicht auch – fast paradoxerweise – die *Großstadtbedürftigkeit* aller großen Gegenwartskunst zusammen: Es ist kein Zufall, daß das Kunstmekka unserer Tage die Metropole ist. Kunstfeindliche Tendenzen verbergen sich gar nicht selten hinter der antiurbanen Hinwendung zum Lokalismus. Kunst bedarf des Reiz-Mediums megalomaner Monstrosität!

Dies gilt auch und gerade dort, wo sie der je eigene Einspruch des Einzelnen wider die Welt der harten Tatsachen ist. Die Wissenschaft hat sich ebenso wie ein Großteil der modernen Philosophie fast vollständig auf die Sachenwelt eingelassen, sodaß allein die Kunst – neben Liebe und Religion – noch das Banner einer Wahrheit hochhält, die nicht aufgeht in Zahlen und Daten. Wir dürfen diese Wahrheit nicht unterfordern!

Die Wahrheit der Kunst ist die Übertreibung

Drei Momente dieser spezifisch »künstlerischen Wahrheit« können wir unterscheiden: *Erstens*, die Wahrheit der Kunst liegt immer auch in der *Übertreibung*.

Alle große Kunst wäre als »schön« höchst unzulänglich beschrieben. Am ehesten überzeugt sie durch die intensive, ja exemplarische *Präsenz des Dargestellten* – und dieses ist keineswegs notwendigerweise »schön« im Sinne einer Sujetästhetik. Wenn dennoch fast immer das fertige Kunstwerk »auch schön« ist, so ist dies oft eher die Schönheit des Stimmigen und Gültigen, die des Nachklangs der Idee im Abgebildeten als eine Schönheit des *Was* und *Wie* des Dargestellten.

Für die Wahrheit der Übertreibung stehen beispielhaft die Werke der Photorealisten. Sie arbeiten, bis hart an den Rand der provozierten Sinnestäuschung, mit den Mitteln der Simulation. Sie antizipieren den Effekt des Als-ob beim Betrachter. Nur zum Schein akzeptieren sie das Photo als verbindlichen Realitätsvermittler. In Wirklichkeit stellen sie die Schwächen von Photographie und Film geradezu gnadenlos bloß: Sie entlarven deren »Objektivität« als Täuschung und Selbsttäuschung, weil diese die Flüchtigkeit und Rastlosigkeit der alles auflösenden Zeit nur ohnmächtig bebildern, statt sie wirksam zu sabotieren. Den eigenen Anspruch auf Dauer und exemplarische Vergegenständlichung suchen sie in der Monumentalität und Hyperpräzision des Einzelbildes einzulösen. Die gemalte »Photographie der Photographie« erst bringt die Wahrheit ans Licht: die begrenzte der Photographie und die exemplarisch-zeitlose der Kunst.

Diese Übertreibung, diese Übersteigerung in Richtung des Gemeinten finden wir überall: ob Beuys (wie in seinen eindrucksvollsten Filz- und Fettarbeiten, seinen Tierfetischen und nicht zuletzt in seiner kraftvollen Basaltblockaktion auf der Kasseler Documenta) die »aufgeklärten« Zeitgenossen mit einem Stück suggestiver Archaik konfrontiert, oder ob die Concept Art mit Sol le Witt, Walter de Maria und anderen in den Bereich des Nichtsichtbaren, des bloß Gedachten vorstößt, weil sie in einer optisch überreizten Welt nicht mehr auf die Verläßlichkeit visueller Erfahrung vertraut; ob wir uns *Zero* oder *Arte povera* zuwenden, ob wir die »progressive Universalpoesie« des Symbolismus oder den individualistischen Geniegestus der Neuen Wilden bewundern – eines jeden Künstlers Wahrheit liegt in der Übertreibung!

Die Wahrheit der Kunst ist nicht von dieser Welt

Die Wahrheit der Kunst ist, *zweitens*, im direkten Wortsinn, *nicht von dieser Welt*. Sie enthält in der großen Mehrzahl Elemente der individuellen oder der kollektiven Rebellion gegen den eindimensionalen Zivilisationszwang der Produktionsgesellschaft. Sie ist Parteinahme für das *ganz Andere* des wirklichen Ganzen: für das Ortlose, Heimatlose, im Bestehenden nicht, nicht mehr oder noch nicht Verortete. Kunst findet in einer Zwischenwelt statt: im schwer greifbaren *Noch-Nicht-und-Doch-Schon* des sich unablässig neu formierenden Wirklichen.

Der utopische Überschuß ist nahezu aller bedeutsamen Kunstpraxis unserer Tage eigentümlich. Seit Aristoteles war Kunst als *Mimesis*, als nachahmende Abbildung, als Wiedergabe der Wirklichkeit begriffen worden, als Darstellung ihrer exemplarischen Ordnung, als Verlautbarung ihres immergleichen Logos. Damit ist jetzt Schluß – Schluß im Grunde genommen schon seit Nietzsche und der neuzeitlichen Genietheorie, welche Kunst nicht mehr als Nachahmung, sondern als freie Weltleistung des Subjekts verstand. »Erfindet das Leben neu!«, lautete eine der Parolen des Pariser Mai 1968. Und: »Jeder ist ein Künstler«, postulierte Beuys ungefähr zur selben Zeit. Freilich hatte er damit nicht so sehr das Bild eines demokratisch domestizierten Kunstbetriebs im Auge, in welchem jeder, ohne Ansehen der Qualität, eigene Bilder oder Objekte einbringen kann. Er wollte sagen: Jeder sollte die Wirklichkeit erleben können, *wie der Künstler sie erlebt*.

Die Verwirklichung dieser Utopie wäre in der Tat ein Stück Sabotage an einem nicht lebenswerten Leben, ein Stück konkreter Humanisierung des inhumanen Alltags. Wenn wir alle die Musik des fallenden Wassertropfens hören und die raumplastische Architektur des Spinnenwerks sehen könnten, wenn wir nicht, ohne zu erkennen, an den Zeichnungen auf Mauer und Gehsteig vorübereilten, bei denen Regen, Frost und Wind die Feder führten ...

Kunst also ist sinnlich-affektive Instandbesetzung des »kolonisierten Alltags« (Jürgen Habermas).

Die Angst vor Kunst und Künstlern, auf die wir bei den Sachwaltern des Bestehenden (auch den kulturgewaltigen!) noch immer stoßen, ist die Angst vor der Unberechenbarkeit dieser vaterlandslosen Gesellen, die Angst vor dem einzigen also, was Künstler, wenn sie wichtige Künstler sind, ihrer Gesellschaft zu geben haben – ihre starken Gefühle und Leidenschaften: daß sie ausbrechen aus dem Kartell zuversichtlicher Ratlosigkeit; daß sie die Welt anders sehen; daß sie gestalten, indem sie verunstalten; daß sie stören mit ihrem Verstört-Sein; daß sie lachen, wo alles auf den Ernst des Lebens abonniert ist, und ernst sind und traurig, wo alles lacht.

Exkurs: Das Wirkliche, das Mögliche und die Vorstellungskraft

Nur der Künstler – und eben auch der Beherrscher der »Lebenskunst« des Spielens – verfügt über den »zweiten Blick«, den man prosaischer auch die *Vorstellungs-*

kraft nennt. Der »zweite Blick« zielt immer ins Auge der Welt. Er ist das *Sehen des Gesehen-Werdens*. Der Künstler sieht so in die Welt, daß sie ihn anschaut. Deshalb gewährt nichts auf der Welt – außer der Liebe, in der auch der wahrgenommene Andere zum Auge wird, das einen unverwandt anschaut – jenes Maß an Gewißheit und Unbestechlichkeit, welches aus dem Kunstwerk wachsen kann, wenn es zum *Auge* wird.

Die Empirie des Künstlers ist der Widerschein einer bestimmten Art des Sehens, das weniger ein Anschauen ist als vielmehr ein schauendes Geschautwerden. Und die Verzweiflung des Künstlers ist die Verzweiflung dessen, der gewahr wird, daß die Welt ihn nicht mehr ansieht; die Verzweiflung dessen, der hinter der Welt herlaufen muß wie alle anderen auch, der sie nur noch so zu sehen vermag, wie alle sie sehen; dem sie sich nicht mehr erschließt als etwas eigens um ihn herum Gebautes, welches ihm von allen Seiten entgegenkommt und ihn willkommen heißt.

Der Künstler findet in den Dingen der Welt immer einen Widerschein seiner selbst. Das Merkwürdige ist gerade, daß größte Kunst wohl größte Passivität, Absichtslosigkeit, Freiheit von Aktivitäts-, Eroberungs- und Erkenntniszwängen einschließt: der Künstler ergreift nicht die Welt, er wird von ihr ergriffen. Die Dinge werden ihm sinn- und augenfällig, sie »fallen« ihm ins Auge, »kommen« ihm, scheinbar ganz von selber, in den Sinn. Er selbst bleibt wesentlich passiv, beobachtet mit Anteilnahme, was um ihn herum um seinetwillen geschieht. Sein »Bewußtsein« von den Dingen ist eben ein *Sein*, kein Tun; er *hat* die Welt, wenn er in ihr *ist*; wenn er sich aus den Dingen der Welt selbst entgegentritt: wenn die Tür, auf die er zugeht, zu einem »Ich-und-die-Tür« wird, und die Blume, über die er sich beugt, zu einem »Ich-und-die-Blume«.

Wem die Welt aber Blick und Stimme verweigert, wen sie mit sich alleine läßt, dem bleibt nur die Selbstversicherung durch die einwirkende Tat: In alles muß er sich »einmischen«, in alles hinein sich entäußern, alles sichtbar verändern, allem seinen Stempel aufdrücken, damit an den Dingen, die ihm stumm bleiben und sich von ihm abwenden, wenigstens die Spuren seiner Einwirkungen sichtbar haften.

Auch wenn man, wie dies für die Moderne gilt, den Nachdruck auf den spontanen Gestus des Künstlersubjekts legt, braucht man die Vorstellung des *Mimetischen* in der künstlerischen Hervorbringung nicht preiszugeben. Wäre Kunst nur die *creatio ex nihilo* des einsamen Schöpfergenies, so wäre sie nicht *kommunikabel*. Das im strikten Sinne Hermetische kennzeichnet nicht nur die Grenze der Kommunikation, sondern auch die der Kunst. Wo sich ein Kunstwerk dem Publikum zu erkennen gibt, besteht ganz offensichtlich ein verbindendes Drittes, welches es »kommunizierbar« macht, sonst wäre es für keinen »erkennbar«. Die geläufigen Verständigungsschwierigkeiten zwischen Publikum und Kunstavantgarde sind gerade kein Gegenbeweis, sondern bestätigen eher die mimetischen Grundlagen des Kunstwerks: bezieht die »Mimesis« der Avantgarde sich ja nowendigerweise stets auf etwas, was dem »langsameren« Publikum noch nicht im selben Maße verfügbar ist!

»Mimesis« bedeutet dann allerdings nicht platte Nachahmung und damit Abhängigkeit von etwas Vorgegebenem. »Mimesis« heißt, etwas zur Sprache bringen, was *gehört* werden will; etwas zur Darstellung bringen, was *gesehen* werden will – und zwar jeweils etwas, das beim künftigen Betrachter oder Hörer Erkennen und Wiedererkennen, Zustimmung und Verweilen möglich macht. Dieses unbenennbare Etwas, das stets als *Möglichkeit zu sein* schon *ist*, dürfen wir uns aber nicht als etwas vorstellen, das auch, außerhalb des Kunstwerks, in anderer Form präsent und erfaßbar wäre. Es ist ebenso neu, einmalig und einzigartig wie neu entstehendes Leben, und eben darum in seiner Art auch durch nichts anderes zu überbieten. Kein Kunstwerk braucht ein anderes zu negieren. Keines nimmt dem anderen etwas weg (– dies vollbringt erst der Kontext einer ressourcenknappen Realität mit begrenzter Hängefläche und beschränkter Kaufnachfrage). Ebensowenig wie wir nie »der Liebe« als einem ewiggültigen Abstrakt-Genus begegnen, sondern allenfalls einem liebenden und geliebten Menschen, so begegnen wir auch nicht »der Wahrheit« oder »der Schönheit«; wohl aber der Wahrheit und Schönheit in der Besonderung des jeweiligen Kunstwerks! Kunst ist, wie Spiel, immer »*repräsentatio*« (Gadamer), Selbstdarstellung des Seins. In der Kunst, wie im Spiel, wird in einer nur so und nicht anders möglichen Form Sein »ins Sein geholt«. Kunst und Spiel, die beide nicht in luftleeren Räumen jenseits der materiellen und gesellschaftlichen Realität siedeln, bewirken gegenüber dem schon vorhandenen Wirklichen eine Vervielfachung der Formen, beide verkörpern Akte realer Mehrung, beide bringen etwas hervor, das einzigartig ist und auf keine andere Weise das Licht der Welt erblicken könnte, obgleich es im Möglichkeitshorizont des Wirklichen immer schon beschlossen liegt. Durch das Spiel und die Kunst werden Leben und Wirklichkeit reicher und »bedeutungsvoller«; beide bedienen sich im Wege der Vorstellungskraft aus dem Arsenal der verworfenen, der nicht oder noch nicht wahrgenommenen Möglichkeiten. Das Mögliche ist jedoch weder willkürlich noch grenzenlos; es gewinnt seine Plausibilität und Zurechnungsfähigkeit aus dem Kontext der zugehörigen Realität.

Wir machen uns viel zu selten klar, wie gewaltig jene Welt des Möglichen die Welt des Wirklichen an Ausdehnung und Vielfalt übertrifft: auf eine ergriffene kommen Tausende von vernachlässigten Möglichkeiten.

Die Welt des Möglichen aber bleibt für die Gestaltung der Wirklichkeit stumm, wenn unsere Vorstellungskraft ihr nicht zur Sprache verhilft. Das Mögliche ist ja keine feindliche Gegenwelt des Wirklichen, sondern – sein »Leben«; es ist immer das *Mögliche-des-Wirklichen*; es ist jenes unvergleichliche *Mehr* des Lebensreservoirs, aus dem das Wirkliche je und je hervorgeht.

Kunst und Spiel sind die bevorzugten Formen, in welchen die Vorstellungskraft sich auf das Mögliche einläßt, um es in das Wirkliche einzulassen. Anders als die problematischen Formen sozialer Simulation, die wir kennenlernten, sind Kunst und Spiel *wirklichkeitserschaffende Simulationen von Wirklichkeit*, begehbare Brücken, welche den Abgrund zwischen dem Möglichen und Wirklichen immer wieder überwinden. Daß sie ihrerseits stets auch nur einen Bruchteil des Möglichen »realisieren«, versteht sich von selbst, ebenso aber, daß es sich bei diesem »Seinszugewinn« immer um etwas Einzigartiges und nicht anders als im jeweiligen Medium Einholbares handelt.

Die Wahrheit der Kunst ist das Versprechen des Ganzen

Die Wahrheit der Kunst verspricht *drittens* mehr als Stückwerkserkenntnis, sie enthält das *Versprechen der Totalität*. Während die Naturwissenschaften und die rationalistische Philosophie längst vor diesem Versprechen in die Beschreibung von Einzelphänomenen ausgewichen sind, bietet neben der Religion einzig der Kunstprozeß die denkbar größte Annäherung an ein ganzheitliches Weltverständnis. Ergebnis dieses Prozesses ist freilich nie ein Vollendungsganzes, welches Natur und Menschheit zu einer einheitlichen Welt zusammenschließt. Denn inzwischen ist auch die Kunst von der allgemeinen Ungewißheit betroffen, *was im Ganzen Wahrheit sei*. Im Unterschied zur Wissenschaft jedoch macht sie aus der Not der großen Ratlosigkeit nicht die Tugend der immer präziseren Teilerkenntnis.

Die Kunst legt den Finger in die Wunde unserer Ahnungslosigkeit über Abkunft und Ziel. Sie hält das Bewußtsein wach, daß der Mensch ein sinn- und deutungsbedürftiges Wesen ist, daß er mit noch so vielen Teilwahrheiten nicht existieren kann, solange die Frage nach dem Sinn im Ganzen einer Antwort harrt; daß er, um menschenwürdig zu existieren, dieses Horizonts der Unerschöpflichkeit bedarf, den er zwar nie *ausmessen* kann, den er aber immer aufs neue wieder *durchmessen* muß.

Wir können als freie Wesen nur leben in einer Welt, die *offen* ist nach Raum und Zeit und die grundsätzlich *wandelbar* ist. Wäre die Welt mit Brettern vernagelt, oder wüßten wir definitiv den Zeitpunkt, an dem es mit der Menschheit zu Ende ist, oder würde, was *jetzt* ist, unwandelbar für *immer* gelten, dann wäre schwerlich eine freie, humane Existenz möglich. Wir brauchen den Horizont unerschöpflicher Möglichkeiten nach *Raum, Zeit* und »*in die Tiefe*«. Nur so haben wir teil an der Totalität, auch wenn wir sie nie »realisieren« können.

SISYPHUS ODER DAS BEWUSSTSEIN DER VERGEBLICHKEIT

Wer unter den Bedingungen der technologischen »Megamaschine« (Lewis Mumford) noch »spielen« kann (und will), der wird für das technologische Universum zur potentiellen Bedrohung! Der Spieler (wie der Künstler) ist der Anarchist, der beharrlich unberechenbar bleibt, wo doch nur eins zählt: Berechenbarkeit; er ist der Subversive, dessen Absichten nicht eindeutig feststellbar sind und der deshalb »festgestellt« werden muß, weil nur eins zählt: Feststellbarkeit.

Nur *spielfähige* Menschen können die Vollendung des technologischen Universums und damit das Universalwerden der technischen Vernunft (noch) verhindern. Der − fast schon − »antiquierte Mensch« (Günther Anders) ist daher für das technologische Universum und die ihm zugehörige Vernunft das *Restrisiko* schlechthin: Nur er kann ihnen, wissentlich oder ohne Absicht, *den Rest geben.*

»Die Technik« wird in Gestalt des *spielfähigen* Menschen immer deutlicher mit ihrem geborenen Gegenspieler konfrontiert, dem einzigen, der das Wirkliche noch im Idiom des Möglichen zu lesen und zu deuten weiß. Dies hängt vor allem damit zusammen, daß sie, je ausgedehnter, zugleich desto störanfälliger wird. Und störanfälliger wird sie, weil sie sich erstmals in diesem Jahrhundert − und richtig deutlich erst zum

Ende des Jahrhunderts hin – für uns sichtbar zu einem einheitlichen, systemischen Ganzen zusammenfügt. Dies eben macht sie »sichtbar« und damit »angreifbar« – aller scheinbaren Unangreifbarkeit zum Trotz! Und dies gefährdet zugleich den einzigen möglichen Gefährder – den Menschen als Künstler und als »*homo ludens*«; dies belastet sein Tun unauflösbar mit der Drohung des Vergeblichen. Die psychosozialen Grenzgänger, von denen die Kunstszene gewiß nicht wenige kennt, helfen, verworfene Varianten des Wirklichen zu bewahren, bis deren Zeit eines Tages – vielleicht – kommt; oder sie tragen dazu bei, neue, nirgendwo bis dahin schon ergriffene Möglichkeiten spielerisch und ohne die Beweislast des »*respice finem*« (»bedenke das Ende«) zu erproben. Ausprobieren und Erinnern, Hervorzwingen und Bewahren – präziser kann man nicht beschreiben, was Kunst soll und kann – und was nicht.

Kunst findet statt unter den Bedingungen einer Welt, in der nichts bleibt, in der allerdings für blitzartig kurze Momente so etwas wie »*Berührungen*« stattfinden – Berührungen zwischen Sternenbahnen und Augenpaaren, zwischen Intelligenzen und verliebten Körpern, zwischen Wassertropfen und Feuerzungen, zwischen einer Bodenflechte und dem achtlosen Schuh, der sie streift.

Kunst ist der kurze Triumph solcher Augenblicke. Der Künstler schlägt der allgemeinen Vergänglichkeit sein bescheidenes Schnippchen, indem er solche Berührungen »protokolliert«. Was der Künstler fürs Bleiben tun kann, ist: in seinem Idiom das Gedächtnis anzurufen wider die unwiderrufliche Vernichtung alles Gewesenen. Und er tut dies, seit er es tut, eigentlich stets im Bewußtsein letztendlicher Vergeblichkeit.

Sisyphus ist nicht bloß, wie Camus meinte, der Titelheld unserer Epoche. Er ist in Wahrheit die Symbolfigur allen menschlichen Strebens und Trachtens unter der Bedingung des Bewußtseins. Wir haben seit den fernen Tagen des Paradieses nie anderes getan, als Steine auf Berge zu wälzen, wo sie nicht liegenbleiben wollten.

IV.
Ausflucht

BOUNDLESS WORLD?

Allenthalben sind wir dabei, die alten Begrenzungsmythen durch die Neumythen der Grenzenlosigkeit zu ersetzen. Wie wohl nichts sonst ist das Internet zum Synonym für Entgrenzung, ja vielleicht gar zu einem Synonym für das neue Lebensgefühl grenzenloser Offenheit und grenzenlos optimistischer Zukunftszugewandtheit geworden.

Längst wäre neu darüber nachzudenken, was alles der Existenz von Grenzen zu danken ist. Weniges ist dringlicher als eine nüchterne Rehabilitation der Grenze. Der »Zeitgeist« freilich sieht das anders. Unterstützt von willfährig-aufgeklärten Gutdenkmenschen ist er allenthalben dabei, Grenzbäume abzumontieren und die sympathische Erkennungsmelodie des weltumspannend-völkerverbindenden »Come together« zu intonieren. Doch die Zweifel am reinen Segen der Boundless World könnten wachsen. Und es könnte die Ahnung dämmern, daß das Ungefügte und Grenzenlose immer auch das Monströse und Bedrohliche ist, daß es finster und furchteinflößend wirkt, weil ihm die Fähigkeit fehlt, zwischen Zugehörigem und Fremdem deutlich zu unterscheiden. Jeder »Organismus«, von der Zelle bis zur Staatengemeinschaft, bedarf für die eigene Lebensfähigkeit und Identität der Grenze. Was nicht begrenzbar ist, ist nicht organisierbar. Nur das kranke Organ wuchert ins Unbegrenzte. Gewiß reißt das Leben immer auch Grenzen ein, doch nur, um sie – vom Zell- und Organwachstum, über die Osmose und die Blutgerinnung, bis zum Krieg, der Revolution und dem wissenschaftlichen Paradigmenwechsel – immer wieder neu zu errichten.

Das blinde Wüten gegen Grenzen jedweder Art: solchen der Völker und der Kulturen, des Denkens und der Wahrnehmung, der Ethik und der Moral, der psychologischen Nähe und der sozialen Gemeinschaft, aber auch solchen der Naturgesetze und des eigenen Körpers, verkennt den ambivalenten Charakter der »Grenzfrage«, die eigentlich eine Doppelfrage ist. Wieviel Grenzen brauchen wir, *und* wieviel Durchlässigkeit haben wir zu organisieren? Die Mythen der Begrenzung, von denen die Welt unseres kulturellen Gedächtnisses – vom Turmbau zu Babel über Prometheus' und Ikarus' Übermut bis zu Goethes »Faust« – nicht wenige aufzubieten hat, gemahnen allesamt an das, was wir heute im Zeichen allgemeiner Fortschritts- und Entgrenzungseuphorie allzu leicht übersehen: an die Überforderung durch zuviel und zu schnellen Wandel, an die fortwährende Entfremdung durch Entgrenzung.

Vielleicht sind unser Bedarf an Simulation, unser Aufwand an Täuschung und Selbsttäuschung deshalb so groß, weil das Unheil, das uns droht, so ganz und gar jeder menschlichen Dimension entwachsen ist. Wenn es eine Utopie gäbe, der anzuhangen sich lohnte, dann die, in einer Welt zu leben, in der das –

wohl unausrottbare – Unheil *menschliche* Dimensionen hat. Hieran gemessen ist uns unsere Welt mit ihren dutzendfachen Übertötungskapazitäten gründlich mißraten. Das ahnen wir längst, doch wir sind übereingekommen, sowenig wie möglich daran zu denken. So jagen wir unablässig und stets nach etwas anderem.

In der Liebe und im Kino, in der Geschwindigkeit und in der sozialen Mobilität, im Wertneutralismus der Wissenschaft und in der Weiterbildung, unter dem Skalpell des Schönheitschirurgen und mit der neuen Frisur – überall versuchen wir den Zwängen der Festlegung zu entkommen, überall sabotieren wir den Zwang zur Eindeutigkeit: des Ortes, der Zeit, des sozialen Status, des politischen Standorts, der persönlichen Überzeugung. Wir wollen die Dinge in der Schwebe halten; wir sind plastisch, beeinflußbar, immer auf dem Sprung; wir lassen uns nicht festlegen auf eine Person, eine Stadt, einen Job, ein Hobby, eine Möglichkeit, eine einzige Identität und eine einzige Interpretation von Mensch und Welt.

Die Entgrenzung des drohenden Unheils läßt unsere Rechtfertigungs- und Verdrängungsnöte ins Grenzenlose wachsen und im selben Maße unsere Zerstreuungsbedürftigkeit. Die Pointe der sinkenden Titanic: das sind nicht die Bilder des Entsetzens, der kopflos-kreatürlichen Lebensangst in Smoking und Abendkleid, das ist die Bordkapelle, die noch swingt, das ist der Barkeeper, der noch immer Longdrinks mixt.

Eine im Guten wie im Bösen *entgrenzte* Welt muß in allem – im Guten wie im Bösen – *verantwortet* werden. Da solche raumzeitlich nicht mehr begrenzbare Verantwortung aber menschliches Maß übersteigt, können wir sie nurmehr auf dem Wege der »institutionalisierten Dauerreflexion« (Helmut Schelsky) *simulieren*. Seit wir die entlastenden Grenzen der Wahrnehmung aufgesprengt haben, tragen wir die unerträglichen Lasten der *Beliebigkeit*, das Alles und Jederzeit. Mit einer solchen Welt kann man nicht mehr »fertig werden«.

Die beispiellose Erdschrumpfung und der historisch unvergleichliche Entfernungsschwund, welche die Interkontinentalflüge, die Radioteleskope und die Satelliten bewirkten, haben Heterogenes in engste Nachbarschaft gerückt. Unvereinbar Unterschiedliches steht abstandslos nebeneinander. Mit dem »Raum« als schützender Trennwand für einen vitalen Pluralismus divergenter Lebensentwürfe und abweichender Zivilisationsmodelle fällt aber auch der hegende Paravent der »Zeit«. Die »Gleichzeitigkeit des Ungleichzeitigen« gehört längst zu den irreversiblen kulturanthropologischen »Rahmenbedingungen«. Der »nackte Steinzeitmassai« mit dem Transistor am Ohr ist bildmächtiger Ausdruck dieser überall greifbaren raum-zeitlichen Dekompositionstendenzen. Entgrenzung schafft keine Vitalität; sie bereitet vielmehr einem auf niedrigstem kulturellen Niveau uniformierenden Zivilisationskonsens den Boden. Das »Alles-und-Jederzeit«, welches die in den Medien widergespiegelte Wirklichkeit so eigentümlich »unwirklich« macht, weil es im willkürlichen Nebeneinander das Einzelbild und die einzelne Nachricht um ihre Verbindlichkeit bringt, ist längst kennzeichnendes Element der Wirklichkeit selbst. Die Fassade polyglotter Unverbindlichkeit, das »postmoderne Design« (Wolfgang Welsch) der Welt, in der wir uns zurechtfinden müssen, ist das flimmernde Bühnenbild hinter den Inszenierungsstrategien des Alltags, das uns überall begleitet.

»Jeder Fortschritt ist ein Gewinn im Einzelnen und eine Trennung im Ganzen – es ist das ein Zuwachs an

Macht, der in einen fortschreitenden Zuwachs an Ohnmacht mündet und man kann nicht davon lassen (...) *Dieser Körper wächst dem Inneren davon.* (Hervorheb. B. G.) Unzählige Auffassungen, Meinungen, ordnende Gedanken aller Zonen und Zeiten, alle Formen gesunder und kranker, wacher und träumender Hirne durchziehen ihn zwar wie tausend kleiner empfindlicher Nervenstränge, aber der Strahlpunkt, wo sie sich vereinen, fehlt. Der Mensch fühlt die Gefahr nahe, wo er das Schicksal jener Riesentierrassen der Vorzeit wiederholen wird, die an ihrer Größe zugrundegegangen sind; aber er kann nicht ablassen.« (Robert Musil)

Der Dauerzwang, vom unvorstellbaren Unheil abzusehen, hat die befreiende Simulation längst hart an die Ränder des Zwanghaften herangeführt: Je mehr wir uns im großen irreversibel festlegen, umso beharrlicher inszenieren wir in Bewegungsreservaten Scheinmobilität. Gerade die achtspurige Autobahn als asphaltgewordene Blockierung der Landschaft gestattet ja die historisch beispiellose automobile Individualmobilität unserer Tage. Je unaufhebbarer wir uns auf die Welt der neuen Künstlichkeit und der ubiquitären Virtualität zubewegen, umso verbissener beharren wir auf dem Individuellen, Authentischen und Spontanen. Je wandlungsunfähiger wir in die Versteinerungskatastrophe der großen Strukturen hineinwachsen, umso hingebungsvoller hegen wir die Nischenchance der kleinen Fluchten. Je irreversibler wir das Ökosystem mit Folgelasten und Risiken überfrachten, umso offener trachten wir unser Privatleben von jeder Entscheidung frei zu halten, die uns binden könnte. Es gibt eine Gemeinsamkeit dieser *kleinen Fluchten* und der *großen Flucht* nach vorn. Wir klammern uns an jene, weil wir ahnen, daß diese uns nicht gelingen wird.

Literatur

Achenbach, G., Lebenskünste (unveröff. Vortragsmanuskript), 1986.

»Alles Design«, in: Kursbuch, 106 (1991)

Anders, G., Die Antiquiertheit des Menschen, Bd. 1 und 11, München 1979 und 1980.

Amery, C., Charakterwechsel nach Feierabend, in: Natur 2 (1982), Nr. 8, S. 63.

Arendt, H., Vita activa oder Vom tätigen Leben, München 1960.

Baake, D., Frank, A., Nonne, F. (Hrsg.), Am Ende – postmodern?, Weinheim und München 1985.

Barlow, J.P., Birkerts, S., Kelly, K., Slouka, M., »What Are We Doing Online?«. A Heated Debate about a Hot Medium, in: Harpers', August 1995.

Barthes, R., Fragmente einer Sprache der Liebe, Frankfurt/M. 1984.

Baudrillard, J., Agonie des Realen, Berlin 1978.

ders., Die fatalen Strategien, München 1985.

ders., Transparenz, in: Domdey, H./Weyergraf, B. (Hrsg.), Probleme des Nihilismus – Dokumente der Triester Konferenz 1980, in: Berliner Hefte, Nr. 12 (1981), S. 30 ff.

Beaucamp, E., Das Dilemma der Avantgarde. Aufsätze zur bildenden Kunst, Frankfurt/M. 1976.

Becher, U., Geschichte des modernen Lebensstils, München 1990.

Beck, U., Die Risikogesellschaft, Frankfurt/M. 1986.

ders., Die Erfindung des Politischen, Frankfurt/M. 1993.

ders., Das Zeitalter des eigenen Lebens: Die Globalisierung der Biographien, Frankfurt/M. 1998.

ders., Beck-Gernsheim, E., Das ganz normale Chaos der Liebe, Frankfurt/M. 1990.
Benjamin, W., Das Kunstwerk im Zeitalter seiner technischen Reproduzierbarkeit, Frankfurt/M. 1966.
Berger, J. (Hrsg.), Sehen. Das Bild der Welt in der Bilderwelt, Reinbek 1974.
»Blüh im Glanze«, in: Kursbuch, 89 (1987).
Böhme, G., Für eine ökologische Naturästhetik, Frankfurt/M. 1989.
Bollmann, S., Heibach, C. (Hrsg.), Kursbuch Internet, Mannheim 1996.
Bourdieu, P., Die Genese der reinen Ästhetik, in: Merkur, 11/1992, S. 967ff.
Bovenschen, S., Über die Listen der Mode, in: Neue Rundschau, Bd. 95 (1984), Nr. 1/2, S. 87ff.
Breton, A., L'amour fou, Frankfurt/M. 1981.
ders., Soupault, F., Die magnetischen Felder, München 1981.
Bruckner, P., Finkielkraut, A., Die neue Liebesunordnung, München und Wien 1979.
dies., Das Abenteuer gleich um die Ecke, München 1981.
CheSchahShit – Die sechziger Jahre zwischen Cocktail und Molotow. Ein BilderLeseBuch, Reinbek 1986.
Cohen, S., Taylor, L., Ausbruchsversuche, Frankfurt/M. 1977.
Coupland, D., Generation X. Geschichten für eine immer schneller werdenden Kultur, Hamburg 1992.
ders., Microsklaven, Hamburg 1996.
»Deutsche Jugend«, in: Kursbuch, 113 (1993).
Drescher, A., Esser, J., Fach, W., Die politische Ökonomie der Liebe. Ein Essay, Frankfurt/M. 1986.
Dückers, T., Morsezeichen, Berlin 1996.
Duerr, H. F. (Hrsg.), Versuchungen. Aufsätze zur Philosophie Paul Feyerabends, 2 Bde., Frankfurt/M. 1980.
Enzensberger, H. M., Mittelmaß und Wahn. Gesammelte Zerstreuungen, Frankfurt/M. 1991.
Flaig, B., Meyer, T., Ueltzhöffer, J., Alltagsästhetik und politische Kultur. Zur ästhetischen Dimension politischer Bildung und politischer Kommunikation, Bonn 1994.

Flusser, V., Virtuelle Räume – Simultane Welten, in: ARCH+ 111 3/92.

ders., Die Revolution der Bilder, Mannheim 1995.

Frank, A., Bodenlosgelassen – Postmoderne Fragmente, in: Baacke, D. u. a. S. 96 ff.

Gadamer, H. G., Die Aktualität des Schönen. Kunst als Spiel, Symbol und Fest, Stuttgart 1977.

Gartner, A., Riessmann, F., Der aktive Konsument in der Dienstleistungsgesellschaft. Zur politischen Ökonomie des tertiären Sektors, Frankfurt/M. 1978.

Glaser, P., Gespräch mit E. Stahl und J. Loges, in: Zeilensprung (1986), Nr. 1, S. 68ff.

Goebel, J., Clermont, C., Die Tugend der Orientierungslosigkeit, Berlin 1997.

Grimm, H.-U., Die tanzende Spinne, in: Spiegel special. Der digitale Mensch, Nr. 3/1997.

Gronemeyer, R., Alle Menschen bleiben Kinder, Düsseldorf 1996.

Guggenberger, B., Das Menschenrecht auf Irrtum, München 1987.

ders., Wenn uns die Arbeit ausgeht, München 1988.

ders., Die politische Aktualität des Ästhetischen, Edition Isele, Eggingen 1992.

ders., Einfach schön. Die soziale Macht der Schönheit, Hamburg 1995.

ders., Das digitale Nirwana, Hamburg 1997.

Habermas, J., Der Eintritt in die Postmoderne, in: Merkur, 10/1983, S. 752ff.

ders., Die Neue Unübersichtlichkeit. Die Krise des Wohlfahrtsstaates und die Erschöpfung utopischer Energien, in: Merkur, Heft 1/1985, S. 1ff.

Haug, W. F., Warenästhetik, Sexualität und Herrschaft, Frankfurt/M. 1972.

Heidegger, M., Gelassenheit, Pfullingen 1977.

ders., Die Kunst und der Raum, St. Gallen 1983.

Heinzen, G., Koch, U., Von der Nutzlosigkeit erwachsen zu werden, Reinbek 1985.

Herzinger, R., Stein, H., Endzeit-Propheten oder Offensive der Antiwestler, Reinbek 1995.

Heuser, J. U., Tausend Welten. Die Fragmentierung der Gesellschaft im digitalen Zeitalter, Berlin 1996.

Hirsch, F., Die sozialen Grenzen des Wachstums, Reinbek 1980.

Honneth, A., Der Affekt gegen das Allgemeine. Zu Lyotards Konzept der Postmoderne, in: Merkur, 10/1984, S. 893ff.

Horstmann, U., Das Untier. Konturen einer Philosophie der Menschenflucht, Wien und Berlin 1983.

Horx, M., Trendwörter von Acid bis Zippies, Düsseldorf 1994.

ders., Das Trendbuch 2, Düsseldorf 1995.

Inglehart, R., Modernization und Postmodernisation, Princeton 1997.

»Intimität«, in: Ästhetik und Kommunikation, Nr. 57/58 (1985).

Jonas, H., Das Prinzip Verantwortung, Frankfurt/M. 1979.

Jouvenel, B. de, Jenseits der Leistungsgesellschaft. Elemente sozialer Planung und Vorausschau, Freiburg i. Br. 1971.

Jugendwerk der Deutschen Shell (Hrsg.), Jugend '97 – Jugend und Politik. Die 12. Shell-Jugendstudie, Opladen 1997.

Kant, I., Kritik der Urteilskraft, Frankfurt/M. 1974.

Kaufmann, F. X., Sicherheit als soziologisches Problem, Stuttgart 1973.

Kleist, H. von, Über das Marionettentheater, in: ders., Werke in einem Band, hrsg. von H. Sembdner, München 1982, S. 802ff.

Koch, J., Abschied von der Realität, o. J.

Köhler, J., Der weggewischte Horizont. Woher die »Postmoderne« kommt und wohin sie geht, in: Frankfurter Rundschau vom 30.3.1985.

Kommune 2, Versuch der Revolutionierung des bürgerlichen Individuums, Berlin 1969.

»Kulturgesellschaft«. Inszenierte Ereignisse, in: Ästhetik und Kommunikation, 67/68 (1987).

Kundera, M., Die unerträgliche Leichtigkeit des Seins, München 1984.
Laermann, K., Das rasende Gefasel der Gegenaufklärung, in: Merkur, 3/1985, S. 211ff.
Lafargue, P., Das Recht auf Faulheit, Berlin 1991.
Larsen, M., Ohne sicheres Wissen, Wien 1996.
Leggewie, C., Polit-Design, in: Kursbuch, 106 (1991), S. 141ff.
Linder, B., The Harried Leisure Class, New York 1970.
Lodemann, J., Kulturkampf. Endrunde, oder: Arbeitslos, aber voll verkabelt, Eggingen 1991.
Löwith, K., Weltgeschichte und Heilsgeschehen. Zur Kritik der Geschichtsphilosophie (= Sämtliche Schriften, Bd. 2), Stuttgart 1983.
Lorenz, K., Die acht Todsünden der zivilisierten Menschheit, München 1985.
Luhmann, N., Liebe als Passion, Frankfurt/M. 1982.
ders., Ökologische Kommunikation, Opladen 1986
ders., Die Realität der Massenmedien, 2. erw. Aufl., Opladen 1996.
Loytard, J. F., Das postmoderne Wissen. Ein Bericht, Bremen 1982.
ders., Beantwortung der Frage: Was ist postmodern, in: Tumult, Nr. 4 (1982), S. 131f.
Marcus, G., Lipstick Traces. Von Dada bis Punk – Kulturelle Avantgarden und ihre Wege aus dem 20. Jahrhundert, Hamburg 1992.
McLuhan, M., Fiore, Q., Das Medium ist Massage, Frankfurt und Berlin 1984.
McLuhan, M., Medien verstehen, Mannheim 1997.
Marquard, O., Inkompetenzkompensationskompetenz? Über Kompetenz und Inkompetenz der Philosophie, in: Philosophisches Jahrbuch der Görres-Gesellschaft, Bd. 81 (1974).
Merian, S., Der Tod des Märchenprinzen, Hamburg 1980.
Meyer, T., Die Inszenierung des Scheins. Essay-Montage, Frankfurt/M. 1992.

ders., Die Transformation des Politischen, Frankfurt/M. 1994.

Michel, K. M., Abschied von der Moderne, in: Kursbuch, Nr. 73 (1983).

Negroponte, N., Total Digital. Die Welt zwischen 0 und 1. Oder: Die Zukunft der Kommunikation, München 1995.

Nell-Breuning, O. von, Arbeitet der Mensch zuviel?, Freiburg 1985.

Nieß, M., Das postmoderne Verlangen nach Unvernunft. Oder: Das Vergnügen, einen Jaguar zu fahren, in: Baake, D. u.a., S. 17ff.

Noam, E. M., Cyber-TV. Thesen zur dritten Fernsehrevolution, Gütersloh 1996.

Offe, C., »Arbeitsgesellschaft«. Strukturprobleme und Zukunftsperspektiven, Frankfurt/M. und New York 1984.

Opaschowski, H. W., Deutschland 2010. Wie wir morgen leben, Reinbek 1997.

Ortheil, H.-J., Die Dauerhaftigkeit des Schweigens, in: Neue Rundschau, 1-2/1984, S. 17ff.

Peters, W., The Existential Runner: Über die Demokratie in Amerika, Eggingen 1992.

Piewitz, A., Ich war der Märchenprinz, Hamburg 1983.

Plessner, H., Grenzen der Gemeinschaft, Bonn 1922.

Popitz, H., Über die Präventivwirkung des Nichtwissens, Tübingen 1968.

Postman, N., Wir amüsieren uns zu Tode, Frankfurt/M. 1985.

ders., Das Technopol, Frankfurt/M. 1992.

Prigogine, I., Stengers, I., Dialog mit der Natur. Neue Wege naturwissenschaftlichen Denkens, München und Zürich 1981.

Rötzer, F. (Hrsg.), Schöne neue Welten? Auf dem Weg zu einer Spielkultur, München 1995.

Sander, H., A City at Two Speeds, Berlin 1993.

Schmidtchen, G., Wie weit ist der Weg nach Deutschland? Sozialpsychologie der Jugend in der postsozialistischen Welt, Opladen 1997.

Schulze, G., Erlebnisgesellschaft – Kultursoziologie der Gegenwart, Frankfurt/M. 1992.

Sennett, R., Verfall und Ende des öffentlichen Lebens. Die Tyrannei der Intimität, Frankfurt/M. 1983.

ders., Der flexible Mensch. Die Kultur des neuen Kapitalismus, Berlin 1998.

Sieferle, R. P., Epochenwechsel – Die Deutschen an der Schwelle zum 21. Jahrhundert, Berlin 1994.

Simmel, G., Philosophie der Mode, Berlin 1905.

ders., Philosophische Kultur. Über das Abenteuer, die Geschlechter und die Krise der Moderne, Berlin 1985.

Singer, P., Praktische Ethik, Stuttgart 1984.

Sloterdijk, P. (Hrsg.), Vor der Jahrtausendwende: Berichte zur Lage der Zukunft, 2 Bde., Frankfurt/M. 1990.

ders., Medien-Zeit. Drei gegenwartsdiagnostische Versuche, 2. Aufl., Stuttgart 1994.

Slouka, M., War of the Worlds. Cyberspace and the High-Tech Assault on Reality, New York 1995.

Sombart, W., Der Bourgeois, München und Leipzig 1915.

Spaemann, R., Philosophische Essays, Stuttgart 1983.

Spinner, H. F., Gegen ohne für Vernunft, Wissenschaft, Demokratie etc., in: Duerr, H.P. (Hrsg.), Versuchungen, Bd. 2, S. 35ff.

Stendahl (H. B.), De l'amour, o.O. 1822.

Stephan, C., Ganz entspannt im Supermarkt. Liebe und Leben im ausgehenden zwanzigsten Jahrhundert, Berlin 1985.

dies., Die neue deutsche Etikette, Berlin 1995.

Thackeray, W. M., On Being Found Out, in: ders., Works, Bd. 20, London 1869, S. 125ff.

Tönnies, F., Gemeinschaft und Gesellschaft, Darmstadt 1979.

Ulrich, O., Politik als Kunst. Der freiheitliche Weg zur inneren Einheit Deutschlands, Stuttgart 1992.

»Verteidigung des Körpers«, in: Kursbuch, 119 (1995).

Vester, H.-C., Modernismus und Postmodernismus – Intellektuelle Spielereien?, in: Soziale Welt, 36 (1985) 1, S. 3ff.

Virilio, P., Krieg und Kino – Logistik der Wahrnehmung, München 1986.
ders., Krieg und Fernsehen, München 1993.
ders., Fluchtgeschwindigkeit, München 1996.
Vonwinckel, C., Von politischen Köpfen und schönen Seelen. Ein soziologischer Versuch über die Zivilisation der Affekte und ihres Ausdrucks, München 1983.
Watzlawick, P. (Hrsg.), Die erfundene Wirklichkeit, München 1985.
Waffender, M. (Hrsg.), Cyberspace. Ausflüge in virtuelle Wirklichkeiten, Reinbek 1991.
Weeks, D., James, J., Exzentriker. Über das Vergnügen anders zu sein, Reinbek 1997.
Zec, P., Design goes virtuel. Entwürfe zur Ästhetik in der Informationsgesellschaft, Essen 1996.

ROTBUCH *Verlag*

ZEITGESCHEHEN

Lesen Sie das komplette Programm unter www.rotbuch.de

Wolf Wagner
Kulturschock Deutschland
Der zweite Blick
196 Seiten, Broschur

Manon Baukhage / Daniel Wendl
Tauschen statt Bezahlen
*Die Bewegung für ein Leben
ohne Geld und Zinsen*
233 Seiten, Broschur

Ernest Callenbach
Ökotopia
*Notizen und Reportagen von
William Weston aus dem Jahre 1999*
224 Seiten, TB 30

Ernest Callenbach
Billig leben mit Stil
244 Seiten, TB 1018

Richard Fuchs /
Karl A. Schachtschneider
Spenden was uns nicht gehört
*Das Transplantationsgesetz und die
Verfassungsklage*
240 Seiten, Broschur

Ernest Callenbach
Ökologie von A–Z
176 Seiten, Broschur

Michael Ignatieff
Die Zivilisierung des Krieges
*Ethnische Konflikte,
Menschenrechte, Medien*
243 Seiten, Broschur

Stefan Reinecke
Die neue NATO
ca. 160 Seiten, Broschur

Maria Mies / Claudia von Werlhof
Lizenz zum Plündern
*Das Multilaterale Abkommen über
Investitionen »MAI«*
232 Seiten, Broschur

Peter Neumann
IRA
Langer Weg zum Frieden
220 Seiten, Broschur

Tom Wilkie
Gefährliches Wissen
Sind wir der Gentechnik gewachsen?
295 Seiten, gebunden

ROTBUCH VERLAG · HAMBURG